월드 오브 마인크래프트

First published in Great Britain 2024 by Expanse
An imprint of HarperCollinsPublishers
1 London Bridge Street, London SE1 9GF
www.farshore.co.uk

HarperCollinsPublishers
Macken House, 39/40 Mayor Street Upper, Dublin 1, D01 C9W8, Ireland

Written by Edwin Evans-Thirlwell

Additional imagery used under license from shutterstock.com

MOJANG
STUDIOS

Printed in China

1판 1쇄 2025년 1월 31일
ISBN 978-89-314-7779-5
발행인 김길수
발행처 (주)영진닷컴
주 소 서울특별시 금천구 디지털로9길 32 갑을그레이트밸리 B동 10층
등 록 2007. 4. 27. 제16-4189호
저자 Mojang AB | 역자 이주안 | 총괄 김태경 | 편집 김효정

THE WORLD OF
MINECRAFT

월드 오브 마인크래프트

■ 목차

■ 머리말

마인크래프트는 문화적 현상이다. 이 게임은 음악과 텔레비전 프로그램과 도서에 영향을
끼쳤고, 많은 사람들의 인생을 바꾼 게임이 됐다. 내가 이 게임을 처음 시작했을 때는 2009
년 여름으로 거슬러 올라간다. 당시에는 나도 이 게임이 내 인생을 바꿀 줄은 몰랐다. 벽돌로
피라미드를 만들고 유리로 발코니를 건축하는 것에나 관심이 많았지, 마인크래프트가 어떤
방향으로 나아갈지는 아직 몰랐다.

그로부터 시간이 흘러 (그래픽과 게임 방식이 단순함에도 불구하고) 셀 수 없이 많은 사람들이
마인크래프트의 모험에 합류했다. 초반의 역경을 극복하고 나서 큰 그림을 보면 끝이 없는 세계, 창의성,
도전 그리고 한계가 없는 스토리텔링이 하나의 큰 상자 안에 담겨 있다는 것을 알 수 있다.

이와 같은 경험들은 우리가 소중히 여기는 것이자 보존하고 싶은 존재인 한편, 마인크래프트를 신선하고
흥미롭게 유지하기 위해서 지속적으로 추가 · 개선하고 있다. 우리는 이 책을 통해서 마인크래프트를 만든
사람들이 이 게임의 역사에 대해서 어떻게 생각하고 있는지 전하고, 우리에게 이 게임이 얼마나 중요한지
보여 주고 싶다.

마인크래프트가 그렇게 많은 사람들의 마음과 발상에 감동을 준 까닭을 제대로 이해하려면 당연히
직접 플레이해 봐야 한다. 나의 예감대로라면 당신은 이미 게임을 해 봤을 테니, 이제 마인크래프트의
세계에 대해서 깊이 이해하러 가 보자!

옌스 "젭" 베리엔스텐 (Jens "Jeb" Bergensten)

제1장

- 영감과 출시
- 초기의 진화
- 생존의 문제
- 최초의 마인크래프트 서버
- 마인크래프트 포럼의 설립

——— 마인크래프트에서 난개발로 뻗어나가는 대형 건축물처럼 마인크래프트를 만드는 데 들어간 재료 역시 다양한 곳에서 왔다. 2009년 3월, 스웨덴에서 나고 자란 마르쿠스 페르손(Markus Persson)은 킹닷컴에서 브라우저 게임 개발자로 일하고 있었다. 킹닷컴은 오늘날 《캔디 크러쉬 사가》를 제작한 곳으로 유명한 게임 회사다. 페르손은 여가 시간에 실험을 했다. 프로그래밍 실력을 갈고닦으며 인터넷 릴레이 챗(IRC) 서비스를 통해 다른 인디 개발자들과 자투리 지식을 주고받았다. 당시 페르손이 사용한 대화명은 "노치(Notch)"였는데 이 이름은 훗날 별명으로 굳어진다.

——— 노치는 취미로 개인 프로젝트를 작업했다. 밸브의 《레프트 4 데드》와 락스타의 《그랜드 테프트 오토: 차이나 타운 워즈》를 패러디한 《좀비 타운》을 만들고, 베이 12의 《드워프 포트리스》에서 아이디어를 얻어서 판타지 장르 건축 게임 《루비덩》을 만들고, 다른 사람들과 《뷔름 온라인》도 만들었다.

영감과 출시

노치에게 영감을 준 게임들과 마인크래프트에 대한
게임 커뮤니티의 반응

 노치는 2009년 4월에 재크 바스가 제작한 게임 《인피니마이너》를 알게 됐다. 이 게임은 파괴할 수 있는 블록들로 이루어진 세계에서 펼쳐지는 멀티플레이 게임이다. 훗날 노치는 자신의 텀블러 블로그 "더 워드 오브 노치"(The Word of Notch, 2009년 5월에 개설해서 마인크래프트의 개발 상황을 플레이어들에게 직접적으로 전달하는 데 사용했다)에서 이 게임을 다시 언급하며 인생의 전환점이었다고 말한다. "이게 바로 내가 하고 싶었던 게임이었다."

─────── 노치는 《인피니마이너》에 매료됐지만, 개선의 여지도 발견했다. 노치는 텀블러에 쓴 글에서 "건축은 재미가 있었지만 선택지가 충분하지 않았고, 커다란 빨간색·파란색 블록들은 상당히 소름 끼쳤다."라며, "이런 스타일의 판타지 게임은 정말 정말 잘 될 거라 생각했다."라고 밝혔다. 5월의 어느 주말, 노치는 새로운 브라우저 기반 게임의 프로토타입을 뚝딱 만들어냈다. 영향 자체는 《인피니마이너》에서 많이 받았지만 아이디어와 코드는 《좀비 타운》과 《루비딩》에서 가져와 프로토타입을 제작했다. 노치는 이 프로토타입을 1990년대에 브라우저 게임 개발자들 사이에서 인기 있었던 프로그래밍 언어인 자바(Java)로 만들었다. 이 프로토타입에서 플레이어는 임의로 생성된 블록들로 이루어진 3차원 세상에서 마음대로 블록을 부수거나 설치하며 돌아다닐 수 있었다.

> ## "링크를 클릭하고 무슨 블록에서 걸었던 기억이 난다. 플레이어는 블록을 줍고 내려놓을 수 있었는데, 벌써부터 '이거 재밌다'라는 생각이 들었다."
> **얀 윌렘 니즈만, 블램비어 게임 스튜디오 공동 창업자**

─────── 노치는 인디 게임 개발자들이 활동하는 포럼인 TIG소스에 게시물을 올리기 전에 "동굴 게임 기술 테스트(Cave game tech test)"라는 휘황찬란한 제목으로 IRC에 프로토타입을 공유했다. 그러자 사람들은 곧바로 프로토타입에 관심을 가졌다. 블램비어 게임 스튜디오의 공동 창업자이자 유튜브 사상 최초로 마인크래프트 동영상을 게시한 얀 윌렘 니즈만(Jan Willem Nijman)은 "링크를 클릭하고 무슨 블록에서 걸었던 기억이 난다. 플레이어는 블록을 줍고 내려놓을 수 있었는데"라며, "벌써부터 '이거 재밌다'라는 생각이 들었다. 대학 공부보다 이 게임을 더 하고 싶었다!"라고 밝혔다.

─────── 또 다른 게임 개발자인 몬스 올슨(Måns Olson)은 IRC를 통해 해 본 테스트 버전에 대해서 의아한 기분을 느꼈다고 회상한다. "게임의 의미를 정말로 이해할 수 없었다."라면서도 더 구체화된 버전이 TIG소스에 공개됐을 때에는 무척 재밌게 즐겼다. 올슨은 "그때 들어서니 게임이 재밌어지기 시작했다. 기본적인 게임 요소가 더 늘어났고 창작 시 선택할 수 있는 블록도 다양해졌다. 건축의 용이성에는 내가 지금까지 한 번도 경험해 보지 못한 무언가가 있었다."라고 밝혔다. 몬스 올슨이 마인크래프트에서 처음 만든 것은 성이었다. 자신이 만든 성을 캡처해서 노치가 TIG소스에 올린 게시물에 공유했다. 그로부터 몇 년 뒤 몬스 올슨은 모장에 입사했고, 2020년에는 던전 크롤러 장르의 외전인 마인크래프트 던전스의 게임 디렉터가 됐다.

─────── 흥분된 반응, 어정쩡한 마리오 조각상을 담은 스크린숏, 우연히 세계의 바닥을 뚫어버렸다는 일화 사이에는 새로운 기능을 만들어 달라는 요구도 있었다. 가령 횃불 같은 도구라든지, 대적할 몬스터라든지, 계단 블록이라든지, 높은 건축물을 쉽게 지을 수 있는 비행 모드라든지, 창문 유리라든지, 지도 같은 것들이었다. 노치는 자신의 손에 무언가 특별한 것이 있음을 직감하고는 서둘러서 프로토타입을 업데이트했다. 흐르는 물과 용암, 멀리서 생성되는 블록들을 가리기 위한 안개, 원목을 구할 수 있는 나무, 게임을 저장할 수 있는 기능 등 새로운 기능들이 단 몇 주만에 추가됐다.

─────── 저장 기능이 추가되면서 게임의 초창기 플레이어들은 건축을 개시하고 자신의 프로젝트를 공유하기 시작했다. 세계를 직접 만드는 사람이라는 의미를 지닌 이른바 "맵메이커"들의 거대한 마인크래프트 커뮤니티가 태동하는 순간이었다. TIG소스 회원 가운데 일부는 모여서 유쾌한 협동 건축 프로젝트를 시작했다. 이름하여 TIG랜드. 이들은 마인크래프트 세이브파일 하나를 주고받으며 마을을 건설했다. 다른 이들은 친구들이 길을 잃도록 지하에 미로를 만들었다.

─────── 마인크래프트는 다른 게임에서 영향을 분명히 받았다. 노치는 유튜브에 "동굴 게임(cave game)" 테스트 영상을 처음 올릴 때 "인피니마이너 패러디 게임"이라고 설

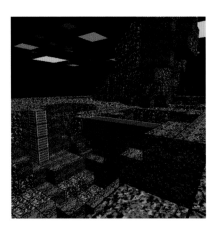

01 / 소재들의 스크린숏
마인크래프트의 모태가 된 인피니마이너의 스크린숏 모음. 2009년에 출시된 인피니마이너는 임의로 생성된 광산 속에서 플레이어가 탐험하고 채굴하고 제작할 수 있는 게임이다.

명했으며, 플레이어들은 스펠렁키 등 다른 동굴 탐험 게임과 자주 비교했다. 하지만 노치처럼 아이디어를 조합하거나, 게임에서 건설하는 행위를 '가리키고 클릭'만 하면 되도록 간단하게 만든 사람은 없었다. 인피니마이너 제작자 재크 바스(Zach Barth)는 "수정이 가능한 샌드박스 게임 방식은 무척이나 흥미로웠다."라면서 "자원을 수집하는 행위와 제작하는 행위는 그전까지 주류 게임에서 다뤄진 적이 한 번도 없었다. 새롭고 급진적인 확실한 아이디어 두 개와 이 게임을 계속해서 작업하고 판매할 용기가 있는 사람이 만나서 이 게임이 탄생한 것인데, 이는 취미로 게임을 만드는 사람이 쉽게 할 수 있는 일이 아니었다."라고 평가했다.

──────── 노치의 작업 과정 가운데 더욱 급진적이었던 부분은 게임을 개발하면서 게임을 만드는 방법도 개발하고 있었다는 것이다. 규모 있는 개발사에서 채택한 "선 완성, 후 공개" 방식 대신에 단편적이고, 개방적이며, 온라인상에서 플레이어들과 격식 없이 소통하며 게임을 만들어 나가는 방식을 사용했다. 2010년 모장에 첫 번째 사업 개발자로 영입된 다니엘 카플란(Daniel Kaplan)은 "개방적으로 행동하고 초기부터 계획적으로 피드백을 요청한 것"이 엄청난 성공을 거두었다고 밝혔다. "마인크래프트"라는 이름조차도 노치가 혼자서 지은 것이 아니라 IRC로 다른 게이머들과 토의를 하면서 탄생했다. 최종안을 처음으로 제시한 사람은 《이모탈 디펜스》 개발자인 폴 에레스(Paul Eres)였다. 폴 에레스가 처음 제시한 이름은 "마인크래프트: 돌의 주문(Minecraft: Order of the Stone)"이었지만, 노치는 곧바로 부제를 뗐다.

02

──────── 노치는 개인 블로그를 통해서 새로운 기능을 발표하고 제안을 수용하는 한편, 마인크래프트의 장기적인 계획에 대해서도 설명했다. 노력이 수반되는 "서바이벌" 모드를 도입해서 초반부터 자유롭게 행동할 수 있는 "크리에이티브" 버전을 보완한다는 계획도 포함되어 있었다. 노치의 TIG소스 친구들 가운데 일부는 이 게임을 좋아했지만, 노치가 한 번에 너무 많은 일을 하려는 것처럼 보여서 걱정하기도 했다. 얀 윌렘 니즈만은 "프로젝트의 규모를 너무 크게 잡아서 실패할 것 같았다."라며, "게다가 온라인 멀티플레이라니, 제정신인 것인가? 포부가 너무 커 보였다."라고 말한다.

03

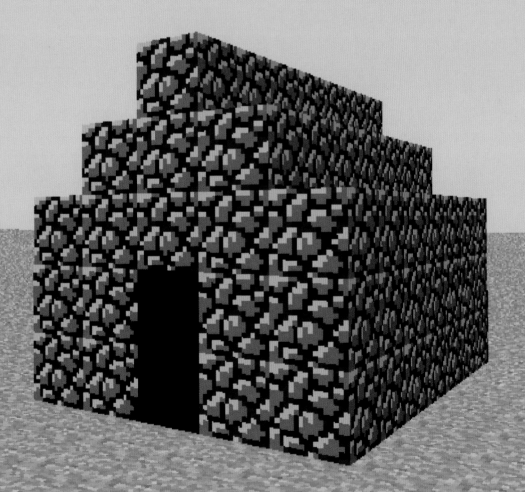

■■

02 / 최초의 블록
당시에는 공식적인 명칭이 없었으나, 잔디와 조약돌은 "동굴 게임 기술 테스트" 때에도 존재한 블록이었다.

03 / 초기 모습
이 사진에 담긴 것처럼 단순한 구조물과 조각상은 초창기 테스트 버전에서 만들어진 대표적 건축물이다.

© OMNIARCHIVE

■■

01 / 스크린숏
스플리프 게임의 스크린숏. 플레이어는 상대방의 발밑에 있는
블록을 파괴해야 이길 수 있다.

02 / 스크린숏
최초의 멀티플레이 모드에서는 플레이어가 같이 작업하거나
서로 대결할 수 있었다.

초기의
진화

멀티플레이가 등장하자 신종 스포츠 스플리프(Spleef)를
발명해서 화답한 플레이어들

 2009년 5월, 노치는 마인크래프트에 멀티플레이 기능을 추가했다. 멀
티플레이는 새로운 플레이어들을 끌어들이기 시작했다. 이 가운데에는
요그스캐스트(The Yogscast) 유튜브 채널을 설립한 루이스 브린들리
(Lewis Brindley)와 사이먼 레인(Simon Lane)도 있었다. 루이스 브린들
리는 "한동안 마인크래프트에 대한 얘기를 들었다."라며, "브라우저에서
초창기 크리에이티브 모드 버전을 해 보고는 싫어했던 기억이 난다! 블록 모양의 성이
나 공중에 떠 있는 USS 엔터프라이즈를 레고처럼 조립해야 하는 3차원 예술 소프트웨
어처럼 느껴졌다."라고 밝혔다.

——— 요그스캐스트 설립자들은 멀티플레이 버전도 해 보았지만, 브린들리는 별로
재미를 느끼지 못했다. 브린들리는 "지루한 게임이라고 생각했다."라고 밝혔다. 하지만
브린들리와 레인은 상상력이 풍부한 친구들을 위해 온라인 마인크래프트 서버를 열었
다. 브린들리는 "우리는 사이먼을 위해서 불가사의한 건축물과 재미있는 캐릭터들을 만
들었는데, 갑자기 진정한 게임처럼 느껴지기 시작했다. 우리는 사물을 만드는 것이 얼
마나 쉽고 재미있는지 금세 깨달았고 우리만의 스토리와 캐릭터, 장소를 만들면서 엄청난
기쁨을 느꼈다."라고 밝혔다.

——— 초창기 마인크래프트 플레이어 중 몇몇은 제작을 함께하며 우정을 다지기
위해 멀티플레이를 시작한 반면, 다른 몇몇은 마인크래프트 안에서 자체적인 멀티플레
이 게임을 만들었다. 이 가운데 최초로 등장한 스플리프는 IRC 회원인 그린슬라이미
(Greenslimy)와 펜타클램(Pentaclam), 몰러스(Maulrus)가 발명했다. 샌드박스에서 자
유롭게 수정할 수 있는 마인크래프트의 테마와 경쟁적인 요소를 적절히 섞어서 스플리
프를 만들었다. 플레이어는 서로를 직접적으로 공격하지 않고, 상대방이 밟고 있는 블록
을 파괴해서 경기장 아래로 떨어뜨려야 한다. 마지막까지 경기장에 서 있는 사람이 승리
하는 구조다. 스플리프가 탄생하자 훨씬 어렵거나 유치한 스플리프 경기장을 자랑하는
토너먼트 서버들이 우후죽순 생겨났다.

——— 노치는 초기부터 스플리프를 좋아했다. 노치는 텀블러에 "이게 왜 이렇게 재
미있는지 모르겠다."라며, "아무래도 citricsquid를 제압해서가 아닐까?"라고 밝혔다. 영
국 태생의 웹 디자이너이자 나중에는 마인크래프트 포럼을 설립한 사무엘 "citricsquid"
라이언(Samuel Ryan)은 스플리프에 대해서 멀티플레이 마인크래프트에 대한 플레이
어들의 인식을 완전히 바꿔 놓았고, 같은 서버에 있으면서도 서로 다른 일을 하던 기존
의 협동형 게임플레이 방식을 진화시켰다고 평가했다. 라이언은 "스플리프는 사람들이
모여서 다 같이 플레이할 수 있는 최초의 기회였다."라고 말한다.

——— 스플리프는 다양한 게임을 디자인하는 도구로도 마인크래프트를 활용할 수
있음을 보여 줬다. 라이언은 "이전까지 경험해 본 비디오 게임들은 모두 설계된 대로 플
레이해야 했다."라고 밝혔다. 스플리프가 탄생한 지 얼마 안 된 시점에서 사무엘 라이언
은 마인크래프트에 대한 이해를 바탕으로 마인크래프트 위키와 마인크래프트 포럼을 운
영하면서 급속도로 성장하는 커뮤니티의 구심점을 만들게 된다.

© OMNIARCHIVE

02

생존의 문제

크리퍼의 탄생 그리고 서바이벌
개념의 도입

 적대적이고 초록빛을 띠면서 주변의 모든 것을 가루로 만들어 버리는 크리퍼는 마인크래프트의 얼굴이 됐다. 오늘날 크리퍼는 티셔츠부터 게임 로고에 이르기까지 어디서나 찾아볼 수 있다. 돼지 코딩에 실패하면서 탄생한 존재라는 사실을 고려하면 꽤 잘 된 일이다. 우연히 생겨난 괴생명체에 대해 노치는 마인크래프트 IRC 채널에서 "이것을 크리피한 생명체로 유지할 것"이라고 밝혔다. 한 IRC 참여자는 몬스터의 눈에서 광선이 나가게 만들면 어떻겠냐고 제안했지만, 노치는 받아들이지 않았다.

──── 크리퍼는 2009년 가을에 출시된 "서바이벌 테스트" 업데이트를 통해서 마인크래프트에 등장했다. 이 업데이트를 기점으로 게임이 크게 바뀌었는데, 기성 비디오게임에 있던 요소들이 많이 추가됐다. 대표적으로 생명력 게이지, 제한된 보관함, 좀비 같은 적 등이 있다. 좀비를 물리치면 점수도 얻을 수 있었다. 죽을 걱정 없이 즐겁게 블록을 가지고 놀 수 있는 모드는 사라지지 않고, 나중에 크리에이티브라는 별도의 모드로 분리됐다. 하지만 서바이벌의 추가는 마인크래프트 사상 가장 중대한 변화였다.

──── 서바이벌 테스트가 도입되면서 게임을 과제와 보상의 집합으로 여기는 사람들에게도 마인크래프트를 할 이유가 생겼다. 서바이벌을 하는 플레이어는 탐험과 채굴에 대해 더 열심히 생각해야 했다. 블록은 더 이상 곧바로 부술 수 없었고, 물속을 무한정 헤엄칠 수 없게 됐으며, 용암을 횡단하는 행위는 자세한 설명이 필요 없는 일이 됐다. 2009년 6월, 노치는 마인크래프트 공식 사이트를 통해 갈등은 마인크래프트의 미래에 필수적인 요소가 될 것이라고 밝혔다. 노치는 게시물에서 "자유 건축 모드는 좋은 모드다."라며, "하지만 대다수의 사람들은 게임을 익히고 나면 이 모드에 대한 흥미가 떨어질 것"이라고 글을 썼다.

──── 서바이벌 테스트에서 선보인 제한 사항은 멋진 기능 몇 가지와 함께 생겼다. 노치는 지형 생성기를 수정하여 플레이어가 땅속을 파고들수록 더 큰 동굴이 나오게 만들었다. TNT 블록도 추가해서 폭발적인 유튜브 리액션 동영상의 유행을 만들어 냈고, 작곡가 다니엘 "C418" 로젠펠드를 불러서 편안한 분위기의 피아노 음악과 신시사이저 곡을 작곡했다.

01 / 크리퍼 스타일 가이드 컨셉
마르쿠스 "정크보이" 토이보넨 모장 크리에이티브 감독이 제작한 스타일 가이드의 초기 컨셉. 브랜드 협력사에서는 라이선스 제품에 크리퍼를 정확히 표현하기 위해서 이 자료를 사용한다.

──── 그럼에도 초기의 마인크래프트 유저들 가운데 상당수는 서바이벌 테스트에 회의감을 갖고 있었다. 사무엘 라이언 마인크래프트 포럼 설립자는 서바이벌 테스트가 공개되기 전에 샘플 버전을 미리 해 보면서 "수많은 사람들이 마인크래프트를 디지털 레고로 설명하고 있는데, 나도 그랬다."라며, "서바이벌에도 똑같은 건축 요소가 있었지만, 느낌은 아주 아주 달랐다. 그리고 완전히 흥미를 잃은 것은 아니지만, 계속 플레이하고 싶은 게임처럼 느껴지지는 않았다."라고 밝혔다. 하지만 라이언의 부정적인 의견을 무색하게 블램비어 공동 창업자인 얀 윌렘은 "내 생각은 이랬다. '와, 이건 말도 안 된다. 블록을 모으는 것만으로도 재밌다. 다른 것을 왜 찾는가?'"라고 평했다.

──── 그러나 마인크래프트처럼 한계가 없는 게임들은 모든 성향의 플레이어들을 끌어들일 수 있다. 어떤 플레이어는 샌드박스 방식의 게임플레이를 좋아하고, 또 어떤 플레이어는 도전할 대상이 정해져 있는 것을 좋아한다. 마인크래프트 IRC에서 플레이어들은 9월 1일로 예정된 첫 번째 서바이벌 테스트까지 남은 시간을 카운트다운 했다. 당시 한 플레이어는 "마인크래프트가 진정한 게임이 되는 순간을 기다리고 있다."라고 게시했다. 라이언은 개인적으로 기존의 프로토타입을 마음에 들어 했지만, 마인크래프트 플레이어를 어수선한 게임에 내버려 두면 플레이어가 떠날 수도 있다는 노치의 시각에 동의한다. 라이언은 "대다수의 플레이어는 할 일이 정해져 있으면서 자유가 어느 정도 있는 게임을 원한다."라며, "초기의 마인크래프트는 100% 창의적이었고, 100% 플레이어가 원하는 대로만 움직였다. 플레이어가 직접 재미를 찾아야 했다."라고 말했다.

"마인크래프트는 100% 창의적이었고, 100% 플레이어가 원하는 대로만 움직였다. 플레이어가 직접 재미를 찾아야 했다."

사무엘 라이언, 마인크래프트 포럼 및 마인크래프트 위키 설립자

──── 자유로운 형태의 프로토타입에서 서바이벌 테스트로 옮겨 가는 과정은 마인크래프트 모더들에게 중대한 사건이 됐다. 라이언은 초창기 모드에 대해 "크리에이티브 경험의 확장에 치중해 왔는데, 서바이벌이 생기면서 모드의 본질이 바뀌었다. 새로운 몹이나 게임 플레이 방식을 추가하고, 특정 몹의 공격력을 변경하고, 다른 도전 과제를 추가하는 방향으로 변했다."라고 말한다. 인기가 많았던 초기의 서바이벌 모드 중에는 위험해진 새 세계를 쉽게 탐험할 수 있도록 블록을 투명하게 만들어 주는 "엑스레이" 모드가 있었다.

──── 초기에 서바이벌을 비판했던 이들 가운데 일부는 나중에 열혈 팬이 됐다. 2009년 당시 옥사이 게임 스튜디오 설립자이자 퀘이크 모더였던 옌스 "젭" 베리엔스텐(Jens "Jeb" Bergensten)은 서바이벌로 인해서 플레이어들이 게임을 즐기지 못하게 됐다고 느꼈다. 베리엔스텐은 "노치가 서바이벌을 만들고 싶었다는 글에서 블록 파괴에 시간이 걸리고 보관함에 한도가 생긴다는 내용을 읽었을 때 좀 놀랐다."라며, "왜냐하면 나는 건축이 재밌었기 때문이다. 게임에 재미있는 구석을 만들기 위해서 이런 장애물들을 추가한다는 비전이 정말로 이해되지 않았다."라고 밝혔다.

──── 오늘날의 옌스 베리엔스텐은 다르게 생각한다. 2010년 12월, 노치가 새롭게 세운 회사인 모장 스페시피케이션 AB(Mojang Specifications AB)에 옌스 베리엔스텐이 입사하고 나중에는 최고 크리에이티브 책임자가 된다. 디자인 팀이 2011년에 크리에이티브 모드의 형태로 기존처럼 자유롭게 블록을 편집하는 경험을 복구하고 나서도 회사에서는 서바이벌을 마인크래프트의 핵심으로 여겨 왔다. 베리엔스텐은 "나는 그때 확신이 필요했던 것 같았다!"라며, "당연하지만 그 이후로는 항상 서바이벌을 중점적으로 설계했다."라고 밝혔다.

01

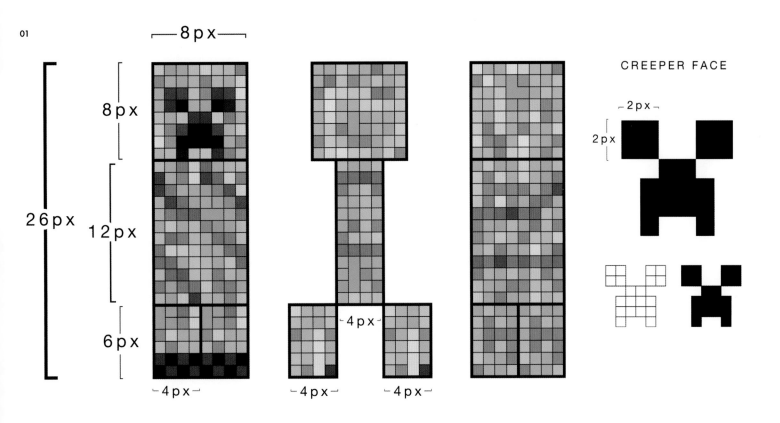

CREEPER FACE

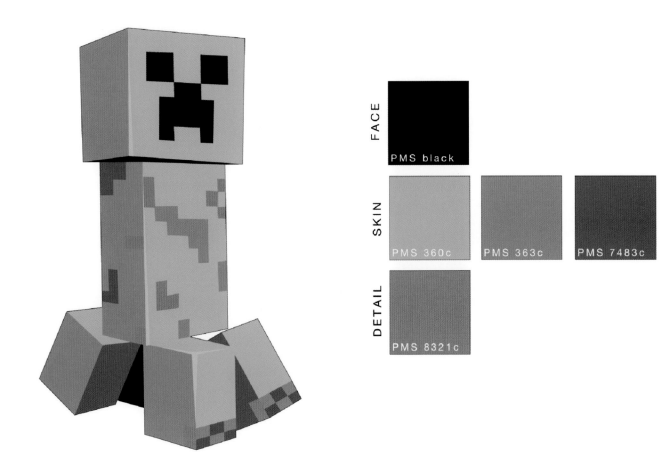

01

최초의 마인크래프트 서버

마인크래프트가 새로운 서버 플레이어로 이루어진
커뮤니티에 영감을 준 방법

마인크래프트가 멀티플레이 게임이 된 지 단 몇 주만에 개인이 운영하는 서버들로 구성된 멀티플레이 맵 커뮤니티가 태동했다. 이들 가운데 일부는 말 그대로 맵이 통째로 파괴되면서 오래가지 못했다. 하지만 오늘날까지 명맥을 이어 오고 있는 서버도 있다. 마인크래프트의 서브레딧 회원이라면 누구나 들어올 수 있는 서버로 출발한 Nerd.nu가 장기간 운영 중인 서버로 유명하다.

——— 마인크래프트에 존재하는 블록의 가짓수가 상대적으로 적었음에도, 가상 세계에서 건축하는 매력에 빠지기에는 좋은 시절이었다. 또 다른 초기 마인크래프트 커뮤니티인 디 아카이브(The Archive)의 설립자 앤드류 고드윈(Andrew Godwin)은 수백 채의 집으로 이루어진 중세 마을과 플레이어들이 자신만의 게임 공간으로 만든 콜로세움을 호스팅하는 서버들을 회상한다. 앤드류 고드윈은 "처음에 사람들은 현실이나 소설에 존재하는 장소를 그대로 따라 짓는 데에 관심이 있었다."라며, "그다음에는 일반적인 형태나 디자인에 근간을 둔 자신만의 장소를 만드는 것으로 확장됐다."라고 말한다.

"서버는 한 번 꺼진 뒤로 다시 돌아오지 않거나, 테러범들이 들어와서 맵을 몽땅 파괴해 버린다."

앤드류 고드윈, 디 아카이브 설립자

——— 앤드류 고드윈은 《콜 오브 듀티》 같은 슈팅 게임에서 환상을 깨뜨리는 레벨 내 "투명한 벽"이 없는 마인크래프트 특유의 공간감 때문에 서버 맵들을 좋아했다. 고드윈은 "상상하는 대로 공간을 만들어서 그 공간을 걸어 다닐 수 있는 도구가 존재했는데, 이는 지극히 선형적이었던 당대의 비디오게임과 대조적이었다."라고 밝혔다. 다만 그 공간은 언제든지 파괴될 수 있다는 사실도 자각하고 있었다. 고드윈은 "서버는 한 번 꺼진 뒤로 다시 돌아오지 않거나, 테러범들이 들어와서 맵을 몽땅 파괴해 버린다."라고 밝혔다. 그래서 고드윈은 자신이 직접 마인크래프트 최초의 기록물관리사가 되기로 마음을 먹었다.

——— 고드윈은 공개되어 있는 모든 마인크래프트 서버에 연결해서 각 서버의 세계를 다운로드하는 봇을 만들었다. 그런 다음 플레이어들이 게임 내 명령어를 통해 각 서버의 세계를 불러올 수 있도록 직접 서버를 만들었다. 이는 괄목할 만한 성과였는데, 당시에 마인크래프트 서버에서는 공식적으로 이 같은 방식으로 세계를 전환할 수 없었기

때문이다. 디 아카이브는 권한 제도를 도입하여 플레이어들이 서버에서 자신의 세계를 운영하고, 세계에 입장할 수 있는 사람과 세계를 수정할 수 있는 사람을 결정할 수 있게 했다. 노치가 물에 물리법칙을 적용하는 등 마인크래프트 정식 버전에 새로운 기능을 추가하면 고드윈도 새로운 기능을 차차 도입했다. 고드윈은 가끔씩 디 아카이브에서 필요한 기능이 생기면 직접 그 기능을 구현한 버전을 만들었다. 고드윈은 장난스럽게 "나의 액체 흐름 시스템이 지닌 장단점을 모두 좋아했다."라며, "내가 만든 버전에서는 무한한 액체를 만들 수 없었기 때문이었다!"라고 말했다.

——— 고드윈은 결국 2009년 8월에 Myne이라는 무료 오픈소스 프로젝트를 만들어서 서버 소프트웨어를 공유했다. 이를 통해 자신의 허락을 받지 않고도 다른 사람이 여러 세계로 구성된 커뮤니티를 구축할 수 있게 됐다. 하지만 마인크래프트 서버 운영자들이 흔히 겪는 딜레마 속에서 고드윈은 본 게임에 빠르게 추가되는 기능들을 따라잡기 위해서 분투했다. 고드윈은 "대학을 졸업하고 본격적으로 사회생활을 시작하면서 서버 일의 대부분은 뒷전으로 밀려났다."라고 말했다. 한편 Myne 소프트웨어의 영향력은 막대했지만(한때 마인크래프트 공식 홈페이지에 등재됐던 공개 서버 대다수가 이 소프트웨어를 사용했다) 아쉽게도 디 아카이브 자체가 역사 속으로 사라지고 말았다.

위 서버에서 가장 기본이
되는 마인크래프트 세계인
"pworlds"의 복사본, 아래
화면은 이 서버 로비의
모습이다.

01 / 디 아카이브
게임이 발전하면서 서버도
발전했다. 이 스크린숏은
2015년에 촬영된 디
아카이브의 마지막 버전을
보여 준다. 위 화면은 이
서버에서 가장 기본이
되는 마인크래프트 세계인
"pworlds"의 복사본, 아래
화면은 이 서버 로비의
모습이다.

마인크래프트 포럼의 설립

마인크래프트 포럼과 위키의 탄생과 관리에
관한 이야기

 노치와 당시 노치의 아내였던 엘린 제터스트랜드는 2009년 5월에 마인크래프트 포럼을 만들었지만, 게임 제작에 집중하기 위해서 얼마 안 돼 포럼을 폐쇄했다. 사무엘 라이언에게는 인생을 바꾸는 순간이었다. 같은 해 6월, 라이언은 마인크래프트에 있어 가장 중요한 초기 커뮤니티가 된 마인크래프트 포럼과 이제는 없어서는 안 될 존재가 되어버린 마인크래프트 위키를 개설했다.

─── 그러나 문을 연 지 몇 달 만에 포럼은 거의 문 닫기 직전까지 갔다. 당시 라이언은 대학에서 쫓겨나고 부모님에게서 인터넷 금지령을 받는 등 힘든 시기를 보내고 있었기 때문이다. 다행히도 디 아카이브의 설립자인 앤드류 고드윈이 도와주러 와서 라이언이 문제를 해결하는 동안 포럼을 관리해 줬다. 라이언은 "그가 없었다면 웹사이트가 살아남지 못했을지도 모른다."라고 말했다. 앤드류 고드윈은 자신의 기여를 겸손하게 여겼다. 고드윈은 "(사무엘은) 포럼과 위키에서 항상 매우 중요한 역할을 맡고 있었다."라며, "나는 그저 자금과 기술적인 도움만 줬다."라고 밝혔다.

─── 마인크래프트 포럼도 처음에는 일개 마인크래프트 커뮤니티에 불과했지만 폭발적으로 늘어나는 마인크래프트 모드들의 집결지로 급부상했다. 특히 마인크래프트가 유튜브에서 인기 있는 소재가 된 이후로, 마인크래프트 포럼에서는 수많은 모드가 배포됐다. 모더들은 직접 만든 모드를 동영상으로 업로드하고, 동영상 댓글란에는 모드를 배포하고 있는 포럼 게시물의 링크를 게시했다. 사이트가 크게 성공하자, 라이언과 동업자들은 2010년 11월에 게임 관련 회사인 커스(Curse)에 마인크래프트 포럼과 위키를 매각했다. 라이언은 매각 이후에도 정규직 관리자로 자리를 지키면서 몇 안 되는 직원 및 자원봉사자들과 함께 포럼을 운영했다. 라이언은 "게시글 50,000개가 올라오고, 게시글 수천 개가 신고된 날도 있었다."라고 회상한다.

"게시글 50,000개가 올라오고, 게시글 수천 개가 신고된 날도 있었다."
사무엘 라이언, 마인크래프트 포럼 및 마인크래프트 위키 설립자

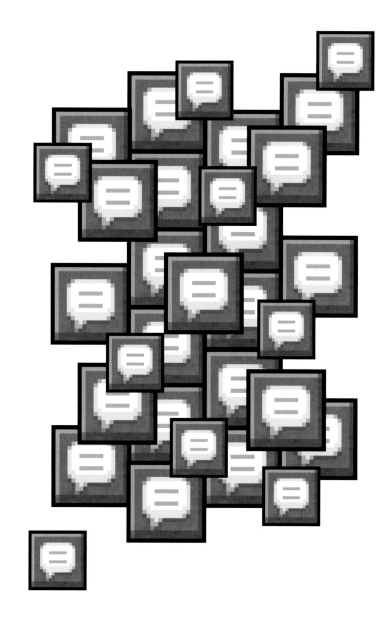

─── 포럼이 성장하면서 수시로 고점을 경신했다. 라이언은 마인콘 행사에서 마인크래프트 개발자들과 함께 식사를 했다. 세계적인 DJ이자 초창기부터 마인크래프트를 좋아한 셀럽 데드마우스(deadmau5)도 만났다. 위키는 오스트레일리아의 한 방송국에서 마인크래프트에 관한 뉴스와 함께 소개되기도 했다. 포럼에서 열심히 일하는 중재자 팀은 끈끈한 유대감을 형성했고, 몇몇은 결혼으로도 이어졌다.

─── 하지만 포럼 운영이 큰 타격을 가져온 일도 있었다. 라이언은 포럼 이용이 정지된 사용자로부터 협박을 당하고, 비공식 마인크래프트 굿즈를 만든 사람들이 포럼에 광고글을 남기면서 생긴 분쟁을 (때로는 직접 나서서) 처리해야 했다. 공개 행사에서 거대하고 불안정한 커뮤니티를 대표한다는 것에 스트레스를 받아오기도 했다. 파리에서 열린 마인콘에서 패널로 출연하고 있는 동안 포럼 회원들로부터 질문 세례를 받은 것에 대해 라이언은 "내 인생에서 가장 어색한 경험"이었다고 표현했다.

─── 라이언은 결국 2019년에 포럼을 운영하는 회사를 떠났다. 자신의 업적을 자랑스럽게 여기면서도 세간의 이목에서 벗어날 수 있어서 기뻐했다. 라이언은 "이런 일을 절대로 다시 하지 않을 거라고 생각하지는 않는다."라면서도, "멈추지 않는 혼돈의 소용돌이가 지금의 나를 만들었다."라고 밝혔다. 오늘날 마인크래프트 커뮤니티는 많지만, 여전히 마인크래프트 포럼은 매달 수백만 명이 방문하는 핫플레이스로 자리매김하고 있다.

© SAMUEL RYAN

01

01 / 사무엘 라이언
포럼 및 위키 설립자의
2008년 모습과 비교적
최근에 마인크래프트를
주제로 찍은 초상사진.

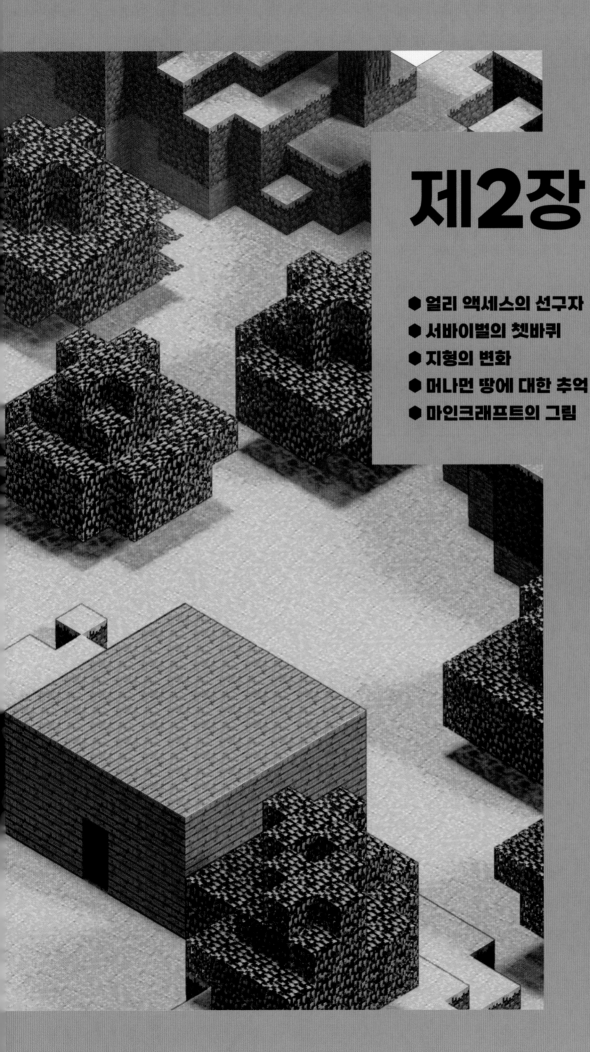

제2장

- 얼리 액세스의 선구자
- 서바이벌의 첫바퀴
- 지형의 변화
- 머나먼 땅에 대한 추억
- 마인크래프트의 그림

———— 노치가 게임을 테스트하고 수정하면서 마인크래프트는 개발 (인데브) 단계에 들어섰다. 2009년 12월부터 2010년 2월까지 인데브 업데이트 기간에는 수많은 기능이 생기고 사라졌다. 노치는 세계를 태양의 시점에서 찍을 수 있는 아이소메트릭(쿼터뷰) 스크린숏 버튼을 추가했다. 하이든 스콧바론 아티스트와의 단기 협업을 통해 지금은 삭제됐지만 비스트 보이, 라나 등 기존 마인크래프트 몹과 전혀 다른 캐릭터를 만들었다. 이때부터 맵의 전반적인 주제와 형태, 유형을 플레이어가 선택할 수 있게 됐다. 이제는 전설이 된 인데브 스타팅 하우스와 평지 맵도 이때 등장했다. 인데브 스타팅 하우스는 마인크래프트에서 첫날밤을 조금이나마 안전하게 보낼 수 있게 도와주는 구조물로, 평지 맵에 포함돼 있었다.

———— 인데브 업데이트 파일은 MisterSheeple을 비롯한 가상 역사가들이 소장하고 있다. 마인크래프트 보존 프로젝트 옴니아카이브 운영자 MisterSheeple은 "기묘한 시절이었기 때문에 인데브를 정말 좋아한다"라며, "노치는 수많은 기능들을 실험했다"라고 밝혔다. 인데브에서 추가된 기능 중 상당수는 나중에 손질을 거치며 사라졌지만, 인데브는 마인크래프트 최초의 "스탠더드" 에디션이었다. 인데브 때 추가된 주요 기능은 현재까지도 게임의 중심에 남아 있다.

얼리 액세스의 선구자

마인크래프트가 완전히 새로운 비즈니스 모델을 선도하는
게임이 된 방법

마인크래프트는 2009년 6월 13일부터 공식적인 판매에 들어갔다. 노치는 모장 스페시피케이션 AB라는 이름으로 페이팔을 통해 최신 버전을 판매했다. '모장(Mojang)'이라는 명칭은 노치가 게임 《뷔름 온라인》을 공동 개발하던 2003년에도 사용한 이름이었다. IRC 및 TIG소스 회원 대다수는 노치의 행동을 우습게 여겼다. 마인크래프트는 버그로 가득한 미완성 상태였기 때문이다. 개발을 시작한 지 1년도 안 된 시점이었으니 당연하다. "제대로 된" 개발팀에서 만든 게임이 아니라 고독한 개인의 작업물이었다. 게다가 당시에는 개조된 마인크래프트 서버를 직접 만들 수 있었기에 공식 버전을 구매할 까닭도 없었다.

──────── 그럼에도 불구하고 수천여 명이 마인크래프트를 구매하면서 2010년 6월부터 노치는 마인크래프트 개발을 업으로 삼을 만한 돈을 벌기 시작했다. 미완성된 게임의 판매는 단지 재정 상황을 개선하기 위한 결정이 아니었다. 게임 제작에 대한 노치의 접근법과도 밀접한 연관이 있다. 노치는 플레이어와 소통하면서 게임을 제작해야 한다고 생각했다. 다시 현재로 돌아와 게임 산업을 살펴보면, 완성되지 않은 게임을 판매한 결정은 수조 원 규모의 비즈니스 모델이 됐다. 수많은 게임에서 이 같은 방식을 채택했다. 공장 건설 게임 《팩토리오》의 사례를 살펴보자. 팩토리오 개발사는 마인크래프트처럼 수년에 걸쳐 플레이어로부터 의견을 청취하면서 게임을 개발하고, 2016년에 얼리 액세스 형태로 출시했다. 팩토리오와 마인크래프트의 유사점은 또 있다. 플레이어가 제작한 모드를 게임에 곁들여 플레이할 수 있도록 설계됐다는 것이다. 팩토리오의 게임플레이 디자인을 할 때 마인크래프트 모드를 참고했다고 말하는 걸 보면 당연하기도 하다. 2020년에 정식 출시된 팩토리오의 누적 판매량은 얼리 액세스 판매량을 포함하여 350만 장에 달한다.

──────── 2010년부터 모장에서 사업 개발자로 일하기 시작한 다니엘 카플란은 "개인적인 생각이지만, 노치나 마인크래프트가 게임 개발 업계에서 이룬 가장 큰 일은 얼리 액세스의 대중화였다."라며, "당시에는 되게 특이한 게임 개발 프로세스였음에도 매우 개방적이었다."라고 말한다. 당시 노치처럼 블로그를 통해 게임 업데이트 소식을 알려 주는 것은 드문 일이었지만, 지금은 평범한 일이 됐다. 다니엘 카플란은 "이런 것들은 아마도 대형 제작사를 제외하고 기본적으로 모든 개발자들이 오늘날 하는 일이다. 인스타그램에서도 틱톡에서도 X에서도 볼 수 있다. 다들 극극초창기부터 자신의 게임에 대해 알리면서 사람들의 반응을 살핀다."라고 말한다.

> **"노치나 마인크래프트가 게임 개발 업계에서 이룬 가장 큰 일은 얼리 액세스의 대중화였다."**
> 다니엘 카플란, 모장의 초대 비즈니스 개발자

──────── 2000년부터 게임을 만들어 오면서 마인크래프트의 큰 영감이 되어 준 인피니마이너의 제작자 재크 바스도 마인크래프트의 성공에 감명을 받았다. 바스는 "마인크래프트 경험은 상업용 게임을 만들기로 결심하는 데 큰 영향을 주었다."라며, "그전까지는 내가 게임을 만들어서 보내 주기만 했다."라고 말한다. 바스는 훗날 인피니팩토리를 만들면서 엔지니어링 퍼즐이라는 독창적인 장르를 개척했다. 이 게임은 자동화된 조립 공정을 만드는 블록 기반 게임으로, 비평가들에게 찬사를 받았다.

01 / 비슷하게 출시된 게임들
뷔름 온라인(위)과 팩토리오(아래)는 얼리 액세스 비즈니스 모델을 활용한 수많은 게임 중 2개에 불과하다.

서바이벌의 첫바퀴

서바이벌 첫바퀴의 탄생으로 이어진 인데브 업데이트의
새로운 기능들

인데브 업데이트에서는 서바이벌 모드 플레이의 핵심 구성 요소들이 도입됐다. 2009년 겨울 들어서 노치는 3×3판에서 자원들을 조합할 수 있는 제작 시스템을 만들고, 이 시스템을 통해 획득할 수 있는 곡괭이, 횃불, 검 등 휴대용 도구를 추가했다. 조약돌을 돌로 제련할 수 있는 화로와 작물을 재배할 수 있는 기능도 만들었다.

──────── 노치는 플레이어에게 피해를 주는 용암 블록 외에 불도 추가했다. 블록에서 블록으로 맹렬히 확산되면서 순식간에 숲을 집어삼키는 살아 있는 화염을 말이다. 마인크래프트 FTW의 전설적인 주택 화재 동영상을 비롯해, 게임 내에서 실수로 발생한 화재를 다루는 동영상이 2010년 9월부터 인기를 끌기 시작했다. 이 동영상에서는 통나무에 붙었던 불이 갑자기 건물을 전소시키는데, 8백만 회가 넘는 조회수를 기록했다. 이 외에도 대홍수나 대규모 건축물에 관한 동영상은 초창기 마인크래프트 유튜브의 유행을 이끌었다.

"블록과 픽셀로 이루어진 세상이라는 인식이 점차 희미해지면서 그 환경에 완전히 몰입하게 된다."

마르쿠스 "정크보이" 토이보넨, 모장 크리에이티브 감독

──────── 그러나 인데브에서 추가된 기능 가운데 핵심은 밤낮의 순환이었다. 해가 지고 나면 용감한 탐험가들은 평소와는 다른 버전의 마인크래프트를 플레이하고 있다는 사실을 깨닫는다. 다채로운 풍경과 평온한 실험 분위기는 온데간데없고, 플레이어는 서둘러 집을 지으며, 크리퍼가 폭발하기 전 무섭게 치익거리는 것처럼 몹이 내는 소리를 잘 듣기 위해서 사운드플레이를 하는 방법을 배워야 했다. 밤낮의 순환을 구현하기 위해서 노치는 밝기를 16단계로 구분한 조명 시스템을 만들었다. 노치는 마인크래프트의 적대적인 몹도 수정해서 어두운 조건에서는 몹이 생성되도록 만들었다. 갑작스럽게 어둠이 주적이 된 것이다.

──────── 2012년에 서바이벌 게임 맵을 만들기 시작한 플레이어인 데니스 바레이드는 "시작할 때는 공포 게임 같았다."라며, "야외에는 무서운 몬스터들이 있다는 것밖에 몰랐으니, 그냥 동굴에 숨었다. 최초로 서바이벌을 플레이했을 때 한 일은 이것뿐이다. 정말 무서웠다!"라고 말한다.

──────── 물론 이 게임의 몹은 공포 게임에 등장하는 몹과 다르다. 바레이드는 "며칠 후 외출해서 몬스터들을 만나 보니 그다지 무섭지 않았다."라며, 다만 해가 지는 것을 걱정해야 한다는 점이 게임에 완전히 새로운 절박감을 부여했다면서 "세상은 넓고, 모든

것이 제각기 다르고, 짜인 각본은 없었으며, 밤에는 플레이어에게 접근하려는 몬스터들이 있었다."라고 덧붙였다. 바레이드는 2010년 9월에 게시한 팬아트 영상에서 밤 동안 살아남으려는 시도의 생생한 기억을 재현하려 했다. 노치는 나중에 이 영상을 게임의 첫 번째 공식 트레일러로 채택했다.

──────── 새로운 조명 시스템은 마인크래프트 유저에게 다소 미묘한 영향을 미쳤다. 노치의 블록 기반 아트 스타일이 지닌 유연성을 보여 줬고, 심미적 요소를 개조할 수 있도록 모더들에게 소재를 제공해 줬다. 같은 해 12월 마인크래프트 팀에 합류한 픽셀 아티스트인 마르쿠스 "정크보이" 토이보넨(Markus "Junkboy" Toivonen)에 따르면, 새벽에 변화하는 밝기 레벨은 현실적인 텍스처 팩을 만드는 사람들에게 특히 큰 영향을 미쳤다. 토이보넨은 "이 얘기를 자주 했다."라며, "첫날 밤을 살아남는 플레이어는, 스켈레톤의 화살 맹습에 살아남기 위해 흙으로 지은 가건물에서 작은 틈 너머를 지켜보며 해가 떠오르는 것을 본다. 그리고 이때쯤이면 블록과 픽셀로 이루어진 세상이라는 인식이 점차 희미해지면서 그 환경에 완전히 몰입하게 된다. 누군가가 그런 감정을 느끼고 끝까지 해보고 싶어하는 마음을 나는 충분히 이해한다."라고 말한다.

01

지형의 변화

지형 생성기가 대대적으로 개편되면서 사실상 무한한 맵을
탐험할 수 있게 된 플레이어들

인데브가 끝나고 2010년 2월부터 6월까지 인프데브(무한한 개발) 업데이
트가 있었다. 노치는 마인크래프트의 지형 생성기를 2009년 5월부터 지
속적으로 손보고 있었지만, 인프데브에서는 시스템이 완전히 변경됐다.
인데브에 있던 맵 크기 옵션과 함께 맵의 경계벽 또는 바다가 이번 업데
이트에서 제거됐다. 마인크래프트 사상 최초로, 세계의 크기 제한이 플레이어가 걸을 수
있는 만큼으로 바뀌는 순간이었다.

──── 무한 맵을 구현하는 일은 몹시 어려웠다. 노치는 2011년에 게시한 텀블러 글
에서 "게임을 하나의 구역으로만 구성된 맵에서 무한한 맵으로 전환할 때 지형 생성은
훨씬 복잡해졌다."라며, "플레이어가 탐험하는 즉시 지형이 생성돼야 한다."라고 밝혔다.
인프데브 세계는 실제로 무한하지 않았지만, 제한에 도달하려면 야심찬 모험가가 돼야
했다. 당시 세계 넓이를 현실의 미터 단위로 변환하면 지구 표면적보다 넓었기 때문이다.

──── 열정적인 마인크래프트 플레이어들은 처음에 이 변화를 의심쩍게 여겼다. 일
단 인기 있었던 여러 기능들이 인프데브로 넘어가면서 일시적으로 사라졌기 때문이다
(인데브 하우스도 사라졌다). 마인크래프트 보존 프로젝트 옴니아카이브의 기여자 ru-

fus10은 "당시 노치는 사람들에게 무한한 지형을 원하는지 묻는 설문조사를 진행했다."
라며, "웃기게도 사람들은 원치 않는다는 응답을 했었다."라고 회상한다.

──── 오늘날 번성 중인 생물 군계에 비하면 인프데브 세계는 초라하게 생겼지만, 많
은 플레이어들은 부자연스럽고 이상했던 지형 때문에 인프데브 세계를 추억한다. 지형
생성기의 결함은 대체로 플레이어들에게 큰 재미를 안겨 줬다. 인프데브가 나온 해에 마
인크래프트를 시작해서 모장에는 2014년에 입사한 게임 개발자 미하엘 "서지" 슈토이케
(Michael "Searge" Stoyke)는 인프데브 시절의 이상했던 세계를 좋아했다. 슈토이케는
"흔치는 않았지만, 공중에 여러 개의 섬이 생기기도 했다."라고 밝혔다.

──── 인프데브 시절의 지형 생성기는 완전히 새롭게 만든 시스템이 아니었다. 인
데브와 초창기 프로토타입 때처럼 인프데브 때도 펄린 노이즈를 이용하여 지형을 생성
했다. 펄린 노이즈는 컴퓨터 과학자 켄 펄린이 1983년에 고안한 수학적 알고리즘 세트
로, 무작위로 나열된 것처럼 보이는 숫자들의 집합을 만들어낸다. 마인크래프트는 여러
개의 펄린 노이즈 계산 결과를 수직 축, 수평 축 및 지형 성분 혼합에 활용하여 여러 층
으로 구성된 3차원 지형을 만든다. 플레이어가 오버월드를 돌아다니면 게임은 한 번에
너무 많은 데이터를 처리하지 않도록 16×16블록으로 구성된 청크의 형태로 새로운 지
형을 즉석에서 만들어 낸다.

──── 노치는 새로운 지형 생성기를 작업하는 동안 편의를 위해 첫 번째 인프데브
버전부터 동굴 시스템을 제거했다. 이후 노치는 광산 수레, 레일, 몬스터 생성기와 상자
가 있는 던전 등 새로운 블록과 아이템을 추가하면서 동굴 시스템을 원복시켰다. 노치
의 다음 단계는 동굴 군집을 생성하는 시스템을 실험하는 것이었다. 때로는 구불구불한
개미굴의 형태로 동굴들이 겹쳐지기도 했다. 이러한 지형의 혼란 속에서도 노치는 게임
접근성을 향상하기 위해 브라우저 없이 마인크래프트를 플레이할 수 있는 오프라인 클
라이언트를 작업했다.

01 / 인프데브
인프데브 세계의 풍경을
렌더링한 장면. 업데이트된
지형의 자세한 모습을
살펴볼 수 있다.

머나먼 땅에 대한 추억

인프데브의 결함과 쿠르트 제이 맥의 유튜브 콘텐츠가
탄생한 과정

마인크래프트 인프데브 세계의 시작점에서 1,200만 블록가량 이동하면 구멍이 숭숭 뚫려 있는 대형 벽이 등장한다. 이 벽은 난수 생성의 결함으로 탄생했다. 일명 "머나먼 땅"이라 불리는 이 지역은 최신 버전의 마인크래프트에는 없지만, 여전히 머나먼 땅에 푹 빠져 있는 플레이어들이 있다. 머나먼 땅까지 걸어서 가려면 영겁과도 같은 시간이 걸리는데, 대부분의 관광객들은 콘솔 명령어로 간편하게 순간이동하거나, 네더를 통해 지름길로 간다. 네더는 위험천만한 지하 차원으로 2010년 게임에 도입됐다. 오버월드에 대한 네더 차원의 가로폭 비는 8:1인데, 덕분에 플레이어가 차원문을 만들어 놓으면 게임에서 빠르게 이동할 수 있는 수단으로 네더를 활용할 수 있다.

──── 몇몇 유튜버에게 머나먼 땅은 관광지 이상의 의미를 가진 곳이다. 쿠르트 제이 맥(Kurt J Mac)은 2011년 3월부터 머나먼 땅으로 걸어가기 시작했다. 처음에는 유튜브에서 연재하던 게임 실황 콘텐츠의 일부였지만, 나중에는 《Far Lands Or Bust》로 이름을 바꿨다. 2024년 현재 맥은 머나먼 땅에 도착하기까지 절반 정도 온 것으로 추정하고 있다. 맥은 여행을 하면서 기네스 세계 기록을 획득했고, 이제는 여행을 통해서 평등·정의 이니셔티브 같은 자선단체에 모금을 하고 있다. 기부 목표 금액을 달성할 때마다 게임 내에 기념물을 세우고 있다.

──── 매주 또는 격주 단위로 맥은 오버월드에서 구보하는 모습을 한 시간 동안 방송한다. 밤이 되면 안전하게 자기 위해서 횃불이 있는 임시 거처를 짓고, 다음 날 새롭게 다시 여행을 시작한다. 방송에서는 주로 시청자들과 일상생활에 대한 이야기를 나누고 사소한 지식들을 공유하며 시간을 보낸다. 시청자 중에는 맥의 방송을 처음부터 봐 온 사람도 있다. 맥은 "지금까지 분홍색 양을 몇 마리 찾았는지 기록하고 있다."라고 농담한다.

──── 오늘날의 마인크래프트 버전에서도 머나먼 땅을 다시 복구하는 모드가 있지만, 맥은 복잡하게 가지 않으려고 공식적으로 버그가 살아 있는 마지막 버전인 자바 베타 1.7.3을 사용한다. 그러나 캐릭터 스킨에 대한 접근 등 게임의 온라인 서비스와 호환되지 않을까 걱정하고 있다. 플레이어가 최초 스폰 장소로부터 멀어지면 생기는 결함에도 대응해야 한다. 대표적인 결함으로 땅이 흔들리고 떨리는 현상이 있다. 당연한 이야기겠지만, 맥은 세이브파일을 수시로 백업하고 있다. 현재 용량은 47GB에 달한다.

──── 맥은 싱글플레이에서 여행을 하고 있지만, 게임 안에는 같이 길을 걷는 동료가 있다. 울피(Wolfie)라는 이름의 늑대다. 현실에서 주노라는 반려견을 따로 키우고 있지만 말이다. 늑대와 함께 여행을 하고 있음에도 불구하고, 때로는 외로움을 느낀다. 현재 맥은 실낱 같은 믿음을 잃어버렸다면서 "아무도 나를 보고 있지 않는 것 같고, 내가 하는 말을 아무도 신경 쓰지 않는다는 기분을 자주 느낀다."라고 밝혔다. 하지만 자신의 자선사업, 시청자의 응원, 먼 길을 걸으며 넓혀 온 인연에서 힘을 얻고 있다. 맥은 "이렇게나 많은 돈을 모금하게 될 줄은 상상도 못했고, 전 세계에 있는 스트리머들과 친구가 될 줄도 몰랐다."라고 말한다.

01 / 사진 및 화면
쿠르트 제이 맥이 반려견
주노와 함께 찍은 사진.
머나먼 땅을 향해서 여행
중인 쿠르트 제이 맥과
반려 늑대 울피의 유튜브
동영상 속 모습.

"지금까지 분홍색 양을 몇 마리 찾았는지 기록하고 있다."

쿠르트 제이 맥, 유튜버

마인크래프트의 그림

크리스토퍼 제터스트랜드의 개발 과정과
그림들의 소재

2010년 2월에 있었던 마지막 마인크래프트 인데브 업데이트에서는 플레이어가 막대기와 양털을 가지고서 제작할 수 있는 그림들이 추가됐다. 그림 중에는 무서운 것도 우스꽝스러운 것도 있었다. 게임에서 볼 수 있는 그림들은 당시 노치의 처남이었던 아티스트 크리스토퍼 제터스트랜드(Kristoffer Zetterstrand)가 제작했다. 제터스트랜드의 표현법은 독특했다. 정물화 소재를 준비하고, 기존 작품을 겹쳐 놓은 뒤 2차원 이미지와 3차원 이미지를 조합했다. 《킹스 퀘스트》 같은 비디오게임에서 따온 픽셀 형식의 이미지를 기성 미술 기법과 혼합했다.

─────── 제터스트랜드는 예전에 그렸던 그림들을 마인크래프트에 쓸 수 있도록 너비가 16픽셀에 불과한 캔버스에 맞게 수정했다. 제터스트랜드는 "재밌는 작업이었다. (스톡홀름에 있는) 왕립예술대학에 입학한 뒤로 내가 그린 유화에 픽셀 아트를 접목시키는 실험을 해 왔다."라며, "내 그림의 모티프는 3D 소프트웨어로 만들기 때문에 오래된 명화, 사진, 컴퓨터 게임 등 모든 자료를 이미지로 추가해 볼 수 있었다. 3D 장면에 조명을 비추면 그림자가 나타나고, 평평한 물체를 사용하면 입체감을 살릴 수 있다는 사실을 알게 됐다. 픽셀 아트를 좋아했던 터라 이 효과에 픽셀화된 요소를 사용하는 것은 자연스러운 일이었다."라고 말한다.

"게임에서 내 작품을 발견하고 내 웹사이트를 찾아낸 사람들로부터 자주 이메일을 받는다."

크리스토퍼 제터스트랜드, 예술가

─────── 또한 제터스트랜드는 "픽셀로 만든 내 유화가 마인크래프트에 들어가면 그림 속 픽셀들은 원점으로 되돌아간 셈이다. 예를 들어 1980년대 게임 킹스 퀘스트에는 픽셀로 된 캐릭터 그라함이 등장하는데 이 캐릭터를 내가 그린 유화 속에 17세기 정물화 스타일로 넣어 놓고 보니, 다시 원래대로, 처음의 픽셀 형태로 돌아간 모습을 볼 수 있었다. 그림 속 픽셀들은 평면 픽셀을 3차원으로, 유화로, 사진으로, 다시 마인크래프트에서 픽셀로 바뀌었다. 이 과정이 매우 시적이라고 느꼈다."라고 덧붙였다.

─────── 제터스트랜드의 그림들은 그 자체로 상당히 몽환적이지만, 초저해상도로 축소하고 나면 추상적인 느낌이 강해진다. 제터스트랜드는 "많은 사람들에게서 들었던 얘기가 뭐냐면 그림들이 이 게임에 신비로운 분위기를 더한다는 것이었다."라며, "대부분의 그림들은 다소 이상하고, 약간 으스스한 느낌도 있으면서 작은 그림들은 실제로 무엇을 묘사한 것인지 알아차리기가 어렵다. 이런 특성들은 플레이어로 하여금 무슨 그림인지 상상하게 만들어서 게임 자체에 내재된 창의성을 보완한다."라고 말한다.

─────── 제터스트랜드는 "일부러 게임과 조화를 이루도록 게임에 맞춰서 픽셀 아트를 제작했더라면 그림이 지금보다 평범하고 지금만큼 흥미롭지는 않았을 것"이라며, "대부분의 그림들은 고전 미술에 기반을 두고 있는데, 그래서인지 몇몇 그림들은 픽셀 크기로 축소되었는데도 눈에 잘 띄고 사람들에게 공감을 불러일으키는 것 같다."라고 말한다.

─────── 마인크래프트 커뮤니티 내에서는 그림을 좋아하는 사람들이 많아졌다. 수필가 솔라 샌즈는 마인크래프트 속 그림을 주제로 한 시간짜리 다큐멘터리를 제작해서 유튜브에 게시했는데, 수백만 조회수를 기록했다. 제터스트랜드는 "내 인스타그램 팔로워의 절반은 마인크래프트 팬일 것"이라며, "게임에서 내 작품을 발견하고 내 웹사이트를 찾아낸 사람들로부터 자주 이메일을 받는다. 이제 마인크래프트는 나온 지 오래됐기 때문에 '당신은 내 어린 시절의 큰 부분을 차지했어요', '다섯 살 때 당신의 그림을 위한 미술관을 만들었어요'처럼 감동적인 메시지를 많이 받는다. 기분이 조금 이상하지만, 마음이 매우 따뜻해졌다."라고 말한다. 어떤 플레이어들은 제터스트랜드의 예술 과정을 해체하려고 불붙은 해골 같은 그림에 사용된 맵 시드를 추적하기도 했다.

─────── 제터스트랜드는 마인크래프트에 들어갈 그림을 작업하면서 자신의 기량을 개발할 수 있었다. 기존 그림의 해상도를 줄이는 효과를 연구하고 나서 미니어처로 만들 것을 염두에 두고 구성을 더 단순하게 만들기 시작했다. 플레이어의 반응이 과하다는 생각도 했지만, 영감도 받았다. 제터스트랜드는 "가끔 인스타그램이나 틱톡에서 어린이들이 내 그림을 한 픽셀 한 픽셀 재현하는 릴스를 본다. 스톡홀름에 있는 작업실에 앉아서 이걸 보고 있으면 정말 놀랍다."라고 밝혔다.

01

© KRISTOFFER ZETTERSTRAND

02

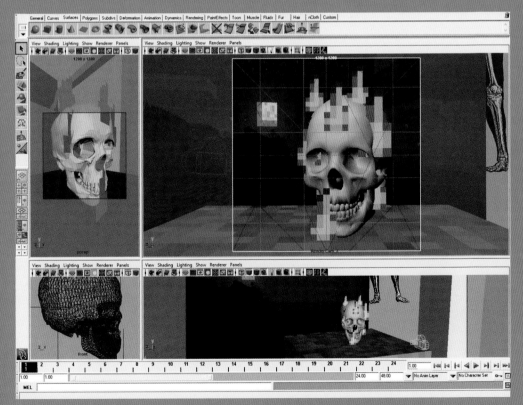

01 / 예술가의 모습
미술 작품 실물 옆에서 포즈를 취하고 있는 크리스토퍼 제터스트랜드.

02 / 화면
제터스트랜드의 창작 과정을 담은 스크린숏. 마인크래프트 그림 「불붙은 해골」을 만들고 있다.

01 / 렌더

마인크래프트 그림으로
구성된 화랑. 좌측 상단
부터 반시계 방향으로
그라함, 해질녘, 콩, 속세의
번뇌, 파라다이스 나무,
방랑자, 공허, 황무지,
수영장, 해변, 케밥과
페퍼로니 3개, 돼지, 성냥,
크리벳, 알바니아, 아즈텍
(2), 준비된 무대, 아즈텍,
케밥과 페퍼로니 3개.

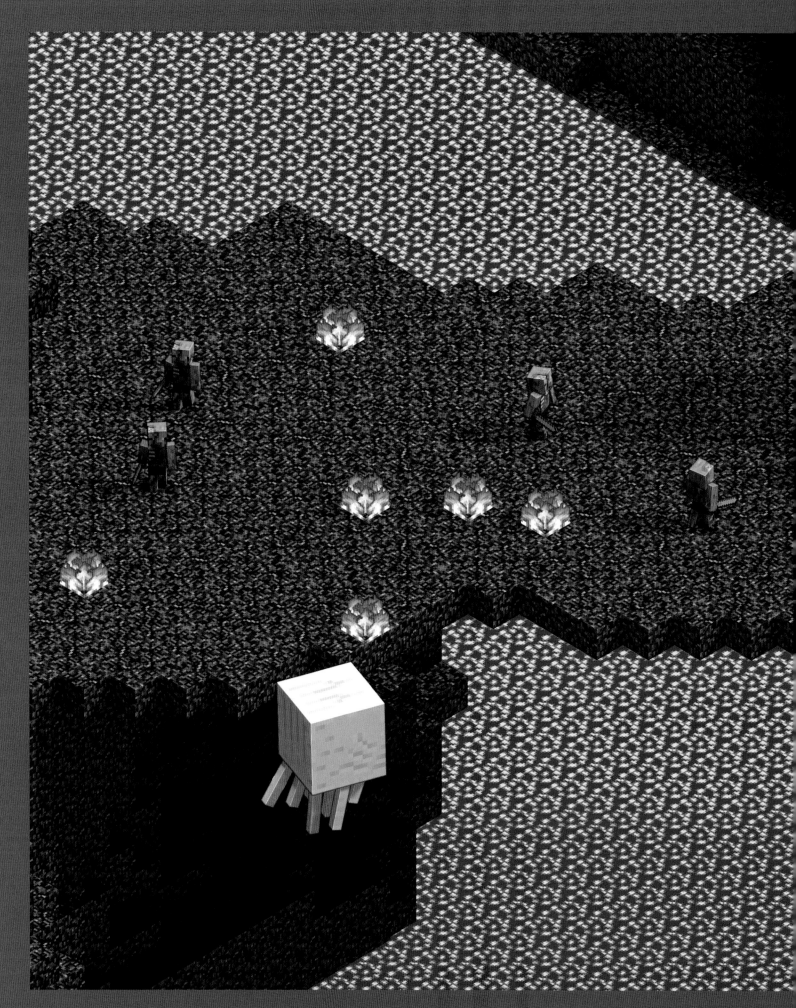

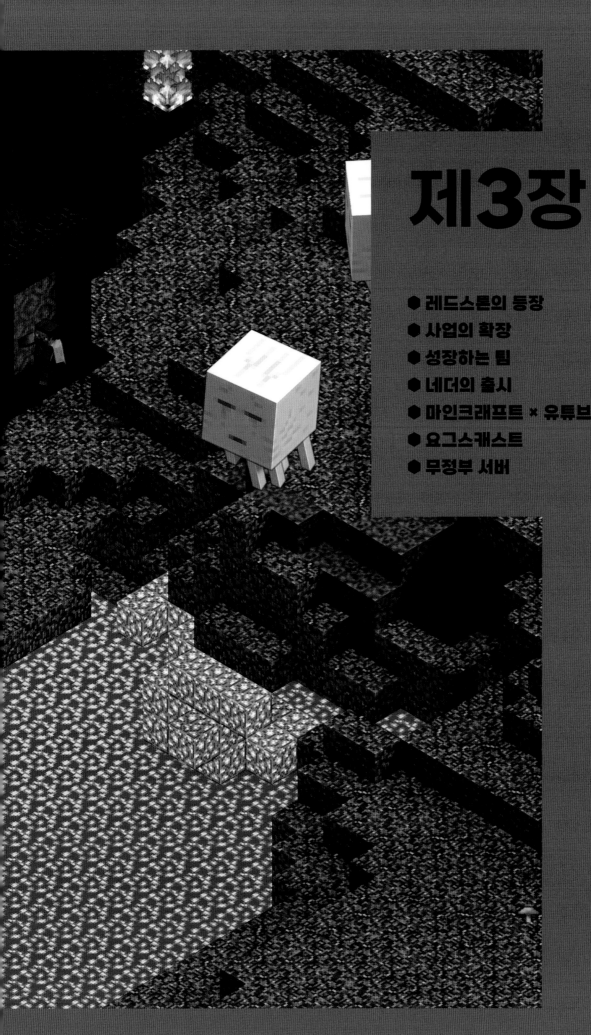

제3장

- 레드스톤의 등장
- 사업의 확장
- 성장하는 팀
- 네더의 출시
- 마인크래프트 × 유튜브
- 요그스캐스트
- 무정부 서버

——— 2010년은 노치가 마인크래프트 개발을 전업으로 삼고, 게임 회사 모장의 사세를 키우기 시작한 해였다. 노치는 카드 기반 비디오게임 《스크롤》을 개발하기 위해서 킹에서 근무하던 야코브 포르세르(Jakob Porsér) 게임 디자이너를 영입했다. 이후 노치는 사진 공유 사이트 jAlbum 에서 일할 적에 자신의 상사였던 칼 만네(Carl Manneh)를 데려와 모장 최고경영자 자리에 앉혔다. 사업 개발자로 다니엘 카플란도 고용했다. 카플란은 입사 직후 몇 주간 친척집 소파에서 근무하며 회사의 물적 사무실을 찾아다녔다.

——— 다니엘 카플란이 입사 초반에 맡은 일은 마인크래프트의 엄청난 판매량이 사기가 아니라고 페이팔에게 해명하는 일이었다. 이 일을 계기로 카플란은 결제 대행 서비스에 대한 모장의 의존도를 줄이고 결제 처리 시스템을 새로 구축하기 위해서 은행과 연락하기 시작했다. 하지만 은행도 의심스러워하기는 마찬가지였다. 카플란은 "당시 우리는 그렇게 유명하지 않았다"라며, "공개된 실적도 없었고 우리가 일궈낸 숫자를 언급하면 저들은 거짓말로 여겼다!"라고 밝혔다.

01

레드스톤의 등장

레드스톤의 추가로 기계화된 건축물, 자동화 그리고
컴퓨터를 구현할 수 있게 되다

노치가 전업 개발로 전환하면서 마인크래프트를 더 자주 업데이트할 수
있게 됐다. 2010년 여름 들어서 노치는 새로운 기능을 다수 선보였다. 이
가운데 일부는 "비이밀스러운 금요일(Seecret Friday)" 업데이트를 통해
추가됐는데, 변경 사항이 공개되지 않아서 플레이어들은 게임에 추가된
기능이 무엇인지 찾아야 했다. 노치는 소와 닭, 울타리의 형태로 마인크
래프트에서 축산을 할 수 있게 만들었고, 보트와 낚싯대를 통해서 바다를 탐험할 수 있
게 만들었다. 노치는 눈싸움을 할 수 있도록 눈과 겨울 분위기의 생물 군계를 만들었다.
한편 눈덩이는 그 자체로 플레이어에게 피해를 입히지는 않았지만, 다른 플레이어를 근
접 공격 범위 밖으로 밀어내는 데 사용되면서 마인크래프트 멀티플레이에서 결투를 벌
일 때 인기 있는 물건이 됐다.

──────── 하지만 훨씬 중요한 기능도 추가됐는데, 레드스톤 신호를 전달하는 레드스톤
가루였다. 레드스톤 신호는 마인크래프트에서 전기의 역할을 한다. 레드스톤 가루는 지
상에 설치해서 신호를 방출하는 버튼이나 압력판을 기계에 연결할 수 있다. 지상에 설치
한 레드스톤 가루를 레드스톤 횃불과 연결하면 전원이 흐르는 방향을 제어할 수 있고,
신호를 수신하는 지점이 있으면 레드스톤 장치를 켜는 회로를 만들 수 있다. 마인크래
프트에 전기적 요소가 추가되면서 단순한 공구 상자 그 이상의 역할을 하기 시작했다.

"기계 장치나 자동화를 만들어서 멋진 기능이 있는 물건을 만들어내는 것을 좋아한다. 그리고 레드스톤은 나 같은 플레이어에게 무언가 멋진 것을 할 수 있게 해 준 최초의 아이템이라고 생각한다."

다이어울프20, 유튜버 및 모더

──────── 노치는 텀블러 게시물을 통해 곧 나올 "모험 모드"에서는 플레이어가 마음대
로 블록을 설치하거나 파괴할 수 없는데, 새내기 마인크래프트 엔지니어들은 레드스톤
을 통해 플레이어가 모험 모드에서 즐길 수 있는 기계화된 퍼즐과 이벤트용 트리거가 있
는 "탈출 맵"을 설계할 수 있다고 설명했다. 그렇다고 해서 노치는 마인크래프트를 진정
한 프로그래밍 언어로 바꾸고 싶지는 않았다. 레드스톤 가루는 배선 게임 로직과 "마인
크래프트의 유사 판타지 테마" 한가운데에 있는 존재였다. 프로그래밍을 땅에 블록을 쌓
는 것만큼 쉽게 만들었다. 마인크래프트 유저들은 레드스톤이 등장한 지 얼마 안 돼 기
계들을 고안해 냈다. 유튜버이자 모더인 다이어울프20(Direwolf20)은 일종의 자동문인
포털 룸을 소개하는 동영상을 유튜브에 게시했는데, 이는 오늘날 50만 구독자를 보유한
유튜브 채널의 첫 번째 동영상이다.

01 / 레드스톤 횃불
레드스톤 횃불의 렌더. 각각
꺼진 횃불과 켜진 횃불이다.

02 / 레드스톤 광석
2021년에 텍스처가
업데이트된 이후, 레드스톤
광석의 현재 모습을 렌더한
모습. 플레이어는 광석을
채굴해야 레드스톤 가루를
얻을 수 있다.

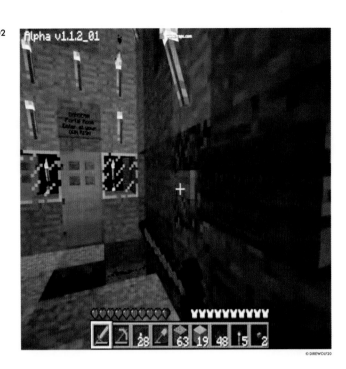

오늘날 저명한 마인크래프트 모드팩 크리에이터로 활동 중인 다이어울프20을 비롯하여 기계적인 사고를 가진 플레이어들에게 레드스톤의 등장은 혁신이었다. 다이어울프20은 "나는 예술적인 기질이 없다."라며, "예쁜 것을 보는 눈이 없다. 하지만 기술적인 것에는 매우 전문적이다. 기계 장치나 자동화를 만들어서 멋진 기능이 있는 물건을 만들어내는 것을 좋아한다. 그리고 레드스톤은 나 같은 플레이어에게 무언가 멋진 것을 할 수 있게 해 준 최초의 아이템이라고 생각한다."라고 밝혔다.

마인크래프트 플레이어들은 레드스톤을 활용하여 분기점이 있는 철도부터 "아이템 농장"에 이르기까지 온갖 장치들을 만들었다. 아이템 농장은 자동으로 물을 흘려보내서 장치 내부에 있는 적대적인 몹을 처치하고 수집 지점으로 전리품을 모아 주는 음침하면서도 무척 편리한 장치다. 게임 개발자 미하엘 "서지" 슈토이케는 "커뮤니티에서는 레드스톤을 좋아한다."라며, "게임의 자바 버전에서는 걸어 다니는 대형 기계, 자동화된 아이템 분류기 등 정말 미친 듯한 장치를 볼 수 있다."라고 말한다. 이 가운데 가장 정교한 레드스톤 장치는 게임 내에 온전히 구현한 컴퓨터. 2010년 9월 28일, 맵 메이커 벤 "theinternetftw" 크래덕은 레드스톤으로 작동하는 산술 논리 장치 동영상을 게시했다. 산술 논리 장치는 현실의 마이크로프로세서에서 가장 기초가 되는 구성 요소 중 하나다. 이 동영상 속 장치는 최초의 레드스톤 컴퓨터였으며, 이후로 수많은 레드스톤 컴퓨터가 만들어졌는데 가장 강력한 컴퓨터는 다른 게임을 실행할 수도 있었다. 물론 속도는 달팽이처럼 매우 느렸다.

모더의 등장

레드스톤은 마인크래프트의 번성 중인 모드 커뮤니티를 팽창시켰다. 모드 형식의 맵을 실험할 수 있는 기회를 제공한다는 점에서 게임 코드를 해석할 줄 모르는 플레이어들에게 레드스톤은 매우 매력적으로 다가왔다. 레드스톤 블록에 고유한 특징을 더하는 신기술 주제의 모드에 대한 욕구도 일으켰다. 다이어울프20은 "플레이 방식은 많은 모드들의 토대가 된다고 생각한다."라고 말한다.

마인크래프트에 모드를 적용하려는 움직임은 레드스톤이 등장하기 전부터 있었다. 마인크래프트 포럼 설립자 사무엘 라이언은 "대략 (2010년) 6월까지 발생한 대부분의 트래픽은 마인크래프트 모드와 관련이 있었다."라고 밝혔다. 라이언은 sp614x가 제작한 옵티파인(OptiFine) 모드를 초창기 주요 창작물로 꼽았다. 이 모드는 여러 컴퓨터에서 마인크래프트의 성능을 대폭 향상해 주는 모드로, 초당 프레임 수를 두 배로 만들어 주기도 했다. 사무엘 라이언은 "이런 모드들이 없었다면 이 게임을 하는 플레이어가 이 정도로 많지는 않았을 것이라 생각한다."라며, "의미 있는 수의 플레이어들이 모인 뒤로, 모드가 게임을 플레이하는 방식을 바꾸기 시작했다. 그리고 모드는 말 그대로 폭발적인 효과를 만들어 냈다."라고 덧붙였다.

매우 중요한 초창기 모딩 도구는 모드 코더 팩으로, 다른 모더가 마인크래프트의 컴파일을 해제하고 다시 컴파일할 수 있게 해 줬다. 이 모드를 통해 마인크래프트의 코드를 기계어에서 사람이 읽을 수 있는 형태의 코드로 변환할 수 있었기에, 모더들

은 코드를 수정해서 다시 원래대로 변환할 수 있었다. 모장에서 일하기 전에 이 모드를 만들었던 미하엘 슈토이케는 마인크래프트를 접하기 전부터 상당한 모딩 경험을 가지고 있었다. 슈토이케는 "2010년에 내 친구 중 한 명이 '야, 되게 못생긴 게임이 있는데, 꽤 재밌어'라고 말했다."라며, "그렇게 플레이를 시작했고, 스스로에게 '아, 이걸 개조해 보고 싶은데 마땅한 방법이 없어.'라고 말했다."라고 회상했다.

"게임의 자바 버전에서는 정말 미친 듯한 장치를 볼 수 있다."

미하엘 "서지" 슈토이케, 게임 개발자

슈토이케는 개인적으로 사용할 목적으로 모드 코더 팩을 제작했지만, 나중에는 대중에 공개해서 몇 년 동안 함께 일했던 다른 모더 6명으로 구성된 팀을 끌어들여 마인크래프트의 새로운 버전에서 실행할 수 있도록 매번 업데이트했다. 모드 코더 팩은 향후 많은 모드와 모딩 도구의 토대가 됐다. 슈토이케는 "직접 작업한 적이 없는 모드의 99%가 내 손에 달려 있다고 말하는 이유가 바로 이것"이라며 익살스럽게 말했다. 현재 모드 코더 팩은 2011년에 출시된 놀라운 모딩 도구인 포지(Forge)의 일부가 됐다. 포지는 플레이어가 동시에 여러 개의 모드를 설치하고 실행하는 것을 더 쉽게 만들어 준 교두보다.

마인크래프트 커뮤니티에서 모더들의 영향력은 커져갔지만, 노치는 모더들과 별로 논의하지 않았다. 슈토이케는 "초반에는 소통이 많지 않았었다."라며, "훨씬 개방적이었던 옌스 베리엔스텐이 마인크래프트의 수석 개발자가 되고 나서야 우리는 소통을 시작했다."라고 밝혔다. 옌스 "젭" 베리엔스텐의 개입이 들어가면서 모장은 단순히 모더들과 소통하는 것에서 그치지 않고, 결국에는 게임을 직접적으로 작업할 수 있도록 많은 모더들을 고용했다. 이 중에는 플레이어가 마인크래프트 멀티플레이 서버용 모드를 설치하고 실행할 수 있게 도와 준 hMod 및 버킷 제작자도 있었다. 슈토이케는 전직 버킷 구성원이었던 에리크 "그룸" 브뢰스로부터 2014년에 입사 제안을 받아, 현재는 마인크래프트: 자바 에디션의 기술 수석이 됐다. 슈토이케는 입사 직전 있었던 일에 대해 "어느 날 (브뢰스가) 내가 작업 중인 문제에 의견이 있으면 물어봐 달라고 했고, 나는 '아, 네 옆에 바로 앉아 있었으면 설명하기가 더 쉬웠을 텐데.'라고 말했다. 그로부터 몇 주 뒤 나는 스웨덴행 비행기에 올랐다."라고 밝혔다.

---

01 / 레드스톤 가루
플레이어는 이 자원을 사용하여 기계 및 장치를 제어할 수 있으며, 출시 직후에도 제작에 활용할 수 있었다.

02 / 다이어울프20의 포털 룸
세상에 포털 룸을 선보인 다이어울프20의 유튜브 동영상 일부.

사업의 확장

마인크래프트의 사업적 발전, 잠재적인 동반자 그리고
첫 번째 컨벤션

 2010년 모장에 입사한 다니엘 카플란은 7년간 사업 개발자로 근무했다. 이 기간에 카플란은 비디오게임 업계에서 가장 큰 회사들과 접촉해서 마인크래프트의 방향을 극적으로 바꿀 수 있는 제휴 관계에 대해 논의했다. 일례로 노치가 미국 워싱턴에서 만난 사이버몰 개발사 밸브가 있다. 모장이 자체적으로 마인크래프트용 결제 시스템을 제작한 까닭에는 스팀처럼 이익을 깎아 먹는 플랫폼을 이용하고 싶지 않았던 것도 있었다. 그러나 카플란은 마인크래프트 유저들이 늘어남에 따라 결국에는 밸브와 접촉해서 모장이 판매 과정을 체계화하지 않고, 마인크래프트 개발에 집중할 수 있도록 게임을 스팀에 출시하려고 했다.

———— 카플란은 "일괄적으로 코드를 제공했으면 우리가 만든 런처에서 계속 플레이할지, 스팀으로 갈지 고르라고 할 수 있었을 것"이라고 밝혔다. 하지만 카플란이 업계 표준보다 낮은 수수료율을 제시하자 밸브는 제안을 거절했다. 카플란은 "우리가 받을 돈을 밸브에게 나눠 주고 싶지 않았다."라며, "마인크래프트를 스팀에서만 이용할 수 있는 미래가 있었지만, 모장은 이런 미래를 원치 않았다!"라고 덧붙였다.

———— 밸브와의 밀월 관계는 성사되지 못하고, 모장은 데수라(Desura)라는 직접유통 게임 플랫폼을 인수해서 "인디 스팀" 서비스를 자체적으로 만들어 출시하는 방안도 고려했다. 그러나 품질 우려로 인해서 이 계획은 무산됐다. 카플란은 무산된 이유에 대해 "데수라에는 별로 얽히고 싶지 않은 불량 게임이 매우 많았다."라고 밝혔다.

"마인크래프트를 스팀에서만 이용할 수 있는 미래가 있었지만, 모장은 이런 미래를 원치 않았다!"

다니엘 카플란, 모장의 초대 비즈니스 개발자

———— 카플란은 인디 개발자들이 널리 사용하는 게임 개발 도구 제작사 유니티(Unity)에 모장을 합병시키는 방안도 협의했다. 카플란은 "유니티는 모장이 천생연분이라고 생각했다. 모두가 마인크래프트용 모드와 게임을 만드는 데 사용할 도구를 공급할 것이라 했다."라고 말한다. 카플란은 미팅이 진행되는 동안 안절부절못하며 앉아 있지 못했던 유니티 창업자 데이비드 헬가슨과의 미팅을 생생하게 떠올리며 "헬가슨이 압박감을 크게 느낀 모양이었다."라고 밝혔다. 모장은 사람들이 마인크래프트를 유니티처럼 게임 제작 도구로 바라보는 것을 원치 않았기 때문에 합병을 반대하기로 결정했다. 카플란은 이 같은 결정을 내린 이유에 대해 "유니티는 게임 개발자를 위한 플랫폼이었고, 마인크래프트는 플레이어를 위한 플랫폼이었다."라고 밝혔다.

———— 다른 회사들은 자체적인 게임을 만들기 위해서 모장에 접근했다. 이 가운데

에는 인생 시뮬레이션 게임인 심즈의 새로운 버전을 만들고 싶었던 EA(일렉트로닉아츠)도 있었다. 존 리치티엘로 EA 최고경영자는 두 회사가 공통점을 갖고 있다고 생각했다. 어쨌거나 심즈와 마인크래프트는 둘 다 자유성이 있는 게임이었기 때문이다. 그러나 모장은 납득할 수 없었다. 카플란은 "당시 우리는 열정과 독립에 대한 가치를 중점적으로 여겼다."라며, "EA와의 거래는 악마와의 거래나 다름없었을 것이다!"라고 밝혔다.

마인크래프트콘 2010

———— 노치는 밸브 측 사람들을 만나기 위해서 워싱턴 벨뷰에 머무는 동안, 그가 묵은 호텔 근처 공원에서 마인크래프트 플레이어들을 만나 시간을 보냈다. 이때가 2010년 8월 30일로, 최초의 마인콘이 열린 날이었다. 이후 몇 년 만에 마인콘은 10억 원대 규모의 세계적인 행사로 거듭난다. 나중에 마인콘 2010으로 명명된 마인크래프트콘은 노치가 워싱턴주로 떠난다고 밝힌 뒤 마인크래프트 포럼에서 계획된 일종의 번개 모임이었다. 모임에 가장 먼저 도착한 인물은 현지에서 출납원으로 일하면서 Mr. Bo Jenkins라는 이름으로 마인크래프트 방송을 하던 아론 젠킨스(Aaron Jenkins)였다. 젠킨스는 제시간에 오는지, 장소를 제대로 찾았는지 확신할 수 없었다. 젠킨스는 "그래서 나는 차로 가서 새하얀 두루마리 휴지를 찾았다. 사람들이 나를 찾을 수 있도록 휴지심을 풀어서 크고 굵은 글씨로 'Minecraft.net'을 썼다."라고 밝혔다.

———— 이후에 열린 마인콘과는 달리, 당시 마인콘에는 무대 행사도, 유튜버를 만나려는 줄도, 산더미로 쌓인 마인크래프트 굿즈도 없었다. 젠킨스는 당시 분위기에 대해 "슈퍼마켓에 사람들이 많이 모여 있는 것 같았다."라며, "정말 인기 있는 부스가 하나 있고 모두가 그 주위로 모인 것 같았다."라고 밝혔다. 그래도 파티 같은 분위기는 있었다. 어떤 사람은 커다란 접이식 텐트를 가져왔다. 다른 두 명은 코스프레를 하고 등장했다. 한 명은 스티브 머리를 쓰고 있었고, 다른 한 명은 온몸에 크리퍼 의상을 입었다.

———— 그런 다음 노치가 도착했다. 젠킨스는 당시 상황에 대해 "노치는 커피 같은 걸 한 잔을 마시고 있었고 사람들이 노치 곁으로 몰려 갔다."라며, "노치는 질문에 답하기 위해 이리저리 돌아다녀야 했다."라고 묘사했다. 사람들의 질문은 아주 지적인 질문부터 장난기 가득한 질문까지 다양했다. 당시 나왔던 질문에는 언제든지 접속할 수 있는 멀티플레이 서버를 마인크래프트에서 지원할 예정인지, 히로빈(Herobrine)이라는 유령 형제가 게임 내에 존재한다는 온라인 괴담을 노치도 알고 있는지도 있었다. 팬들 사이에서 돌던 히로빈 괴담은 나중에 공식적인 농담거리가 되면서 모장에서는 업데이트 내역을 발표할 때마다 "히로빈이 삭제되었습니다."라는 문구를 넣기 시작했다.

———— 젠킨스는 2010년부터 2012년까지 다른 게임은 거의 하지 않고 마인크래프트만 하면서 "번아웃"이 왔다고 말한다. 훗날 젠킨스는 아내와 함께 트위치에서 AdventurersQuarters라는 이름으로 종합 게임 방송을 진행하기 시작했다. 공원에서 있었던 운명적인 모임에 대한 젠킨스의 기억은 점차 희미해지고 있다. 하지만 젠킨스는 "Minecraft.net"을 적은 휴지심을 지금도 가지고 있다. 젠킨스는 "나중에는 여기에 노치의 사인도 받았다."라고 밝혔다.

■ ■

01 / 최초의 사무실 내부
다니엘 카플란이 촬영한 사진. 다니엘 카플란과 야코브 포르세르,
노치가 새로운 책상을 설치하며 회사 확장을 준비하고 있다.

02 / 달라진 사무실 내부
개발팀의 초상화 등 독특한 실내 장식들로 구성된 모장 스튜디오의
2014년 모습.

2010년

01

02

2014년

성장하는 팀

옌스 "젭" 베리엔스텐과 마르쿠스 "정크보이" 토이보넨을
영입하며 세를 불려 가는 모장

네더를 추가하는 과정에서 노치는 새로운 생물 군계 시스템을 도입하면
서 오버월드의 지형 생성기를 개선했다. 온도값에 따라 사막, 열대우림
등 특징이 구분되는 지역들로 세계가 구성되기 시작했다. 마인크래프트
의 세계가 확장되면서 모장도 함께 성장했다. 첫 번째 테스트 버전을 공
개한 지 1년이 지난 시점에서 다니엘 카플란은 회사의 다음 대작을 고
민하고 있었다. 카플란은 "내 아이디어는 처음부터 끝까지 스스로 게임을 만들 수 있
을 정도로 매우 유능한 개인들로 구성된 인디 게임 업계의 일류 기업을 만드는 것이었
다."라고 밝혔다.

———— 카플란이 바라던 인재상을 갖춘 사람으로 옌스 베리엔스텐이 있었다. 퀴즈 웹
사이트 플레네토에서 근무하던 자바 개발자이자, 또 다른 인디 게임 개발사인 옥사이 게
임 스튜디오의 공동 창립자인 베리엔스텐은 2010년 12월 모장에 입사했다. 수집형 카드
게임과 턴제 전술을 혼합한 게임 스크롤을 개발하기 위해 카플란은 픽셀 아티스트인 마
르쿠스 "정크보이" 토이보넨도 채용했다. 마인크래프트가 지속적으로 인기를 끌고 있는
반면에 스크롤은 개발 단계 중에서도 극초기였던 상황에서 정크보이는 입사 후 몇 달 동
안 티셔츠 디자인을 시작으로, 마인크래프트 굿즈에 활용할 만한 작품을 만들었다. 정크
보이는 "회사에서 티셔츠를 실물로 만들었는지는 모르겠는데, 얼마 안 돼서 라이선싱 할
만한 회사를 찾기 시작했던 것을 보면 회사에서 마음에 들어 한 것 같다."라고 말했다.

"마인크래프트는 미술에 대한 경험이 별로 없는 사람이 보더라도 '저기로 가서 무언가 아름다운 것을 할 수 있겠다'라고 생각할 수 있을 것이다."

마르쿠스 "정크보이" 토이보넨, 모장 크리에이티브 감독

———— 게임을 다른 매체로 재해석하는 과정에서 정크보이는 노치가 원래 블록 텍스
처를 만든 방법을 알고 다소 충격을 받았다. 정크보이는 "노치는 '내가 텍스처 해상도를
8×8이나 16×16 픽셀처럼 작게 만들고, 캔버스가 너무 작으니까 마우스를 이리저리 클
릭하기만 해도 돌이든 흙이든 무언가가 생긴다.'라고 말했는데, 노치는 미술 작업을 일
종의 무차별 대입으로 해낸 것이다."라며, "그러나 이는 똑똑한 접근법으로, 오늘날까지
도 우리가 사용 중인 매우 상징적인 디자인을 만들어냈다."라고 말했다. 이 접근법이 가
진 의외의 장점은 게이머가 직접 미술을 개선하도록 장려한다는 것이다. 이런 이유로 오
늘날에는 수천 명의 마인크래프트 플레이어가 제작한 텍스처 팩이 있다. 정크보이는 "마
인크래프트는 미술에 대한 경험이 별로 없는 사람이 보더라도 '저기로 가서 무언가 아름
다운 것을 할 수 있겠다'라고 생각할 수 있을 것이다."라고 말한다.

01

———— 회사가 커지면 공간도 더 필요하다. 그래서 정크보이가 마인크래프트의 외양
을 파악하는 동안 베리엔스텐이 마인크래프트에 제일 먼저 기여한 것은 디지털 확장을
돕는 것이었다. 서로의 작업물이 간섭받지 않고 동시에 코드를 작성할 수 있도록 베리
엔스텐은 게임을 위한 공통 파일 시스템을 만들었다. 성장하는 팀에게 매우 중요한 편
의 기능이다. 베리엔스텐은 직접 플레이하면서 쌓은 경험을 바탕으로, 한눈에 게임을 이
해하기 쉽도록 아이템 툴팁 기능 등 마인크래프트에 여러 기능을 추가했다. 베리엔스텐
은 툴팁을 추가한 이유에 대해 "자갈과 조약돌처럼 몇몇 블록들은 차이점을 찾기가 매
우 어려웠다."라고 밝혔다. 툴팁이 게임에 추가되자 마인크래프트 플레이어들은 이 기능
을 반기지 않았다. 베리엔스텐은 "내가 커뮤니티에서 받은 첫 번째 피드백은 '툴팁을 어
떻게 끄냐?'라는 것이었다."라고 밝혔다.

———— 베리엔스텐은 좌절하지 않고, 노치의 허락을 받고 겨우내 사무실에 머물면서
염색된 양털을 게임에 다시 추가했다. 염색된 양털은 구 버전에 있었지만, 중간에 사라
진 기능이었다. 염색된 양털을 추가하면서 단순히 양털을 염색할 염료를 추가하는 것에
그치지 않고, 염료를 중심으로 게임 세계를 건드리면서 디테일에 대한 남다른 관심을 보
여 줬다. 베리엔스텐은 염료를 추가한 과정에 대해 "모든 색깔이 한 가지 용도로만 쓰이
지 않기를 바랐다. 광물성 염료가 있으면 좋을 것 같아서 청금석을 추가했다. 몹한테서
도 염료를 얻을 수 있으면 좋을 듯해서 오징어를 추가했다. 식물에서도 염료를 얻을 수
있었으면 좋겠어서 선인장을 만들고 뼛가루도 추가했다."라고 밝혔다.

———— 1월이 되고 다른 개발자들이 사무실로 복귀하자 베리엔스텐은 노치 앞에서 결
과물을 시연했다. 당시 상황에 대해 베리엔스텐은 "그러자 노치는 '진심으로 마음에 드
는데, 이 친구가 이해를 잘하네'라고 말했다."라고 전한다. 정반대의 상황이 벌어질 수도
있었던 순간이었다. "내가 조금 순진했다. 나중에 다시 생각해 보니 그 자리에서 해고될
수도 있었다."라고 덧붙였다. 어쨌거나 베리엔스텐은 아직 수습 기간이었기 때문이다.
그렇지만 노치는 베리엔스텐을 정규직으로 전환시켜 마인크래프트를 작업할 수 있게 했
다. 새로운 염료와 블록, 몹은 2011년 전반에 걸쳐 출시됐다.

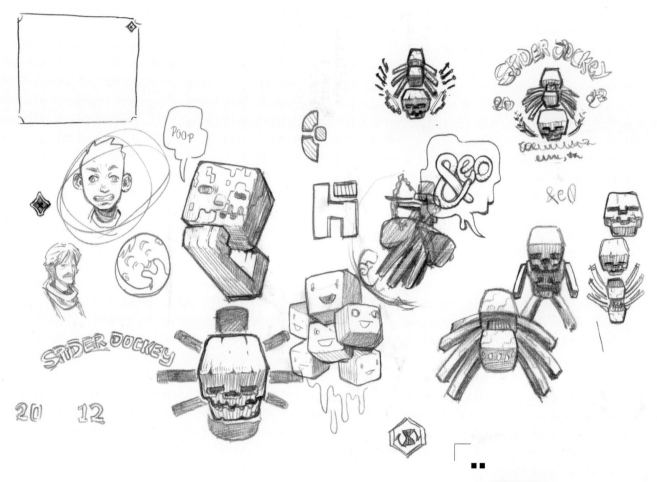

02

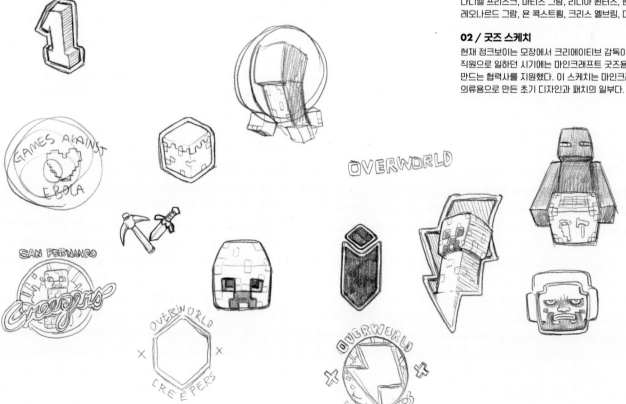

01 / 팀원의 아바타

정크보이가 그린 모장 팀원의 마인크래프트 아바타 모음. 좌측 상단부터 노치, 옌스 "옙" 베리엔스텐, 다니엘 카플란, 정크보이, 야코브 포르세르, 칼 만네, 토비아스 묄스탐, 아론 니에미넨, 다니엘 프리스크, 마티스 그람, 리디아 윈터스, 헨리크 페테르손, 레오나르드 그람, 욘 쾩스트룀, 크리스 옐브링, 마크 왓슨.

02 / 굿즈 스케치

현재 정크보이는 모장에서 크리에이티브 감독이 됐다. 직원으로 일하던 시기에는 마인크래프트 굿즈용 디자인을 만드는 협력사를 지원했다. 이 스케치는 마인크래프트 의류용으로 만든 초기 디자인과 패치의 일부다.

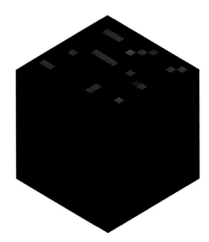

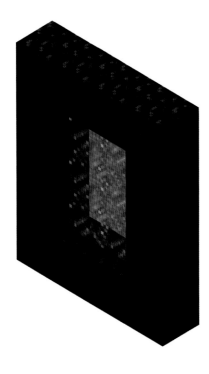

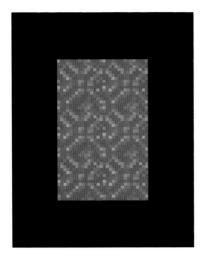

네더의 출시

마인크래프트 플레이어들이 탐험할 새롭고
재미있는 차원이 개발 · 출시되다

2010년 10월 30일, 마인크래프트 플레이어들은 완전히 새로운 차원을 탐험할 수 있게 됐다. 노치는 발광석이 매달려 있고 영혼 모래가 불타고 있는 화산 형태의 평행 지역을 도입했다. 검을 든 채 이족 보행을 하는 언데드 돼지, 블록을 파괴하는 화염구를 내뱉는 풍선 형태의 몬스터가 돌아다니는 곳이었다. 흑요석으로 차원문을 만들어야 갈 수 있는 네더는 서바이벌 플레이어에게 궁극적인 도전 과제가 되도록 기획됐다. 하지만 실제로는 그렇게까지 어려운 곳이 아니었다. 옌스 베리엔스텐 마인크래프트 최고 크리에이티브 책임자는 "원래 네더는 무척 안전했다. 좀비 피그맨과 가스트 외에는 위협적인 존재가 없었기 때문이다."라며, "휴식을 하러 가도 될 정도였다!"라고 말한다.

─────── 그래도 마인크래프트 유저들은 네더에 푹 빠졌다. 이 시기에 마인크래프트 서바이벌 플레이를 시작한 다이어울프20은 "완전히 새로운 차원, 새로운 유형의 플레이 방식이 생긴 것을 무척 대단하게 생각했다."라고 밝혔다. 베리엔스텐은 "네더의 도입으로 수많은 플레이어들이 게임을 엄청나게 확장할 수 있었다."라고 덧붙였다.

"원래 네더는 무척 안전했다. 좀비 피그맨과 가스트 외에는 위협적인 존재가 없었기 때문이다. 휴식을 하러 가도 될 정도였다!"

옌스 베리엔스텐, 모장 최고 크리에이티브 책임자

─────── 네더가 생기면서 마인크래프트에는 새로운 미스터리가 생겼다. 최대의 미스터리는 설명이 불가능한 거리 왜곡이었다. 네더에서 한 블록을 이동하면 오버월드에서는 여덟 블록을 이동하게 된다. 로버트 조던의 판타지 소설 시리즈 《시간의 수레바퀴》에서 영감을 받은 노치가 이 요소를 만들었다. 베리엔스텐은 "내 생각에 노치는 그냥 재미로 그렇게 한 것 같다."라며, "이제 와서 우리는 어떤 배경 이야기가 숨어 있는지 알아내려 하고 있다!"라고 말했다.

01 / 구체적인 렌더
플레이어는 새로운 차원을 탐험하면서 새로운 적대적인 몹과
싸우게 된다.

마인크래프트 × 유튜브

강좌 영상, 소개 영상, 실황 영상 등 유튜브에서 인기를 끄는
마인크래프트 동영상들

SeaNanners, Paul Soares Jr. 등 게임 셀럽들은 물론이고 상대적으로
신입인 유튜버들 사이에서도 마인크래프트는 2010년 겨울까지 큰 유행
을 탔다. 요그스캐스트 공동 설립자 사이먼 브린들리는 "'가장 많이 본 동
영상' 섹션 전체가 마인크래프트 동영상으로 채워져 있었다."라며, "미친
시절이었다."라고 회상한다.

──────── 유튜브는 마인크래프트에 알맞은 플랫폼이었다. 게임의 쇼앤텔(show-and-
tell) 정신을 수용할 수 있었기 때문이다. 새로운 업데이트가 발표되면 플레이어들은 업
데이트를 탐구하는 동영상을 제작해서 게시한다. 그러면 그 동영상의 댓글을 통해 팬들
을 찾아볼 수 있었다. 한편 마인크래프트는 가상 영화 스튜디오로도 활용할 수 있었기
때문에 유튜버들에게 안성맞춤이었다. 마인크래프트에서는 스토리에 걸맞은 소품과 배
경을 플레이어가 직접 만들 수 있다. 다른 비디오게임은 정적이었던 반면, 마인크래프트
업데이트는 매번 파헤치고 기록할 만한 새로운 무언가를 가져와서 각 블록이나 기능을
설명하는 강좌 동영상에 대한 거대한 수요도 창출했다.

──────── 마인크래프트의 유튜브 커뮤니티는 인상적인 건축물을 많이 만들었지만, 비
교적 자유분방한 분위기도 있었다. 콜 오브 듀티 같은 게임의 유튜버들은 자신의 뛰어
난 재주를 주로 보여 주는 반면에, 마인크래프트 유튜버들은 같은 커뮤니티의 일원이 댓
글에서 공감할 것이라는 점을 알고 마인크래프트에서 실수하는 모습을 담은 동영상을
공유할 수 있었다. 실제로 당시에 큰 인기를 끌었던 동영상 중에는 2010년 9월에 게시
된 MineCraftFTW의 불타는 집 동영상처럼 우스꽝스러운 실수를 담은 동영상들이 있었
다. 할쿤의 USS 엔터프라이즈 맵처럼 문화적 상징을 마인크래프트에서 재현한 동영상
도 많은 인기를 얻었다. 부 부이(Vu Bui) 모장 최고 미디어 책임자는 "이 영상이 아주 많
은 사람들에게 영감을 줬다."라며, "'저 사람들이 저걸 만들 수 있으면 나도 웨스테로스
(Westeros)를 만들 수 있겠다' 같은 생각을 하게 만들었다."라고 밝혔다.

"이 캐릭터에 내 흔적을 꼭 남기고 싶었기 때문에 나는 초록색 눈을 제안했다…"

리디아 윈터스, 모장 최고 스토리텔러

──────── 모더들이 그랬듯이 마인크래프트 유튜버들 중에서도 몇 명이 모장에 입사하
게 된다. 그중에서 제일 유명한 인물은 전직 교사이자 사진가였던 리디아 윈터스(Lydia
Winters)다. 2010년 11월 16일에 MinecraftChick이라는 별명으로 첫 번째 동영상을 게
시한 리디아 윈터스는 자신의 편집 실력으로 두각을 나타냈다. 윈터스는 장편의 게임 실
황 동영상 대신에 자신의 반응을 담은 동영상을 간결하게 편집해서 게시했다.

01

COPYRIGHT © YOGSCAST LTD.

01 / 유튜버
당시에 인기 있는
마인크래프트 콘텐츠
크리에이터였던
요그스캐스트와 리디아
윈터스의 유튜브 동영상
사진.

──────── 윈터스는 E3 게임 박람회에서 모장의 부스를 운영하고, 2011년 여름에 입사
했다. 오늘날 윈터스는 모장의 최고 스토리텔러가 되어 마인크래프트 대변인 겸 마인크
래프트 라이브의 수장으로 활약하고 있다. 윈터스가 회사에 들어온 지 얼마 안 돼서 한
일은 알렉스(Alex) 개발이었다. 알렉스는 2014년에 공개된 마인크래프트 최초의 여성형
기본 아바타다. 알렉스의 벽안은 윈터스에게서 따왔지만, 빨간 머리는 옌스 베리엔스텐
에서 따왔다. 윈터스와 베리엔스텐은 알렉스 디자인을 두고 재미있는 의견 차이를 보였
다. 윈터스는 당시 상황에 대해 "이 캐릭터에 내 흔적을 꼭 남기고 싶었기 때문에 나는 초
록색 눈을 제안했는데, 옌스는 '어… 디즈니 공주들은 모두 초록색이나 파란색 눈이다'라
고 했다."라며, "그래서 내가 하나하나 다 조사해 봤는데 사실이 아니었다!"라고 밝혔다.

02

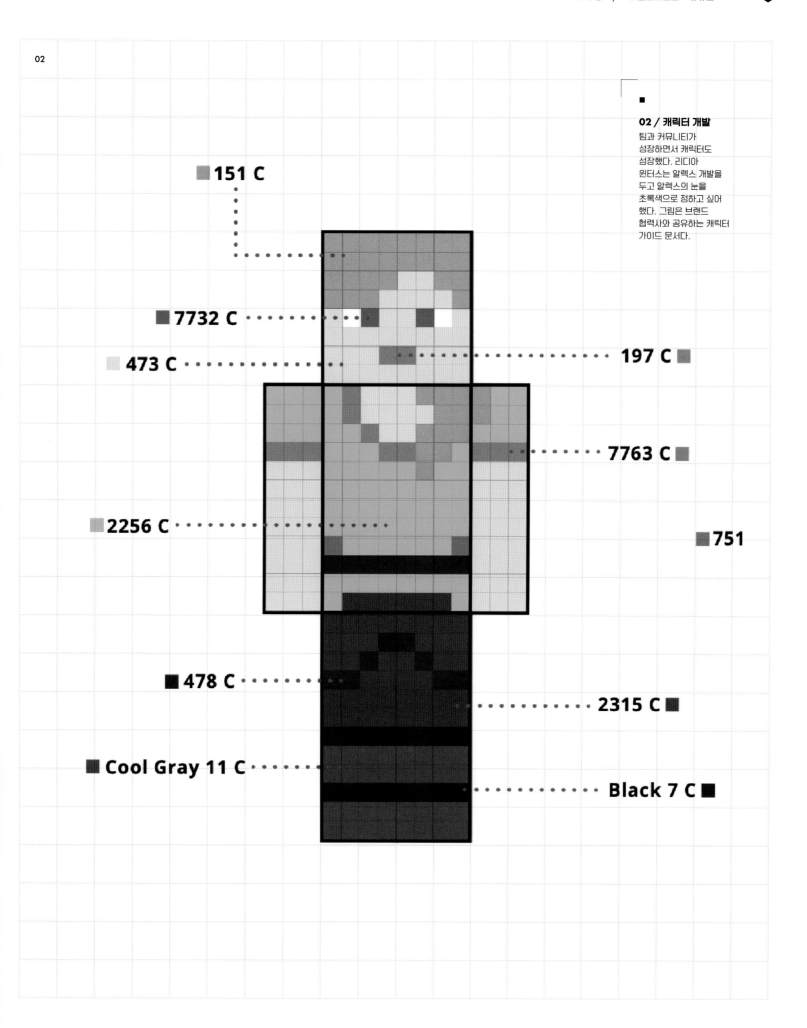

151 C

7732 C

473 C

197 C

7763 C

2256 C

751

478 C

2315 C

Cool Gray 11 C

Black 7 C

02 / 캐릭터 개발
팀과 커뮤니티가
성장하면서 캐릭터도
성장했다. 리디아
윈터스는 알렉스 개발을
두고 알렉스의 눈을
초록색으로 정하고 싶어
했다. 그림은 브랜드
협력사와 공유하는 캐릭터
가이드 문서다.

요그스캐스트

루이스 브린들리가 요그스캐스트에서 성장하는 과정과
초창기 게임 유튜브 경험

유튜브 역사상 매우 저명한 마인크래프트 채널 중에는 요그스캐스트가
있다. 영국인 개그 듀오인 사이먼 레인과 루이스 브린들리가 만든 채널이
다. 현재는 자체적인 게임 유통사를 거느리고 있는 종합 엔터테인먼트 회
사로 거듭났다. 요그스캐스트는 2008년 7월에 《월드 오브 워크래프트》
동영상으로 시작했다.

──────── 유튜버가 되기에는 어려운 시기였다. 당시에는 게임하는 모습을 녹화할 만한
도구가 별로 없었고, 채널 소유자는 동영상에 광고를 띄우기 위해서 광고 네트워크에 회
원가입해야 했다. 루이스 브린들리는 이 네트워크를 "상당히 기만적"인 존재로 묘사한
다. 유튜브의 알고리즘은 대부분의 동영상이 첫 페이지와 가장 많이 본 동영상 섹션에
치중되어 있었기 때문에 새롭게 개설된 채널들이 살아남기 힘들었다. 인기가 많은 동영
상만이 더 인기를 끌 수 있는 구조였다. 몇몇 비디오게임 유통사는 유튜버들이 자사의
게임을 플레이하는 동영상으로 수익 창출을 못하게 막기도 했다. 브린들리는 "지금이야
대부분의 게임 회사가 상호 이익이라는 것을 암묵적으로 알고 있다."라면서, "하지만 당
시에는 하루아침에 모든 것을 잃을 것만 같았다."라고 말한다.

──────── 요그스캐스트는 2010년 크리스마스 무렵에 갑자기 주목을 받으며 다음 해까
지 유튜브 구독자들이 폭발적으로 늘었다. 초기에 큰 히트를 친 것은 《섀도우 오브 이
즈라펠(Shadow of Israphel)》 시리즈였다. 비행선과 폐허가 된 마을이 있는 멋진 마인
크래프트 세계에서 던전&드래곤 스타일로 대본 없이 탐험하는 콘텐츠다. KakerMix가
산업을 주제로 만든 테킷 모드팩을 사용하여 만든 마인크래프트에서 역할극을 하는 시
리즈인 《자파 팩토리(Jaffa Factory)》도 성공을 거뒀다. 브린들리와 레인은 어느 날 갑
자기 게임 컨벤션에 초대를 받았다. 둘은 소니 에릭슨 사의 '마인크래프트: 포켓 에디
션' 부스에 참가하러 독일에서 열리는 게임스컴으로 날아갔다. 하지만 북적이는 부스에
서 사람들은 요그스캐스트보다 자기들이 사인해 준 골판지 스티브 머리에게 더 관심이
많았다고 회상한다.

"우리가 행사장에 올라섰을 때 우리를 알아본
사람들 때문에 어쩔 줄을 몰랐다."

루이스 브린들리, 요그스캐스트 공동 설립자

──────── 모장은 2011년 11월에 첫 번째 공식 마인콘 컨벤션을 개최하면서 요그스캐스
트 멤버들도 초대했다. 요그스캐스트 멤버들과 노치는 행사장에서 그럴싸한 면담을 나
눴다. 노치와의 면담에 대해 브린들리는 "사이좋게 시간을 보내며 유치한 개그를 주고
받은 줄 알았다."라고 밝혔다. 하지만 행사가 끝나고 노치는 트위터를 통해 요그스캐스
트가 행사장에서 보여 준 행동이 어른답지 못했다고 표현했다. 이에 대해 브린들리는

THE YOGSCAST

■■
01 / 요그스캐스트
2011년부터 사용한 로고와 몇 년간의
요그스캐스트 활동 모습을 담은 사진들.

02 / 렌더
《자파 팩토리》와 《섀도우 오브 이즈라펠》
시리즈를 위해 제작 팀이 건축한 세계를
렌더한 모습.

COPYRIGHT © YOGSCAST LTD.

"이 일로 인해서 우리가 하던 일이 끝장날 수도 있겠다 싶어서 두려웠다."라며, "내가
앞서 말했듯이, 유튜버가 게임을 못 하게 막는 게임 회사가 늘어나기 시작했다. 모장도
갑자기 돌아서서 '너네들은 더 이상 마인크래프트 방송을 하면 안 돼'라고 할 것 같았
다."라고 밝혔다.

──────── 요그스캐스트를 진정시키기 위해 노치는 나중에 게시물을 철회하며, 스트레
스와 오해에서 비롯된 실수였다고 해명했다. 브린들리와 레인은 이 사건 이후로도 마인
크래프트를 이용해서 인기 있는 동영상을 만들었다. 요그스캐스트에게 마인콘 2011은
아쉬움이 많이 남는 행사였지만, 브린들리는 오프라인에서 시청자들과 만난 기억을 아
직도 소중하게 간직하고 있다. 브린들리는 "우리가 행사장에 들어서자마자 우리를 알아
본 사람들이 잔뜩 밀려와서 어쩔 줄을 몰랐다. 그야말로 압도당했다. 이런 경험은 전무
후무했다."라고 밝혔다.

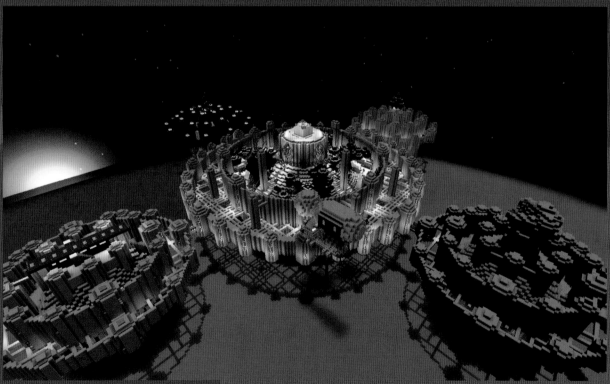

02

무정부 서버

이질적이고 악명 높은 마인크래프트
플레이어 커뮤니티의 내면

플레이어가 영구적인 온라인 마인크래프트 멀티플레이 세계로 서버를 정한 이후로, 다양한 문화를 가진 커뮤니티들이 우후죽순 생겨났다. 온라인 마인크래프트 사회의 대다수는 구성원을 관리하고, 플레이 규칙을 만들고, 모두가 올바르게 행동하도록 관리진을 구성했다. 그러나 인간의 가장 추악한 본성까지 수용하는 서버도 있었다. 이른바 "무정부" 서버인데, 사람들이 수단과 방법을 가리지 않고 자유롭게 서로를 기습하고, 방해하고, 괴롭힐 수 있는 무법지대다.

——— 가장 역사가 길고 악명 높은 무정부 서버는 2b2t로, 마인크래프트가 출시된 지 얼마 안 된 시점인 2010년에 만들어졌다. 현재 용량만 20 테라바이트가 넘는 2b2t의 세계는 낭떠러지, 흐르는 용암, 파괴된 기지, 증오 표현이 난무하는 악몽의 전선이다. 악명 높은 이 서버의 중앙 스폰 지역은 네더를 천국으로 보이게 할 정도이다. 2b2t의 소유주는 'Hausemaster'라는 이름의 플레이어라는 것 외에는 알려진 바가 없다. 서버 소유주가 누구인지는 몰라도 현재 2bt2는 운영상에 분명한 어려움을 겪고 있다. 다른 서버 소유자들은 모장의 업데이트를 어떻게 따라잡을지 고민하고 있는 반면에, 2b2t는 이용자 중 상당수가 서버의 세계를 적극적으로 파괴하고 있기 때문이다. 일부 플레이어는 피스톤 같은 아이템을 사용하여 거대한 "랙 유발 기계" 만들기를 즐긴다. 이 기계가 있으면 무의미한 계산이 대량으로 발생하면서 서버의 성능이 저하된다.

——— 2b2t에는 추잡스러운 구석도 많지만 명백히 상상력을 발휘한 구석도 많다. 이곳에서 살아남기 위해서는 마인크래프트를 매우 특이한 방식으로 플레이해야 한다. 2013년부터 2b2t를 해 온 FitMC는 "이상한 것들을 매우 많이 봤다."라며, "천둥소리를 이용해서 기지 위치를 삼각 측량하는 테러범, 펼쳐 보기만 해도 게임이 충돌하는 게임 내 지도, 음속으로 달리는 라마, 전문 건축가가 크리에이티브 모드로 만든 듯한 서바이벌 기지가 있었다."라고 전한다.

——— 이러한 풍경을 본 FitMC는 2016년에 비공식 2b2t 역사가가 됐다. 그는 "독성과 날카로움으로 덮여 있음에도 불구하고 서버의 역사가 얼마나 깊은지 사람들에게 보여 주고 싶었다."라고 말한다. FitMC는 경쟁 관계에 있는 플레이어들이 서술을 왜곡하려고 싸우기 때문에 2b2t의 발전을 추적하는 것은 결코 쉬운 일이 아니라고 지적한다. FitMC는 "정보를 최대한 정확하게 유지하기 위해 노력하고 있음에도 불구하고 무정부 서버에 대한 소문들은 비판적으로 들어야 한다."라고 말한다.

——— 이는 확실히 모장이 마인크래프트에서 원하는 커뮤니티의 갈래가 아니다. 하지만 회사에서는 인간의 극한 행동에 본거지가 되는 사설 서버를 모조리 폐쇄시키기기보다는 치밀한 게임 설계를 통해 플레이어들이 올바르게 행동하도록 독려하고 있다. 부부이 최고 미디어 책임자는 "마인크래프트 내에서는 세상의 좋은 현상과 나쁜 현상을 모두 찾아볼 수 있다."라며, "물론 우리는 좋은 것에 집중하고 있다."라고 밝혔다.

01 / 렌더
플레이어가 무정부
서버에서 쉽게 볼 수 있는
혼란한 풍경을 자세히
보여 주는 렌더.

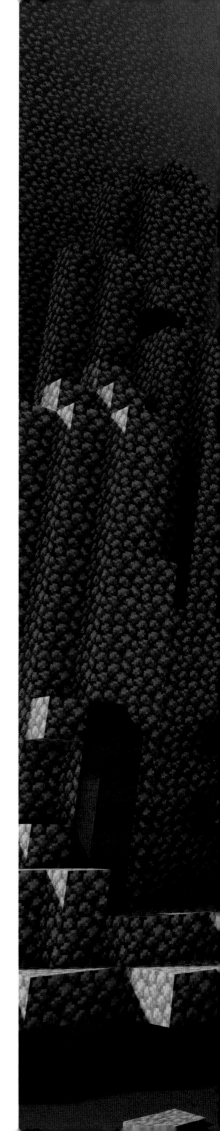

제4장

- 마인크래프트 포켓 에디션
- 크리에이티브 모드의 재탄생
- 모험의 맛
- 포지의 탄생
- 스카이블록 맵
- 그린필드의 건립

――――― 2010년 12월부터 자바 에디션의 베타 업데이트를 통해 레드스톤 중계기와 블록을 밀어내는 피스톤 등 서바이벌에 다양한 기능들이 추가됐다. 가장 큰 변화는 2011년 9월에 공개된 베타 1.8, 일명 모험 업데이트에서 있었다. 모장은 플레이어가 평화롭게 제작할 수 있도록 블록을 제한 없이 꺼내 쓸 수 있게 만들고 모든 서바이벌 요소들을 제거해서 새로운 크리에이티브 모드를 출시했다.

――――― 회사에서는 PC 플랫폼과 자바 너머도 바라봤다. 2011년은 마인크래프트: 포켓 에디션의 해이기도 했다. 자바보다 더 오래됐고 복잡하지만 활용성이 뛰어난 프로그래밍 언어인 C++ 언어로 제작됐다. 다니엘 카플란은 포켓 에디션에 대해 초반에는 모장에서 우선순위가 높은 프로젝트가 아니었다고 밝혔다. 하지만 포켓 에디션은 게임의 진화에 중대한 영향을 미쳤다. 2015년 1월까지 포켓 에디션만 3천만 장 넘게 팔리며 대성공을 거두고, 오늘날 마인크래프트 베드락 에디션의 토대가 됐다. 이는 모장에서 자사 게임에 대한 인식도 조용히 바꿨다. 사내에서는 사람들이 마인크래프트를 어떻게 플레이하고 싶어 하는지 그리고 마인크래프트는 정확히 누구를 위한 것인지 생각하게 만들었다.

마인크래프트 포켓 에디션

휴대용 C++ 에디션의 탄생 그리고
원작에 미친 영향

 포켓 에디션의 핵심 개발자인 아론 니에미넨(Aron Nieminen)은 노치, 야코브 포르세르와 함께 킹에서 근무했다. 2010년 여름, 모장을 설립하기 위해서 포르세르가 노치와 함께 퇴사할 때 포르세르는 아론 니에미넨에게도 우리와 같이 일하자고 말했다. 포르세르는 니에미넨과 꼭 같이 일하고 싶었기 때문에 니에미넨이 계약서에 서명하기도 전에 니에미넨을 영입했다고 발표했다.

─────── 모장의 신입 사원이 된 니에미넨은 적응할 시간이 별로 없었다. 2011년 2월, 회사 임원과 함께 샌프란시스코로 가는 비행기에서 입사 첫째 날을 보냈고, 현지에서는 소니 에릭슨과 포켓 에디션에 대해 논의했다. 니에미넨은 "살면서 휴대폰용 프로그램을 만들어 본 적이 없었다."라며, "당시 스마트폰은 새로운 존재였을 뿐만 아니라, 안드로이드도 버전이 몇 개밖에 없었다."라고 말한다. 게다가 니에미넨은 C++ 전문가도 아니었다. 니에미넨은 "1개월 이상 전문적으로 C++를 코딩해 본 적이 없었다."라고 밝혔다. 하지만 니에미넨은 난관에 맞서서 능력을 보여 줬다. 2011년 6월에 열릴 E3 게임 박람회에서 포켓 에디션의 테스트 버전을 선보이기 위해 단 몇 달 만에 10만 줄의 코드를 작성했다.

─────── 당분간 포켓 에디션은 크리에이티브 모드를 기반으로 싱글플레이만 가능한 별도의 게임이 될 예정이었다. 니에미넨과 함께 포켓 에디션을 작업한 다니엘 카플란은 "우리는 마인크래프트 게임 하나하나를 플랫폼에 맞춰서 만들 생각이었다."라며, "그리고 당시에는 휴대폰으로 플레이하는 사람들이 PC로 하는 사람들만큼 오랫동안 플레이할 인내심이 있으리라고는 생각하지 못했다. 그래서 서바이벌보다 크리에이티브에 더 집중하고 있었다. 마인크래프트에서 무언가를 빠르게 하고 싶을 때에는 크리에이티브가 정답이기 때문이었다."라고 말한다.

─────── 하지만 플레이어들의 생각은 달랐다. 다니엘 카플란은 "우리는 기본적으로 마인크래프트 세계관에 들어맞는 휴대용 블록 편집기를 만들 생각이었다."라며, "하지만 우리가 플레이어에게서 받은 피드백은 게임의 데스크톱 버전에서 구현된 것들을 모두 원한다는 것이었다."라고 밝혔다. 이는 일을 더 많이 해야 한다는 것을 의미했다. 니에미넨은 초반에 이 프로젝트를 진행함에 있어서 자신이 있었다며 "나는 비교적 작은 업무라고 생각했다!"라고 밝혔다.

─────── 니에미넨은 C++를 익히면서 마인크래프트를 마우스와 키보드 없이 플레이할 수 있는 방법을 만들어야 했다. 니에미넨과 카플란은 가상 아날로그 스틱, 터치를 통해 바라보는 대상을 변경하는 방법 등 다양한 조작법을 시험해 봤다. 버튼을 불투명하게 할지 투명하게 할지, 한 손용으로 설계할지 양손용으로 설계할지도 고민했다. 두 개발자는 마인크래프트의 보관함도 모바일 친화적으로 고쳐야 했다. 니에미넨은 "처음 만든 작업물에서는 메모리 용량 제약 때문에 보유하고 있는 아이템이 많을수록 게임이 느려졌다."라고 밝혔다. 이 같은 조정을 거친 덕분에 포켓 에디션은 성공할 수 있었고, 게임의 모바일 버전이 등장하자 소수의 PC 게이머들 사이에서만 인기가 있었던 마인크래프트는 대중적인 현상이 됐다.

포켓 에디션의 영향

─────── 마인크래프트: 포켓 에디션을 바라보던 시각을 게임의 본격적인 모바일 버전으로 전환하면서 원작에 존재하는 몇 가지 문제들을 밝혀낼 수 있었다. 모장은 마인크래프트를 최대한 모바일에서 사용하기 쉽게 만들고 싶었지만, 그에 맞춰 간소화된 기능들이 게임플레이를 망치지는 않을지 우려했다. 카플란은 "사람들은 아이템을 빠르게 제작할 수 있게 된 것을 두고 약간 회의적이었는데, 바로 제작하는 방법이 생기면서 마인크래프트 경험을 망칠까 봐 걱정하고 있었기 때문이다."라고 밝혔다. 또 카플란은 "하지만 우리는 모바일에서 콘솔 에디션으로 갈 때도 이렇게 했으며, 어떤 종류의 제작법이 존재

01 / UI
햇 필름이 마인크래프트 공식 유튜브를 위해 제작한 동영상에서
보여 준 포켓 에디션의 사용자 인터페이스.

054   월드 오브 마인크래프트

02 / 엑스페리아 플레이
소니 에릭슨 휴대폰은 포켓 에디션을 최초로 탑재한 휴대폰이다.

03 / UI 컨셉
정크보이 모장 크리에이티브 감독이 제작한 마인크래프트 포켓 에디션의 초창기 UI 컨셉 및 아이콘 스케치.

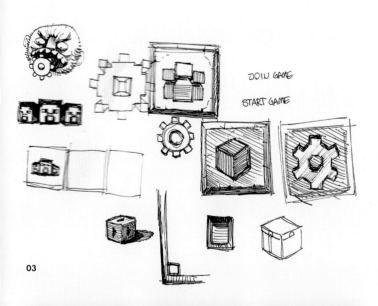

JOIN GAME

START GAME

03

하는지 알기가 매우 어려웠기 때문에 반응이 매우 좋았다. PC에서 마인크래프트를 플레이할 때에는 게임 옆에 위키를 띄워 놓을 수 있지만, 모바일에서는 그럴 수 없다."라고 덧붙였다. 카플란은 이러한 두려움 중 일부는 모바일 게이머에 대한 부정적인 인식이 기저에 깔려 있어서 그랬던 것 같다고 인정하며, "무슨 이유로든 간에 플레이어의 능력이 제한된다는 오해를 하고 있었다. 사용자 인터페이스의 일부를 설계할 때 개인적으로 많은 것을 배울 수 있었다."라고 밝혔다.

——— 포켓 에디션은 얼마나 많은 마인크래프트 버전이 서로 다른 기술을 채용해야 하는지 의문을 남기기도 했다. 뜨거운 감자 중 하나는 빛과 명도를 제어하는 프로그램인 셰이더(shaders)이다. 모바일 버전을 개발하는 동안 니이미넨은 셰이더를 지원하는 새로운 그래픽 도구인 OpenGL 2.0을 활용하자고 했다. 하지만 노치는 C++ 버전을 그렇게 만들면 자바 에디션이 구식 게임인 것처럼 보이고 PC 플레이어들을 소외시킬 수 있다며 합리적인 우려를 제기했다. 니에미넨은 "자바로 만든 게임에도 없는 셰이더가 포켓 에디션에 있는 것을 노치는 원치 않았다."라고 말한다.

——— 의외로 마인크래프트 포켓 에디션은 마인크래프트 개발에 있어서 매우 중요한 존재로 변해갔다. 노치는 자바 에디션 베타 개발에 깊이 관여하고 있었기에 카플란과 니에미넨은 포켓 에디션의 주요 제작자가 됐고, 둘은 몇 달을 기진맥진하게 보냈다. 그러나 이러한 작업을 통해 모장이 마인크래프트의 중추적인 요소들을 처음부터 다시 생각하게 되면서 상당히 의미 있는 경험이 됐다. 카플란은 "무엇이 효과적이고 무엇이 효과적이지 않은지 몰랐기 때문에 작업하기가 가장 어려운 플랫폼이었다."라며, "하지만 수백만 명의 다양한 사람들에게 다가갈 수 있었기에 매우 재미있기도 했다."라고 밝혔다.

크리에이티브 모드의 재탄생

새로운 버전의 크리에이티브 모드를 마인크래프트에 도입한
모험 업데이트

2011년 9월에 있었던 크리에이티브 모드의 재도입은 서바이벌 모드가 추가된 2009년의 어느 날로 돌아가는 것이 아니었다. 플레이어가 만들어 놓은 조약돌 성을 크리퍼가 터뜨리지는 않을까 걱정해야 했던 시기보다 앞선 시절이다. 새로워진 크리에이티브 모드는 마인크래프트를 진정한 3차원 게임 디자인 도구처럼 변모시켰다. 그러나 팀에서는 크리에이티브에 비디오게임 감성이 남아 있기를 바랐기 때문에 Codewarrior의 MCEdit 같은 커뮤니티의 맵 조각 도구에서 볼 수 있는 건축 템플릿 기능, 일괄 편집 기능 등의 추가를 자제했다.

——— 노치와 함께 크리에이티브 모드를 작업했던 옌스 "젭" 베리엔스텐 모장 최고 크리에이티브 책임자는 "우리는 항상 크리에이티브 모드를 게임의 일부로 간주하고 있다."라고 설명했다. 그러면서 "개인적으로 마인크래프트가 블록을 설치하거나 이동하는 게임이라는 사실을 상기하는 것이 매우 중요하다고 생각한다. 편집 프로그램이 아니기 때문이다. 나는 복사·붙여넣기 추가를 강력히 반대하는 입장을 고수해 오고 있다."라고 밝혔다. 베리엔스텐은 블록을 하나하나 설치할 수 있어야 "디테일에 더 관심을 가질 수 있다."라고도 덧붙였다. 덕분에 크리에이티브에서는 누구든 쉽게 게임에 합류할 수 있기도 하다. 베리엔스텐은 "관전 중인 플레이어는 무슨 일이 일어나는지 이해하고, 도움을 줄 수도 있다. 가령 '어, 네가 벽을 만들고 있구나, 그러면 나는 다른 벽을 여기에 만들어야겠다.'라고 해서 함께 플레이하게 되는 것이다. 복사 및 붙여넣기가 가능했더라면 이러지 못했을 것이다."라고 밝혔다.

——— 옌스 베리엔스텐은 블록을 하나하나 설치해야 하는 이 게임의 특성이 마인크래프트의 크리에이티브 모드와 모방꾼 사이를 갈라놓으며, 특히 다른 사람이 만들어 놓은 건축물을 그대로 가져다 쓰지 못하게 만들어 준다고 시사했다. "똑같은 건물 5개를 지어 놓으면 별로 재밌지 않다." 많은 플레이어들이 그러는 것처럼 크리에이티브 모드로 마을 전체를 선택하고 갈아엎고 싶다면 언제든지 모드를 설치해서 할 수 있다. 예를 들어 Masady의 라이트매티카는 채워 넣을 건축물의 홀로그램을 표시해 주고, 매킷은 복사·붙여넣기 기능을 제공한다. 크리에이티브 모드가 출시되기 전까지 이 모드를 바라던 플레이어들은 MCEdit 같은 크리에이티브 형식의 프로그램을 사용했다. 원래 MCEdit은 이전 버전에서 플레이하던 세계를 새로 나오는 버전에서 플레이할 수 있도록 보존하기 위해서 만들어졌지만, 진화해서 서바이벌 플레이어가 저장한 게임을 건축, 편집 및 관리할 수 있는 별도의 응용 프로그램이 됐다.

01 / 기념 배경화면
새로운 업데이트 및 기능을 기념하기 위해 모장은 이 해변의
오두막집처럼 플레이어의 기기에서 사용할 수 있는 배경화면을
공개한다.

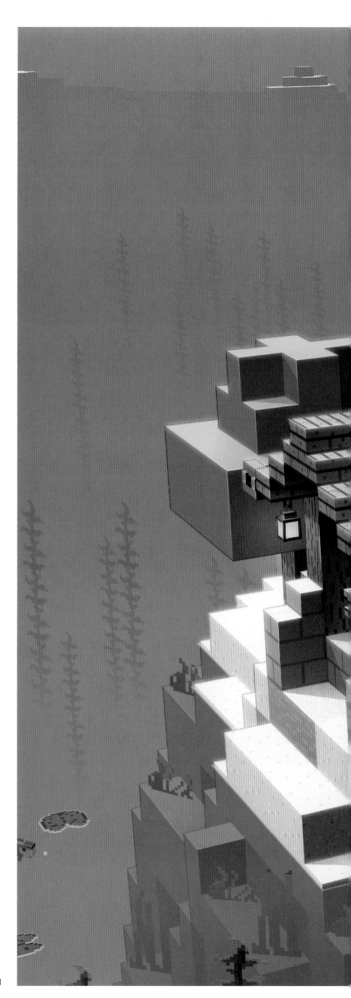

01

모험의 맛

자바 베타 1.8 업데이트에서 추가된
배고픔과 경험치

자바 베타 1.8 업데이트에서 서바이벌이 변경되면서 엄청난 논란을 불러일으켰다. 옌스 베리엔스텐은 "당시에는 기술적인 모드를 만드는 매우 활발한 커뮤니티가 있어서 우리가 마인크래프트를 판타지 RPG처럼 만들었을 때 실망한 플레이어들이 매우 많았다."라고 말한다. 다른 플레이어들은 새로운 배고픔 시스템이 가혹한 존재가 될 것이라 우려했다. 새로운 시스템이 도입되면서 식품이 더 이상 직접적으로 플레이어를 회복시키지 않고, 배고픔 게이지를 다시 채워서 게이지가 가득 차면 생명력이 회복되게 바뀌었다.

———— 시스템 변경에는 확고한 이유가 있었다. 모장은 단순한 간식이 아니라 진정한 생명력 물약을 도입하고 싶었다. 또한 플레이어가 돼지고기를 잔뜩 섭취해서 피해를 바로 회복하지 않고, 요리와 곧 출시할 양조 시스템을 위해 식료품을 비축해서 다니기를 바랐다. 하지만 이 같은 변화를 회의적으로 바라본 사람들 중에는 게임 디자이너인 브렌다 로메로 등 저명인사도 있었다. 로메로는 인기 있는 롤플레잉 게임 시리즈 《위저드리》를 제작한 인물이다. 베리엔스텐은 "로메로는 배고픔 시스템이 좋았던 게임이 없었다고 트위터에 글을 올렸다."라며, "어떤 면에서 나는 로메로가 옳았다고 생각한다. 시스템을 너무 많이 수정해 버렸다!"라고 밝혔다.

———— 베리엔스텐은 당시를 되돌아보면서 새로운 경험치 시스템에 대해 후회하고 있다. 그 이유는 단지 경험치를 "경험치"라고 부르는 것이 잘못된 신호를 전달했고 "마법 구슬"이라는 용어가 적합하다고 생각하기 때문이다. 스카이림 같은 롤플레잉 게임에서는 플레이어가 경험치를 획득하면 레벨과 능력을 얻는데, 마인크래프트에서는 그렇지 않다. 대신에 마법 구슬들은 2011년 말 도입된 또 다른 시스템인 아이템 마법 부여에 쓰이고 있다. 베리엔스텐은 "개인적으로 무언가를 죽이고 나서 '경험을 얻었다'라는 느낌을 좋아하지 않기 때문에 이는 중요했다."라며, "마법 구슬은 수많은 사물에서 획득할 수 있는 자연의 힘에 가깝다. 이것이 바로 사람들이 '경험치'라 부르지 못하게 하고 싶은 이유다. 하지만 코드에서는 여전히 경험치라 부르고 있다!"라고 아쉬움을 토로했다.

———— 사소해 보일 수도 있지만, 이를 구분하는 것은 중요하다. 모장은 플레이어가 얼마나 레벨 업을 했느냐에 따라 유불리가 결정되는 롤플레잉 게임으로 마인크래프트를 만들고 싶지 않았다. 베리엔스텐은 "우리는 RPG가 아니라 판타지 게임을 만들고 있다."라며, "특히 우리는 모든 플레이어가 동등한 능력을 보유하고 있게 만들려고 한다. 마인크래프트를 더 잘하는 플레이어가 생길 수는 있어도, 모두가 같은 일을 할 수 있어야 한다. 그렇기 때문에 플레이어가 아니라 아이템에 마력을 사용하는 것이다. 더 높이 뛸 수 있는 경험은 얻을 수 없다!"라고 밝혔다.

01 / 식료품 아이템
자바 베타 1.8에 추가된 식료품 아이템 모음. 플레이어는 배고픔을 채우기 위해 이러한 아이템을 섭취할 수 있다. 썩은 살점의 경우에는 섭취하면 더 배가 고파진다.

02 / 달라진 로고
모장은 새로운 업데이트를 발표하면서 로고를 만들었다. 하나의 업데이트를 위해 특별히 제작한 최초의 로고였으며, 향후 회사에서 업데이트를 출시하는 과정의 일부가 됐다.

02

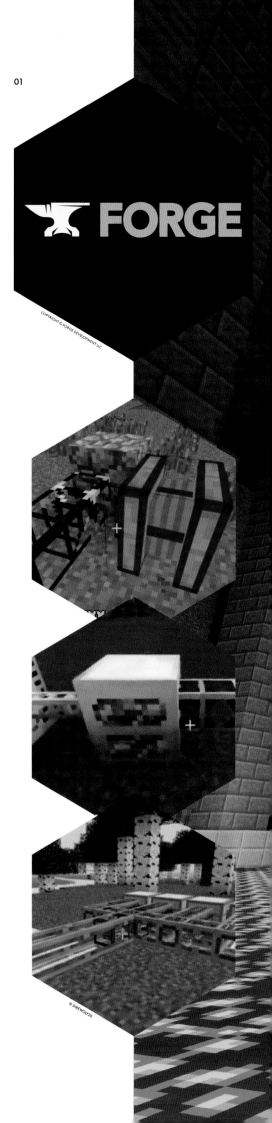

COPYRIGHT © FORGE DEVELOPMENT LLC

© DIREWOLF20

포지의 탄생

모더들의 도구인 포지와 포지 덕분에 주목을 받은 초창기
마인크래프트 모드

2011년은 크리에이티브가 돌아온 해일뿐만 아니라, 역대 가장 중요한 마인크래프트 모딩 도구 중 하나인 포지(Forge)가 출시된 해이기도 하다. 포지는 원래 Eloraam과 SpaceToad가 개발했다. 둘은 기술 주제 모드인 레드파워(RedPower)와 빌드크래프트(BuildCraft)를 만든 것으로 유명하다. 포지를 이용하면 게임을 파괴하지 않고 여러 개의 모드를 동시에 실행할 수 있다.

————— 유튜버이자 모더인 다이어울프20은 "그전까지는 모더가 직접 게임 코드를 수정해야 모딩을 할 수 있었다."라고 설명한다. 다이어울프20은 "그리고 플레이어는 파일을 다운로드하고 기본적으로 마인크래프트 파일에 집어넣어서 게임을 개조할 수 있었다. 하지만 이 방식의 문제점은 모더 2명이 같은 파일을 손대고 싶어도 그럴 수 없었다는 것이었다. 왜냐하면 플레이어가 모드를 다 사용하려면 기본적으로 마인크래프트 내에서 해당 파일을 덮어 쓰게 되기 때문이다."라며, "그래서 인더스트리얼크래프트와 빌드크래프트 같은 모드 2개가 있으면 두 모드는 공존할 수 없다. 안 그런가?"라고 덧붙였다. 포지의 비법은 마인크래프트와 모드 사이에 위치해서 플레이어가 게임 파일을 직접적으로 손대지 않고 모드를 사용할 수 있게 만드는 것이다.

"... 모더 2명이 같은 파일을 손대고 싶어도 그럴 수 없었다는 것이었다. 왜냐하면 플레이어가 모드를 다 사용하려면 기본적으로 마인크래프트 내에서 해당 파일을 덮어쓰게 되기 때문이다."

다이어울프20, 유튜버 및 모더

————— 지금은 렉스마노스(LexManos)가 이끄는 팀에서 포지를 관리하고 있다. 포지는 모드팩의 제작 편의성 개선에 중요한 역할을 했다. 모드팩은 상호 보완적인 모드들을 용도에 따라 모아 놓은 묶음이다. 대표적으로 시백시(Shivaxi)의 고난도 판타지 어드벤처 RLCraft가 있다. 몇몇 모드팩은 전혀 다른 게임이라는 생각이 들게 만들기도 한다. 2011년 다이어울프20은 포지가 지닌 가능성에 매우 들떠서 포지 모드를 중점적으로 다루는 공개 IRC 채널을 개설했다. 다이어울프20은 자칭 '단순하면서도 독특한, 올인원' 모드팩을 직접 만드는 인물로 유명해졌다. 대표적으로 '다이어울프20 제공 FTB'가 있다.

01 / 로고 및 스크린
포지 로고와 다이어울프20의 유튜브 시리즈 《모드 스포트라이트》의 스크린숏. 이 시리즈에서는 빌드크래프트, 인더스트리얼크래프트 및 레드파워 등 인기 있는 모드를 소개하고 있다.

02 / 렌더
포지 로고에 있는 사물인 모루의 렌더.

스카이블록 맵

스카이블록 맵의 발명과
개발 과정

저사양 컴퓨터에서도 즐길 수 있는 마인크래프트 맵은 스카이블록만 한 것이 없다. 스카이블록 맵은 공통적으로 조그마한 공중 섬에서 시작된다. 자원은 희귀하고 "엔더 진주 10개 모으기" 같은 목표가 제시되어 있다. 이 같은 목표는 달성할 수 없을 것 같아 보이지만, 맵에 존재하는 자원을 신중하게 조합하면 성취할 수 있다.

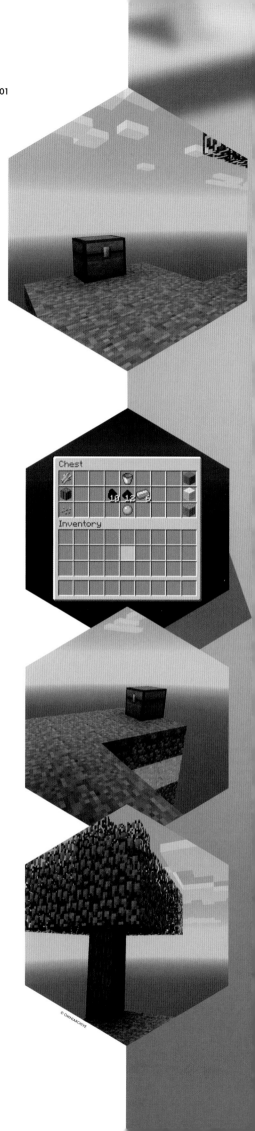

──────── 스카이블록 제작자 눕크루(Noobcrew)는 2011년부터 맵메이커로 활동했다. Codewarrior가 제작한 지형 형성 프로그램 MCEdit을 이용하여 다른 플레이어가 건축하기 용이한 맵을 제작했다. 어느 날 눕크루는 Ashien이 제작한 서바이벌 아일랜드 (Survival Island) 맵을 우연히 접한다. 플레이어가 주변에 있는 블록들을 활용하여 도전 과제를 완수해야 하는 맵이다. 눕크루는 이 맵을 재밌게 즐겼지만 치트를 쓰기 쉽다는 점을 발견했다. 눕크루는 "나는 항상 이런 생각을 했다. '그냥 수영으로 섬에서 멀리 떨어지면 되는 거 아니야?'"라고 밝혔다. 눕크루가 찾은 해법은 공중에 섬을 두는 것이었다. 스카이블록의 첫 번째 버전에서는 27개 블록이 루빅스 큐브처럼 배치되어 있었다. 그 위에는 나무 한 그루, 용암과 얼음이 들어 있는 상자가 전부였다.

──────── 눕크루는 마인크래프트 포럼에 첫 번째 스카이블록 맵을 공개하자마자 현재와 같이 ㄴ자 섬이 있는 맵을 만들었다. 큰 기대를 하지는 않았다. 눕크루는 "누구를 놀리는 일 같았다. 짜증나게 작은 흙 섬에서 플레이어들이 과연 생존할 수 있을지 궁금했다."라고 밝혔다. 하지만 공개한 지 한 달도 안 돼서 ㄴ자 섬 맵은 레딧 대문에 올랐다. 대형 마인크래프트 유튜버 캡틴스파클즈(CaptainSparklez)는 스카이블록에서 생존하는 동영상을 연재하기 시작했다. 눕크루는 스카이블록 서버를 만들었고, 이 서버는 마인크래프트에서 매우 유명한 커뮤니티가 됐다.

──────── 스카이블록은 하나의 미니게임 장르가 됐다. 자동화를 좋아하는 마인크래프트 유저들에게 특히 인기가 많았다. 다이어울프20 유튜버 겸 모더는 "스카이블록 맵에서는 자동화 장치를 많이 만들게 된다. 왜냐하면 채굴하러 갈 수는 없는데 어떻게 해서든 자원을 구해야 하기 때문이다."라며, "모든 스카이블록 맵에는 저마다 독특한 자원 생성 방식이 있다"라고 설명했다.

──────── 눕크루는 스카이블록이 성공한 이유에 대해 "마인크래프트에 존재하는 자원은 모두 소중함을 직접적으로 가르쳐 주기 때문"이라고 자평했다. 블록 몇 개만 있어도 많은 일을 할 수 있다. 물론 실력과 행운도 뒤따라야 하겠지만! 대다수의 스카이블록 맵에는 게임 진행에 필수적인 블록이 있어, 조합 시 블록을 잃어버리지 않도록 주의해야 한다. 눕크루는 유튜버들이 스카이블록에서 성공하는 모습도 좋아하지만, 실수하는 모습도 좋아한다. 눕크루는 "유튜버들이 처음에 묘목을 얻지 못하거나, 재료를 든 채 공허로 떨어지거나, 용암을 흑요석으로 만들어 버릴 때의 반응을 보는 것은 언제나 재밌다!"라고 밝혔다.

■■

01 / 스카이블록 맵
스카이블록 맵의 스크린숏. 이 맵에서 플레이어는 몇 가지 자원이 들어 있는 상자 하나와 나무 한 그루, 발밑에 캘 수 있는 잔디 블록으로만 구성된 ㄴ자 섬에서 시작하게 된다.

02 / 렌더
스카이블록 맵의 단순함을 보여 주는 렌더.

© OMNIARCHIVE

01

그린필드의
건립

마인크래프트 플레이어인 오스카 서턴이 2011년 8월에
문을 연 서버는 마인크래프트 사상 가장 거대한 도시
서버가 됐다. 이 서버에서는 오늘날에도 건축과 재건이
이뤄지고 있다.

01 / 출시 당시의 추억

"항상 도시 건축에 관심이
많았다. 마인크래프트에
대해서 알게 되자마자
도시를 만들고 싶었다."

"초반에는 뉴욕,
디트로이트, 마이애미에서
영감을 얻었지만, 그런
도시들에서 벗어나
캘리포니아에 집중하고
있다."

"당시 대부분의
마인크래프트 도시
프로젝트는 유토피아에
가까웠지만, 나는 쇠퇴하는
도시를 더 재현하고
싶었다."

© GREENFIELD MINECRAFT

제5장

- 엔드 그 후
- 언론의 반응
- 교육용 마인크래프트
- 마인콘의 대성공

——— 마인크래프트의 엔딩은 원래 하늘로 예정되어 있었다. 노치는 서바이벌 모드의 대미를 장식할 이벤트를 마인크래프트 첫 번째 정식 버전에 탑재하기 위해서 2009년 여름부터 고민해 왔다. 노치는 텀블러에 글을 올려서 아이디어를 정리하기 시작했다. "한 달 안에 돈을 최대한 많이 벌어 보라고 할까? 최단 시간에 거대하고 사악한 몹을 처치하라고 할까?" 한동안 노치는 오버월드 높은 곳에 공중 섬을 만들어서 플레이어를 '하늘 차원'으로 보내는 방안을 검토했다. 하지만 이 방안은 실현되지 못했다. 섬의 바닥면으로 퍼지는 빛들을 게임이 자꾸 시뮬레이션하려고 했기 때문이다. 프레임률을 안정적으로 유지하면서 하늘에 떠 있는 여러 개의 섬에 광원을 추가하기란 불가능했다.

——— 그래서 찾은 해법은 무엇일까? 하늘에 차원을 만드는 대신에 공포스러운 공허를 만들기로 했다. 이 공허는 지하 던전에 있는 차원문을 통해 갈 수 있으며, 공허로 간 플레이어는 전설의 엔더 드래곤과 겨룰 수 있다.

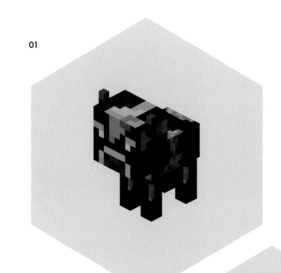

01

엔드
그 후

마인크래프트의 종반전 개발과
크리에이터를 위한 다음 발판

드래곤을 물리치면 이론적으로 플레이어는 마인크래프트를 다 깬 것이다. 하지만 2011년 11월에 출시된 게임의 1.0 버전에는 새로운 세계를 만들어야 할 여러 가지 이유가 있었다. 신규 시스템이 도입되고, 새로운 몹의 행렬, 난이도가 "어려움"으로 고정되고 플레이어가 죽으면 리스폰이 불가능한 하드코어 모드가 생겼기 때문이다. 1.0이 진정한 끝은 아니었지만, 노치 본인에게는 인생의 전환점이었다. 노치는 모장 내부에서 준비 중인 새로운 프로젝트에 집중하기 위해 마인크래프트 개발의 수장 자리를 옌스 "젭" 베리엔스텐에게 넘겼다.

——— 노치는 텀블러를 통해 이 같이 발표했다. "그는 모든 디자인 결정에서 최종 결정권을 갖게 된다. 내 상사가 되는 셈이다. 내 직권을 그에게 남용하지 않기로 약속했다. 벌써 1년째 마인크래프트를 공동으로 작업하고 있는데, 게임 설계 방법에 관해서 우리가 얼마나 합이 잘 맞는지 보고 놀랐다."

"마인크래프트는 원래 한 명이 매우 짧은 시간에 만들었다. 거의 게임잼 수준이었다."
옌스 베리엔스텐, 모장 최고 크리에이티브 책임자

——— 마인크래프트 1.0 출시 당시 사람들의 시선을 사로잡은 존재는 엔더 드래곤이었지만, 이번 업데이트에서 가장 어려웠던 기능은 새롭게 도입된 양조 기능이었다. 옌스 베리엔스텐은 "매우 복잡하게" 여러 단계를 거쳐서 물약을 생성하는 시스템을 고안했다. 광범위한 효과를 지닌 수천 가지 마법의 칵테일을 만들어 낼 수 있는 시스템이었다. 그러나 플레이어가 받아들이기에는 너무 방대했다. 베리엔스텐은 "이 물약이 어떤 물약인지 인터페이스를 통해서 알려 주기가 매우 어려웠다."라며, "똑같이 생긴 물약 두 개가 있어도, 실제로는 서로 다른 물약이다. 그래서 출시하기 전에 시스템을 단순하게 만들었다."라고 밝혔다. 단독으로는 쓸모가 없지만, 다른 물약 제조 시에는 재료로 사용되는 어색한 물약이 바로 폐기된 양조 시스템의 흔적이다.

——— 복잡한 양조 시스템을 백지화하기로 한 결정은, 베리엔스텐이 노치의 후임자로서 마인크래프트의 초창기 컨셉을 지키려는 노력의 일환이었다. 모장에서는 많은 기능을 추가했지만, 노치가 2009년에 만든 첫 번째 프로토타입처럼 마인크래프트를 언제나 단순하고 접근하기 쉽게 만드는 것이 중요했다. 베리엔스텐은 "마인크래프트는 원래 한 명이 매우 짧은 시간에 만들었다. 거의 게임잼(gamejam) 수준이었다."라며, "이로 인해 어떤 면에서는 매우 단순해질 수 있었다. 우리는 이제 이것을 마인크래프트 스타일이라고 정했다."

01 / 신규 몹
2011년에 출시된 마인크래프트 1.0 버전에서는 사진 속 귀여운 송아지, 새끼 돼지, 병아리를 비롯한 아기 동물 외에도 무시룸, 적대적인 네더 몹인 블레이즈 등 새로운 몹이 추가됐다.

02 / 1.0 메뉴
마인크래프트 1.0의 메인 메뉴.

——— 새로운 시스템과 생물 군계, 몹으로 게임이 북적이는 오늘날에도 마인크래프트는 여전히 어떤 용도로 쓰기 위해 블록을 조합해서 복잡한 구조물을 만드는 것이 주목적인 게임이다. 레드스톤 회로를 제작해서 놀라운 작품을 만드는 플레이어들도 게임의 단순함이 생각하는 힘을 길러준다고 느낀다. 베리엔스텐은 "사람들이 자동차 보닛을 열고 바라보는 것만으로도 엔진을 이해할 수 있었으면 좋겠다."라고 표현했다.

——— 베리엔스텐은 창의적인 목표를 지닌 플레이어를 위해서 마인크래프트는 항상 광활한 토대를 제공해야 한다고 생각한다. 베리엔스텐은 "마법 부여와 물약 양조를 추가했지만, 너무 전문적으로 만들고 싶지는 않았다."라며, "일례로 우리는 동물 번식에 너무 중점을 두고 싶지 않았다. 우리가 추가하는 모든 것은 샌드박스 속 장난감이며, 특별한 관심사가 있다면 그것은 모더의 영역이다."라고 밝혔다.

MINECRAFT
Test stuff!

Singleplayer

Multiplayer

Texture Packs

Options...   Quit Game

01

01 / 스케치
정크보이 모장
크리에이티브 감독이
제작한 엔더 드래곤
전투의 초기 스케치.

02 / 디지털 컨셉 아트
정크보이는 팀에서
엔더 드래곤을 개발하는
동안 전투 장면의 디지털
버전도 제작했다.

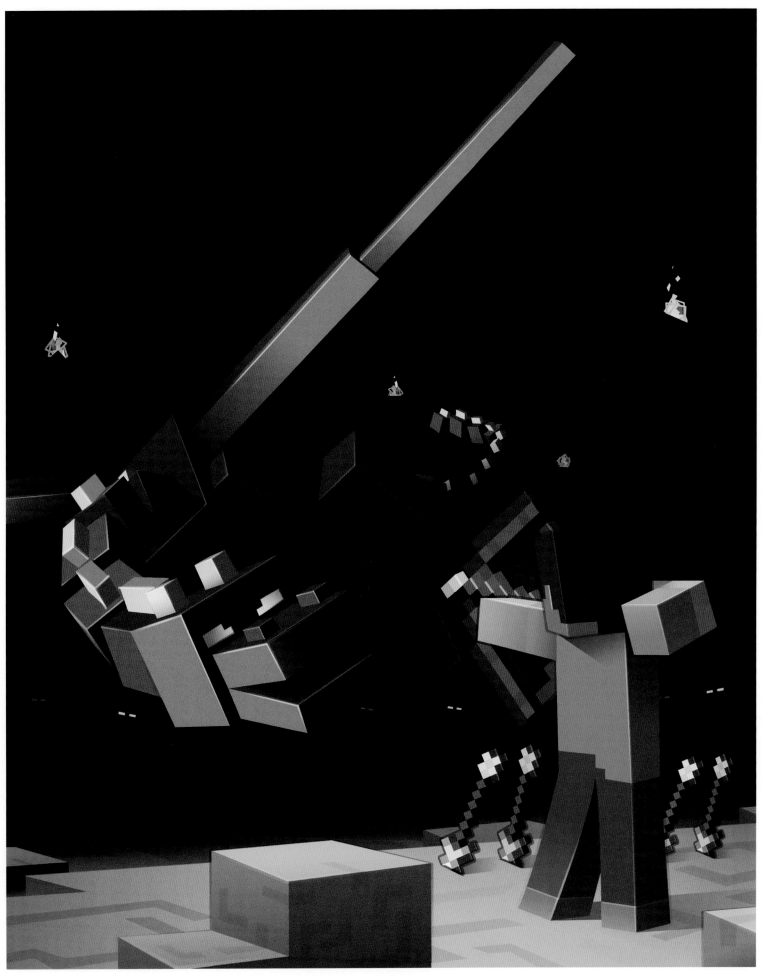

언론의 반응

2011년 11월 게임의 첫 번째 정식 버전이 출시되자,
전 세계 신문과 잡지에서는 마인크래프트를 리뷰했다.

IGN
작성자: Anthony Gallegos

다른 리뷰와 마찬가지로 마인크래프트에 대해 느낀 점은 내가 경험한 결과다. 당신은 나처럼 무작정 떠난 모험에서 소득이 없었을 수도 있고, 내가 집을 처음 완성했을 때 느꼈던 성취감을 똑같이 느끼지 못했을 수도 있다. 그렇지 않았더라면 당신은 같은 방식으로 마인크래프트를 하지도 즐기지도 못했을 것이다. 그래도 괜찮다. 마인크래프트는 내가 아는 어떤 게임들보다도 플레이하는 방법이 정해져 있지 않다. 오픈월드 게임이다. 뛰어 들어서 마음대로 할 수 있는 백지 같은 게임이다. 그렇다면 문제는 성공하기 위해서 무엇을 해야 하는지, 이기기 위해서 무엇이 필요한지가 아니라, 자신의 꿈을 실현하려면 무엇을 해야 할지가 아닐까?

Gamereactor
작성자: Jesper Karlsson

게임사들이 갈수록 플레이어가 할 수 있는 범위를 제한하고 있는 시점에서 모장은 정반대의 행동을 하고 있다. 거의 독보적으로 자유롭고 개방된 게임을 통해 간소화된 게임 메커니즘, 사전에 정해진 시퀀스, 예측 가능한 이벤트를 벗어난다. 결론적으로 마인크래프트를 내가 좋아하는 TV 프로그램인 사인필드에 비유하고 싶다. 無에 관한 게임이다. 하지만 無 한가운데서는 무엇이든 할 수 있다. 이 점이 좋다.

The Guardian
작성자: Simon Parkin

게임이 완성되기 전까지 오랜 기간 마인크래프트에는 게임 내 튜토리얼도 없고, 설명서도 없고, 명시적인 목표도 몇 개 없었다. 11월 업데이트를 통해 게임의 마지막 부분을 선보이면서 게임은 확장된 베타를 벗어나 정식 버전이 됐지만, 플레이어들은 여전히 자신의 흔적을 만드는 방법에 대해 설명하는 유튜브 동영상을 검색하러 게임 밖으로 나와서 모험을 해야 한다. 그렇지 않으면 기본적인 규칙을 이해하기가 어렵고, 할 일 목록이 정해진 게임에 익숙한 플레이어들의 경우, 시간의 흐름은 무의미하다. 그리고 단 몇 달 만에 마인크래프트는 제작자인 스웨덴 출신 마르쿠스 "노치" 페르손을 백만장자로 만들었고, 비디오게임계에서 가장 창의적인 플레이어 기반을 보유하고 있는 것으로 나타났다.

GameStar
작성자: Florian Inerle

마인크래프트가 처음 출시된 지 (당시에는 여전히 알파 버전이었지만) 2년 조금 더 된 지금, 게임의 1.0.0 버전이 공개됐다. 이로써 현재 판매량이 증명하듯 이미 세계적으로 히트를 친 PC 게임 마인크래프트는 공식적으로 베타 딱지를 뗐다. 모장에 따르면 회원가입을 한 플레이어는 총 16,692,789명이고, 게임을 구매한 사용자는 4,113,807명이다. 구입률이 25%에 달하는 셈이다. 그러나 주말에 마인크래프트를 바로 사려고 하면 서버 접속이 어려웠다. 1.0.0 버전에 대한 열기가 너무 뜨거웠던 탓이다.

HobbyConsolas
작성자: Sergio Grace

이제는 마인크래프트가 단순한 탐험과 건설 게임 그 이상이라는 사실이 분명해졌을 것이다. 그렇지 않은가? 그래서 현재 독립적인 개발 환경을 잠시 살펴보면, 마르쿠스 페르손의 프로젝트가 다른 회사에 얼마나 많은 영향을 미쳤는지 실감할 수 있다. 마인크래프트가 남긴 자취를 기회로 활용한 대표적인 타이틀을 허물없이 말하자면 테라리아, 로드 오브 우버다크, 포트리스크래프트 등이 있다.

PC Gamer
작성자: Jaz McDougall

마인크래프트는 PC에서 매우 중요한 게임이다. 이 게임의 매력은 내가 게임에서 만든 것보다 많다. 상상할 수 있는 모든 것을 만들 수 있으며, 보기보다 할 수 있는 것들이 더 많다. 폭포는 시작에 불과하다. 앞뒤로 움직이는 피스톤을 제작하고, 전선 같이 기능하는 빨간색 가루를 수집해서 작동하는 회로의 형태로 배치할 수도 있다. 이는 논리 게이트를 만들 수 있고, 계산도 가능하다는 얘기다. 마인크래프트에서 작동하는 CPU를 제작한 컴퓨터 공학도들도 있고, 가루와 흙으로 구성된 컴퓨터에서 실행되는 가장 기초적인 컴퓨터 게임도 개발했다. 우리 같은 일반인도 함정과 도어록, 비밀 문 등을 쉽게 만들 수 있다. 결정적으로 이를 통해 실생활에 도움이 안 되는 추상적인 기술이 아닌 현실의 전자제품이 작동하는 방식을 배울 수 있다. 나는 RSNOR 래치가 무엇인지 알고 있다. 당신은? 모른다면 마인크래프트를 플레이해 보라!

GameSpot
작성자: Nathan Meunier

마인크래프트는 오랜 공개 베타 기간 내내 개발되고 있었으며, "정식 출시"는 여전히 모두가 수긍하기 어렵다는 점에서 미완성된 느낌이 있다. 비주얼 글리치가 간헐적으로 발생하고, 일부 게임 요소는 미완성되거나 급하게 만들어 놓은 것처럼 생겼다. 놀라운 점은 게임의 핵심이 매우 몰입도가 높아서 전체적인 틀에서는 이러한 결함이 별로 눈에 띄지 않는다는 것이다. 마인크래프트는 현재 형태로도, 지금까지 나온 인디 게임 가운데 개념적으로 제일 인상적인 게임이다. 게임 체인저가 분명하며, 앞으로도 오랫동안 게임 역사의 역대기에 남을 게임이다.

Game Informer
작성자: Adam Biessener

정식 출시되기도 전에 400만 장이 팔린 게임을 리뷰하는 것은 무의미해 보이지만, 마인크래프트는 이미 받은 많은 찬사를 받을 만한 하나의 현상이다. 업적을 달성한 사람들에게 보상을 주고, NPC 마을들이 일종의 상호작용을 하고, 더 재미있는 몬스터들이 생기길 바라며, 모장은 내게 조랑말 하나만 줬으면 좋겠다. 존재하지 않는 기능을 따지는 것은 마인크래프트에게 무례한 행동이다. 왜냐하면 모장은 커다란 게임계의 하늘에 독특하고 아름다운 별을 만들었기 때문이다.

교육용 마인크래프트

마인크래프트에듀(MinecraftEdu)의 탄생으로
마인크래프트가 교구가 된 과정

초창기 마인크래프트 모더 가운데 큰 포부를 지닌 인물이 있었으니, 바로 미국에서 고등학교 교사로 일하는 조엘 레빈(Joel Levin)이었다. 자녀들이 만든 건축물에서 영감을 받고 학교장의 도움 덕분에 레빈은 2011년부터 직접 개조한 마인크래프트로 수업을 시작했다. 사회학부터 프로그래밍에 이르기까지 모든 과목에서 마인크래프트를 활용했다. 이러한 이야기를 담은 레빈의 블로그가 레딧에서 폭발적인 인기를 끌자, 핀란드인 사업가 산테리 코이비스토, 프로그래머 알렉시 포스타리, 그리고 모장과 협력하여 온전한 교육용 버전을 만든다.

————— 그 결과 마인크래프트에듀는 게임의 평행 진화가 이뤄졌다. 학생들이 구조물을 부수지 못하도록 파괴할 수 없는 블록, 건축에 용이하도록 특별히 평평한 맵, 크리에이티브 모드에서 간편하게 블록을 검색할 수 있는 기능. 어디서나 스폰할 수 있는 기능과 시간을 바꿀 수 있는 기능 등 당시 일반적인 마인크래프트에서는 이용할 수 없는 기능들을 다수 제공했다. 교사는 이러한 도구로 맵을 만들어서 특수하게 번호가 매겨진 블록을 사용하여 다항식의 나눗셈을 가르치거나 학생들이 역사적인 랜드마크 같은 구조물을 만들도록 지시할 수 있었다. 레빈에게 최우선 과제는 일시정지 버튼을 추가하는 것이었다. 레빈은 그 이유에 대해 "처음 몇 달 동안은 내가 '수업 끝났어'라고 말하면 몇몇 아이들을 컴퓨터에서 떼어 놓아야 했기 때문이다."라고 말했다. 레빈은 또 모든 것은 "블록으로 된 언어"여야 하며 어떤 종류의 코드여서도 안 된다고 덧붙였다.

————— 처음에 모장은 협업을 진정성 있게 다루지 않았다. 이 게임의 주 소비층을 성인으로 정했기 때문에 아동이 마인크래프트를 좋아한다는 생각을 아직 안 하고 있었기 때문이다. 레빈은 "나는 어린이를 위한 게임이 될 수 있다는 사실을 모장이 과소평가했다고 생각한다."라며, "당시에는 자녀가 있는 직원이 거의 없어서 그랬을 것이라 생각한다."라고 밝혔다. 회사의 자원이 한정적이었던 것도 문제이긴 했다. 당시에는 대용량 라이선싱을 처리할 수 있는 기반이 없었다. "학교용 라이선스와 학생 할인에 대해서 일찍이 카플란에게 편지를 썼다. 그러자 이런 답장이 왔다. '학교에서 이 게임을 하고 싶다는 생각을 정말 긍정적으로 생각하고 있다. 하지만 우리는 이를 위한 준비가 전혀 되어 있지 않다.'"

————— 레빈은 모장에 자신을 소개할 때 공동 개발자라기보다는 소외된 마인크래프트 유저층을 위한 커뮤니티 매니저라고 칭했다. 레빈은 "우리는 우리가 필요해서 모장의 레이더에 아직 잡히지 않은 방식으로 게임을 접근할 수 있게 만드는 방법을 탐구하고 있다."라며, "모장에서는 늑대, 오셀롯 등 마인크래프트에 필요한 멋진 기능들을 내놓았다. 모장은 제대로 일하고 있다. 하지만 우리는 학생들이 이 같은 기능을 활용할 방법을 궁리하고 있다."라고 밝혔다. 레빈이 맡게 된 의외의 역할은 기술을 두려워하는 교육자들에게 대사 역할을 하면서, 교사들이 블록으로 된 언어로 학생 세대와 소통하는 방법을 탐구할 수 있도록 돕는 것이었다.

■■

01 / 로고 및 사진
마인크래프트에듀의 원래 로고와 조엘 레빈이 일하는 모습을 담은 사진. 맨 밑에 있는 사진은 마인콘 런던에서 티처게이밍(TeacherGaming) 회원과 마인크래프트에듀 팀원, 레빈의 가족이 모인 모습. 왼쪽에서 오른쪽으로, 조시에 레빈, 타라 콜린스, 미카엘 우시매켈래, 얀니카 알토, 엘레아노르 레빈, 산테리 코이비스토, 알렉시 포스타리 및 토니 파볼라.

02 / 스크린숏
마인크래프트에듀의 스크린숏. 마인크래프트에듀 팀에서 추가한 여러 기능 가운데 학생 간 게임 내 대화 제한 기능의 모습.

02

마인콘의 대성공

게임의 첫 번째 공식 컨벤션 마인콘이 2011년
라스베이거스에서 열리다

 모장은 자바 에디션 1.0을 출시하면서 자체적인 팬 컨벤션인 마인콘을 열기로 결정했다. 라스베이거스에서 개최된 마인콘은 2010년 공원에서 열린 "마인크래프트콘"에 비하면 훨씬 전문적인 컨벤션이었다. 하지만 마크 왓슨(Marc Watson)은 이번 행사도 마냥 순조로웠던 것은 아니었다고 회상한다. 왓슨은 2011년 초에 페니 아케이드 엑스포에서 마인크래프트 팀을 만나, 마인콘의 자원봉사 관리자가 됐다.

─────── 당시 왓슨은 고객 서비스 업무를 하다가 퇴직한 지 얼마 안 됐다. 왓슨은 "그때도 실업자였지만, 신용카드로 여행비를 내고 날아가서 친구네 집에서 머무르며, 5,000명 규모의 컨벤션에서 일했다."라고 밝혔다. 이는 치밀하게 계산된 결정이었다. 왓슨은 "2009년부터 2011년까지 있었던 일에 대해서 말하고 있다. 마인크래프트가 기하급수적인 성장을 보였던 시기다. 나는 그 순간을 잡을 만큼 충분히 알고 있었다."라고 덧붙였다. 이후 왓슨은 모장 최초의 미국인 직원이 된다.

"미국과 유럽을 오가며 전 세계로 찾아갔다. 그런데도 몇몇 사람들은 매번 만날 수 있었다."

마크 왓슨, 모장 프로듀서

─────── 이 행사는 각계각층의 사람들을 끌어들였다. 행사 현장에는 데드마우스 같은 셀럽도 있었고, 조엘 레빈 같은 모더도 있었고, 15미터짜리 크리퍼 모형을 만든 사람도 있었다. 레빈이 지적했던 것처럼 모장이 라스베이거스를 고른 것은 아동들이 마인크래프트를 플레이한다는 사실을 아직 잘 몰랐던 것을 보여 준다. 레빈은 "어린이가 갈 만한 도시는 아니지 않으냐?"라며 웃었다.

─────── 무엇보다도 현장에는 유튜버들이 있었다. 마인크래프트는 이제 게임 실황 영상의 주축과 모든 미디어 기업들의 토대가 됐다. 왓슨은 "페니 아케이드 엑스포에서도 본 적 없는 긴 줄이 있었다."라며, "모두가 요그스캐스트를 보고 싶어 했기에 우리는 줄을 계산해서 '여러분 아마 여기서부터는 만날 수 없을 거예요'라고 말해야 했고, 그런 다음 매우 화난 사람들을 상대해야 했다."라고 밝혔다. 요그스캐스트도 섣불리 치러진 마인콘에 별로 만족하지 않았다. 루이스 브린들리 채널 설립자는 "우리가 직접 테이블을 붙잡아야 했고 스태프나 보안 요원도 없었다."라며, "무지막지한 줄이 생겨서 사고라도 날까 봐 걱정이 됐지만, 결국에는 도우러 온 스태프가 생겨서 잘 해결됐다."라고 밝혔다.

01

01 / 로고 및 스크린
마인콘 로고와
마인크래프트 공식
유튜브에 게시된 마인콘
2011 동영상 스크린숏.

02 / 스케치
정크보이 모장 크리에이티브 디렉터가
마인콘 로고를 처음 개발할 때 만든 스케치.

01

01 / 마인콘 망토

마인콘 2011을 위해 모장에서는 참석자의 사용자 계정에
자동으로 지급되는 특별 망토를 만들었다. 이는 연례행사가
된다.

02 / 마인크래프트 망토의 렌더

정크보이 모장 크리에이티브 감독은 첫 번째 마인콘을 위해
다양한 망토 디자인을 만들었다. 2011년에는 빨간색 망토가
내부 투표에서 당선됐고, 투표에서 2위를 한 망토(좌측 상단)는
2012년에 사용됐다.

02

FRIDAY, November 18, 2011

10:00 am / 8:00 pm	Registration						
10:00 am / 1:00 pm	Game Room and Exhibits Open — South Seas Ballroom						
1:00 pm / 2:30 pm	Opening Session — Mandalay Bay Ballroom A-H, Level 2						
2:45 pm / 3:45 pm	Game Room & Exhibits Open — South Seas Ballroom	Youtube 101 — Jasmine ABEF	Composing Game Music — Banyan ABCD	API for Game Developers — Palm A	Minecraft as a tool for Education — Palm B	Creating Custom Maps — Palm C	Running a Server — Palm D
4:00 pm / 5:00 pm		Mojang Panel — Mandalay Bay Ballroom A-H, Level 2					
5:15 pm / 6:15 pm		Art of Gaming — Jasmine ABEF	Machinima Channel Panel — Banyan ABCD	Bukkit for Multiplayer Servers — Palm A	Video Editing — Palm B	YouTube 101 — Palm C	The Family that Plays Togehter — Palm D
7:00 pm / 10:00 pm	Kick Off Party — South Seas Ballroom						

SATURDAY, November 19, 2011

10:00 am / 5:00 pm	Registration						
10:00 am / 11:00 am		Making a Difference - Minecraft — Jasmine ABEF	YouTube Partners — Banyan ABCD	Amazing Builds — Palm A	Minecraft Community Ideas with Curse — Palm B	Creativity with Redstone — Palm C	Modder Concepts & Ideas — Palm D
11:15 am / 12:15 pm	Game Room and Exhibits Open — South Seas Ballroom	Developers Panel — Mandalay Bay Ballroom A-H, Level 2					
1:30 pm / 2:30 pm		Yogcast — Mandalay Bay Ballroom A-H, Level 2					
2:45 pm / 3:45 pm		Creating Compelling Videos — Jasmine ABEF	Creating Stories and Comics using Minecraft — Banyan ABCD	Minecraft Architecture — Palm A	The Shaft Podcast Live Recording — Palm B	Family Game Night: Bonding through Minecraft — Palm C	Creating Mods — Palm D
4:00 pm / 5:00 pm	Closing Session — Mandalay Bay Ballroom A-H, Level 2						
9:30 pm / ---	Into the Nether Party — XS, Wynn Las Vegas						

03

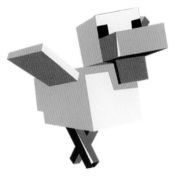

03 / 디지털로 만든 행사 순서
마인콘 2011 휴대용 행사 순서지의 초기 디자인. 다른 개발자가 만든 새로운 게임, 동영상 제작 강좌, 새로운 모드에 대한 아이디어 등 참석자들이 만나 볼 수 있었던 다양한 출연자와 발표를 담고 있다.

요그스캐스트는 마인콘 동영상에 대한 권리를 게임 전문 웹진 IGN에 판매했다는 얘기를 듣고 또 당황했다. 브린들리는 "우리의 마인크래프트 동영상을 자기 것으로 주장할까 봐 걱정한 것은 사실이다."라고 덧붙였다. 다행히도 IGN은 요그스캐스트 출연진이 나온 동영상을 웹사이트에서 내려주기로 합의했다.

——— 왓슨은 컨벤션의 엄청난 규모에 충격받은 순간을 지금도 기억하고 있다. 왓슨은 "게임 덕후들이 라스베이거스 클럽에 등장했다. 우리에게 익숙한 곳보다는 조금 더 고급스러운 장소였다. 그때 나는 무슨 일이 벌어질 것 같다는 예감이 들었다!"라고 밝혔다. 실제로 당시 마인콘 현장에는 감동적인 장면도 있었다. 바로 청혼이었다. 정크보이는 커스터마이징 한 탄산음료 라벨과 예물용 다이아몬드 한 세트를 준비해서 한 커플에게 선물해 줬다. 정크보이는 "모장 팀을 위한 것도 하나 만들었다."라며, "정확히 기억은 안 나는데, 정말 바보 같은 것이었다."라고 덧붙였다.

——— 마인콘은 모장과 플레이어 사이를 이어 주는 중요한 연례행사가 됐다. 매년 참석한 사람들은 친구가 되기도, 왓슨처럼 동료가 되기도 했다. 왓슨은 "미국과 유럽을 오가며 전 세계로 찾아갔다."라며, "그런데도 몇몇 사람들은 매번 만날 수 있었다."라고 말했다.

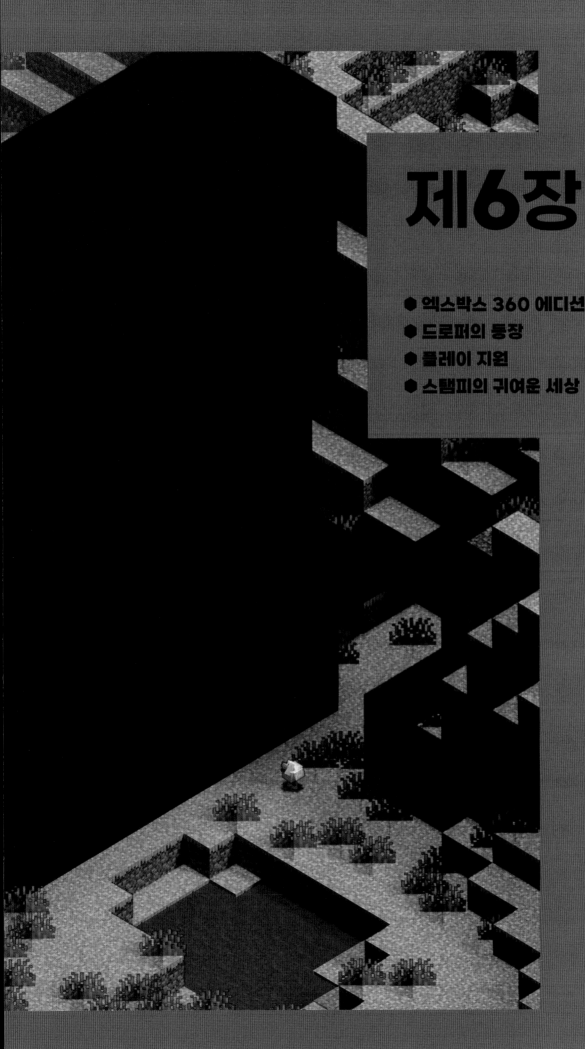

제6장

- 엑스박스 360 에디션
- 드로퍼의 등장
- 플레이 지원
- 스탬피의 귀여운 세상

—————— 마인크래프트: 엑스박스 360 에디션은 필 스펜서 마이크로소프트 게임 최고경영자가 2011년 E3에서 발표했다. 비록 발표에서는 예고편만 재생됐지만, 마이크로소프트에서는 이미 작업을 위해 유능한 팀인 4J 스튜디오를 낙점했다.

—————— 스코틀랜드에 기반을 둔 4J는 다양한 하드웨어로 게임을 이식하면서 이미 업계에서 우수한 평판을 쌓았다. 4J는 《엘더 스크롤 Ⅳ: 오블리비언》을 PS3에서, 《반조 카주이》를 엑스박스 360에서 플레이할 수 있는 기술을 개발했다. 모장과의 협력 관계를 통해 4J는 새로운 세대의 플레이어와 크리에이터, 유튜버를 마인크래프트로 유인하게 된다. 마인크래프트: 엑스박스 360 에디션의 성공과 마이크로소프트와 모장 간의 새로운 접점은 몇 년 뒤 조 단위의 인수를 위한 기반을 마련했다.

엑스박스 360 에디션

4J 스튜디오의 엑스박스 360 에디션 개발과
게임에 미친 영향

너도나도 마인크래프트의 콘솔 버전을 만들고 싶어 했다. 사업 파트너인 패디 번즈와 함께 4J 스튜디오를 창업한 크리스 반 데르 쿠일은 "신 파커 (파일 공유 서비스 Napster 공동 창업자)부터 EA에 이르기까지 모두가 모장에 돈을 던지고 있다는 사실을 알고 있었다."라고 밝혔다. 모장은 피터 제터버그 마이크로소프트 수석 이사에게 4J 스튜디오를 소개받았다. 노치는 이들이 제안하는 액수에 혹하지 않았다. 마인크래프트의 고유한 코드를 맡길 만한 콘솔 개발자를 찾고 싶었기 때문이다. 반 데르 쿠일(Chris Van der Kuyl)은 "그들은 '정말 정말 어려울 것이다. 그래서 우리는 액수가 중요하지 않다. 도움이 필요하다. 우리를 도울 사람을 보내 줄 수 있느냐?'라고 말했다."라며, "그러자 피터는 '스코틀랜드에서 온 사람들을 만나 보셔야겠다'라고 말했다'"라고 밝혔다.

"내 삶과 상업적 협상을 되돌아볼 때에 이건 우리가 한 최고의 결정일 것."

크리스 반 데르 쿠일, 4J 공동 창업자

─────── 반 데르 쿠일과 번즈는 스웨덴으로 날아가서 훌륭한 협력 관계를 성사시켰다. 4J는 모장에게 마인크래프트를 이식하는 작업은 그저 자바 에디션을 다른 코딩 언어로 변환하는 문제가 아니라고 강조했다. 포켓 에디션에서 그랬던 것처럼 콘솔 버전도 자체적인 버전으로 만들어야 했다. 반 데르 쿠일은 "컨트롤러를 활용하는 방법만 생각해서는 안 되고, 보다 (주류) 제품에 익숙한 게이머들에게 어떤 경험을 줄 수 있는지 처음부터 다시 생각해야 한다고 말했다."라며, "제작법을 모두 확인하기 위해서 마인크래프트 위키를 열어 놓을 수는 없다. 게임이 제작법을 알려 줘야 한다. 튜토리얼이 있어야 한다."라고 밝혔다.

─────── 4J는 엑스박스 360에서 마인크래프트가 큰 히트를 칠 것이라 내다봤다. 현명하게도 모장과 수수료에 대해서 논의할 때 판매량을 기준으로 작은 로열티를 요구했다. 반 데르 쿠일은 "내 삶과 상업적 협상을 되돌아볼 때에 이건 우리가 한 최고의 결정일 것"이라고 밝혔다. 개발사의 공동 창업자들은 4J에서 다운로드 가능한 게임 애드온도 제공하자고 제안도 했다. 대표적으로는 특정 주제로 만든 캐릭터 스킨과 텍스처로 구성된 확장 팩을 "쌈짓돈"에 판매하는 것이었다. 결국 플레이어들이 마인크래프트 PC 버전에서 사용하려고 만든 스킨과 모드들을 간편하거나 멀쩡하게 가져올 방법이 없었다.

─────── 4J는 2012년 5월에 마인크래프트: 엑스박스 360 에디션을 출시한 이후, 불만의 징후를 찾기 위해 유튜브에서 콘솔로 게임을 플레이하는 동영상을 조사하며 게임을 대대적으로 손봤다. 반 데르 쿠일은 "어렵지 않게 고칠 수 있었다. 조이스틱을 한 방향으

로만 밀면 바라보는 방향으로 이동해서 방향이 틀어지고 바로잡아야 했는데, 일렬로 블록을 설치하는 경우에는 상당히 거슬릴 수 있었다."라고 회상한다.

─────── 마인크래프트: 엑스박스 360 에디션은 콘솔 게임계에서 베스트셀러가 됐다. 4J는 엑스박스 360 버전을 시작으로 다양한 콘솔에 게임을 이식했다. 2017년에는 닌텐도 스위치로도 이식했다. 옌스 "젭" 베리엔스텐에 따르면 마이크로소프트는 모장을 인수한 이후 4J 스튜디오도 인수하기 위해서 "오랫동안 논의"를 했다. 마이크로소프트의 원래 계획은 오늘날의 베드락 에디션 개발을 4J에 맡기는 것이었다. 현재 베드락 에디션은 콘솔용 마인크래프트의 주된 버전이 되면서 4J가 이식한 버전의 자리를 대체했다. 하지만 4J는 독립성을 유지하기로 했다. 반 데르 쿠일은 "베드락을 위해 마이크로소프트에서 조직한 대형 팀으로 우리 회사를 통합시키는 것과 관련하여 마이크로소프트와 대화가 오갔던 것은 사실이다."라며, "하지만 우리는 손을 들고 이렇게 말했다. 아마 누구에게도 좋은 결론이 나지 않을 것 같다. 왜냐하면 이건 4J의 방식이 아니기 때문이다. 그래서 우리가 할 수 있는 한, 우리가 만든 버전은 계속 지원하자고 했다!"라고 밝혔다.

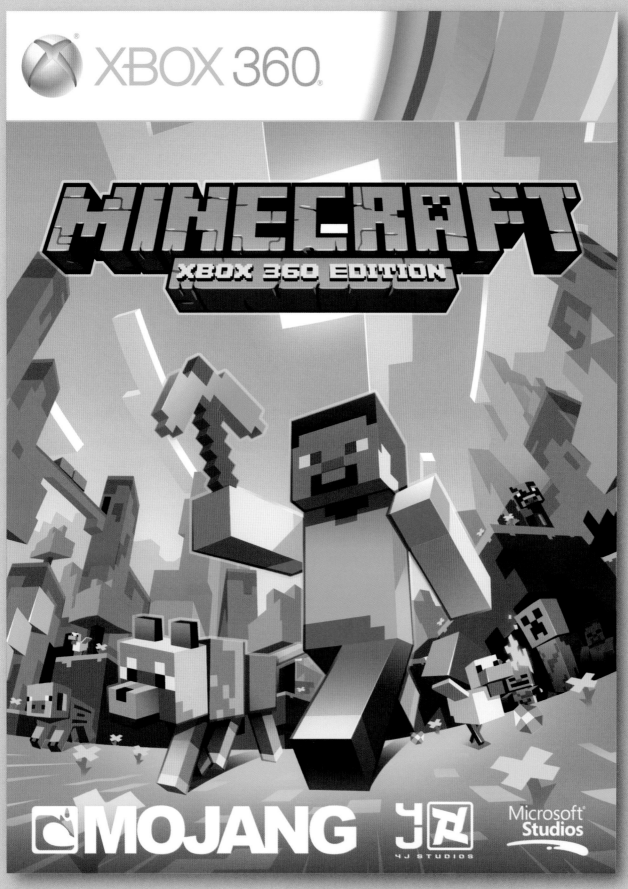

02

드로퍼의 등장

최초의 드로퍼(The Dropper) 맵 탄생과 드로퍼 맵이
인기를 얻은 비결

마인크래프트 플레이어의 독창성은 대표적으로 드로퍼 맵에서 찾아볼 수 있다. 핵심 소재는 중력이다. 맵에 들어서면 플레이어는 버튼이나 스위치를 눌러서 레드스톤으로 작동하는 다락문 밑으로 떨어지고, 장애물로 채워진 방 안을 자유낙하 해서 가느다란 물 블록 매트에 착지해야 한다. 물속으로 떨어지면 낙하 피해를 입지 않지만, 높은 곳에서 장애물에 부딪히면 바로 게임 오버가 된다. 안전하게 착지하는 데 성공했다면 또 다른 레드스톤 다락문으로 이동해서 또 다른 방을 자유낙하 하게 된다.

──── 드로퍼는 2010년부터 게임을 시작한 벨기에 출신 모더, 비그레(Bigre)가 만들었다. 비그레는 "마인크래프트에서 서바이벌 싱글 플레이로 첫 번째 진흙 집을 만들어 보고 나서는 곧바로 콘텐츠 공유 웹사이트에 가입했고 다른 사람들의 창의력에 놀라면서 몇 시간을 보냈다."라며, "나는 현실의 뉴스보다 마인크래프트에 관한 뉴스를 더 관심 있게 구독했다."라고 회상했다. 비그레는 직접 맵을 몇 개 만들었는데, 그중 하나는 플레이어가 집을 날아다니는 파리가 되는 맵이었다. 이후 비그레는 프랑스 맵메이커 stratocrafteur가 제작한 커스텀 맵인 《The Tourist》를 우연히 발견했다.

"플레이어는 종탑 꼭대기에서 큰 점프를 해야 했다."

비그레, , 모더

──── 비그레는 "오래된 일이지만, 나는 이 맵의 분위기, 게임플레이, 퍼즐이 놀라웠던 사실을 기억한다."라며, "맵의 끝에 다다르면 플레이어는 종탑 꼭대기에서 지하 묘지로 이어지는 분수의 구멍으로 엄청난 점프를 해야 했다. 강렬하고 멋진 마무리였다."라고 덧붙였다. 비그레는 심장이 멎을 듯한 점프가 계속 이어지는 맵을 만들겠다는 생각을 했고, 이전에 만든 파리 맵에서 몇 가지 아이디어를 따왔다.

──── 드로퍼는 곧바로 유튜브에서 화제가 됐다. 모방작은 셀 수도 없이 많다. 이 맵은 다른 게임 제작자와 플레이어에게도 영향을 줬다. 대표적으로 두 게임이 있는데, 바로 포트나이트와 로블록스다. 비그레는 공대에서 졸업 논문을 연구하는 동안 드로퍼 2를 제작하는 등 다양한 버전을 만들었다. 시의적절하게도 모장에서는 최초의 드로퍼 맵이 출시된 지 얼마 안 돼 마인크래프트 세계의 높이 제한을 128블록에서 256블록으로 상향했고, 비그레는 현기증을 느끼고 싶어 하는 마인크래프트 플레이어를 위해 더 고난도의 맵을 제작할 수 있었다.

01 / 렌더
고전적인 무지개색 맵, 만화경처럼 기하학적인 맵, 플레이어를 아래가 아니라 위로 보내는 역드로퍼 등 드로퍼에서 만나 볼 수 있는 다양한 스타일의 예시.

01

플레이
지원

급속도로 성장하는 회사의 지원 팀에 대한
심층 탐구

 마인크래프트 유저들이 많아지면서 마인크래프트에는 공식적인 고객 지원 부서가 필요해졌다. 라스베이거스에서 열린 첫 번째 공식 마인콘에서 자원봉사 관리자로 일했던 인물인 마크 왓슨은 2011년 당시 CEO였던 칼 만네에게 고객 지원을 확대하자는 아이디어를 제안했다. 만네가 흔쾌히 동의하자 왓슨은 가슴이 두근거렸다. "그 시점에 나는 작은 마을에서 실직한 지 1년 정도 됐기 때문에 이 기회를 놓칠 수 없었다."

─────── 왓슨은 플레이어의 문의를 처리하는 모장의 기존 시스템을 보면서 확실히 개선해야 할 부분이 있다고 생각했다. "회사에는 문의 이메일이 있었는데, 내가 기억하기로는 어디에도 기재되어 있지 않았다. help@minecraft.net이지 않을까 하고 짐작해야 했다. 그리고 당시에도 하루에 이메일을 50개는 받았다." 미국에서 비대면 근무를 하면서 처음 몇 주 동안 다양한 언어로 된 문의를 처리하는 한편, 제대로 된 도움말 문서를 갖춘 고객센터 홈페이지를 급조했다. 왓슨은 구글 번역에 의존했지만, 언제나 유용한 결과를 얻을 수 있었던 것은 아니었다. 왓슨은 "'기프트 코드'처럼 제대로 번역되지 않는 단어를 파악하기 시작했다."라고 밝혔다. 독일어에서는 "poison"이라는 단어에 "선물"이라는 뜻이 있다. 왓슨은 "그래서 저 용어는 항상 '독 코드'로 나왔다."라고 말했다.

"회사에는 문의 이메일이 있긴 했는데, 내가 기억하기로는 어디에도 기재되어 있지 않았다."

마크 왓슨, 모장 프로듀서

─────── 시간이 지나고 왓슨은 작은 지원 팀을 관리하게 됐지만, 여전히 상당한 시차를 두고 근무해야 했다. 왓슨은 "신입들을 훈련하게 되면서 내 일과는 자정에 레드불을 놓고 앉아서 약 3시간 동안 스카이프로 교육하는 것이었다. 이메일 시스템을 운용하는 방법, 고객에게 회신하는 방법, 고객의 데이터를 조회하는 방법 등을 사람들에게 가르쳤다."라고 밝혔다. 미국에서 유럽 시간에 맞춰서 근무하는 것이 그가 바라던 라이프스타일은 아니었지만, 왓슨은 당시 모장의 일원이 됐다는 생각에 매우 기뻐했다. 왓슨은 "우리는 거의 스타트업 정신을 갖고 있었다. 이미 수백만 장의 게임을 팔아 치우고, 회사가 잘 될 것이라는 것을 알고 있었다는 점만 빼면 말이다."라고 소회 했다.

─────── 모장이 스톡홀름에 고객 서비스 사무실을 열자, 왓슨은 환영 파티를 하러 스톡홀름으로 날아갔다. 왓슨은 "볼풀에는 우리 모두가 나온 사진이 있다."라며, "그리고 내가 말했다. 사진을 찍자고. 그래서 지원 부서에 있는 사람들이 노트북을 들고 볼풀에 앉아서 이메일에 회신하는 듯한 포즈를 취했다. 내가 모장에서 좋아하는 사진 중 하나다."라고 밝혔다.

01 / 렌더
모장 고객 지원 팀의
시작은 초라했지만,
결국에는 성장하면서
번듯한 사무실을 마련했다.

스탬피의 귀여운 세상

Stampylonghead에 대한 심층 탐구 그리고 어린이들의
이야기를 마인크래프트에 표현한 방법

마인크래프트를 엑스박스 360 에디션으로 접한 플레이어 중에는 별명으로 Stampylonghead를 사용하는 유튜버 조셉 가렛(Joseph Garrett)도 있었다. 가렛은 마인크래프트로 일명 초통령이 된 대표적 인물이다. 가렛은 데이비드 "iBallisticSquid" 스펜서와 가렛의 배우자 케이 "Sqaishey Quack" 베이츠로 구성된 도우미 팀과 함께 맵을 만들고 교육적인 주제로 작은 이야기를 구성한다. 가렛은 밝은 주황색 고양이 스킨에 스탬피라는 이름으로 게임을 플레이한다. 액션이 가득한 해전, 과거로의 여행 등 다양한 이야기를 맵을 통해서 전한다.

──────── 가렛은 2012년 친구를 통해 마인크래프트: 엑스박스 360 에디션을 접한 후 게임 내에서 첫 번째 하루를 보내는 실황 영상을 녹화했다. 원래는 웃기기 위해 만든 영상이었지만, 이후에 엄청난 성공을 거두고 11년간 연재되는 스탬피의 귀여운 세상 시리즈의 첫 번째 편이 된다. 가렛은 아동들이 마인크래프트를 좋아한다는 시청자 피드백을 재빠르게 수용해서 자신의 스타일을 보다 전 연령이 시청하게 적합하게 바꿨다. 가렛은 "'욕하지 말기!' 같이 당연한 규칙이 있다."라고 설명했다. "하지만 이는 긍정적인 메시지를 전달하려고 노력해야 한다는 의미이기도 하다. 무언가가 잘못되더라도 분노하지 않아야 한다. 유튜브에서 쉽게 볼 수 있는 과장된 반응인데도 말이다. (대신에) 상황을 되돌아보고 너그럽게 평정심을 유지해야 한다."

"반은 역할극이고, 반은 현실인 것 같다. 내가 게임을 플레이하고, 화면을 보고 있고, 무언가 달라지는 것이 있으면 달라지는 것에 대해 이야기한다는 것을 인지한다."

조셉 가렛, Stampylonghead

──────── 가렛은 가상의 세계에서 길을 잃은 아이처럼 마인크래프트를 플레이하려고 노력한다. "반은 역할극이고, 반은 현실인 것 같다. 내가 게임을 플레이하고, 화면을 보고 있고, 무언가 달라지는 것이 있으면 달라지는 것에 대해 이야기한다는 것을 인지하지만, 내가 계획한 스토리 속에서 무슨 일이 일어나고 악당이 나를 공격하게 되는 순간 역할극에 몰입하게 되고, 갑작스럽게 '안 돼, 난 죽고 싶지 않아!' 같은 패닉에 빠진다. 이는 어린이가 노는 방식과 흡사하다. 어린이는 장난감을 가지고서 놀지만, 어린이의 머릿속에서는 이 세상 무엇보다도 현실적으로 생각한다."

──────── 가끔씩 가렛의 어린 시청자들은 게임에서 벌어지는 상황을 다소 진지하게 받아들인다. 2013년 5월 가렛은 마인크래프트의 달로 여행을 떠나고, 멋진 달 맵을 건축하

01

01 / 사진 및 화면
Stampylonghead라는
이름으로 활동하는 조셉
가렛과 유튜브에 게시된
우주선 동영상의 스크린숏.
이 동영상을 너무 곧이들인
나머지 어린 시청자들은
자신이 만든 로켓도 날 수
있을 것이라 믿었다.

고, 자신의 동영상 편집 기술을 이용하여 우주선을 타고 달에 도착한 것처럼 동영상을 만들어서 게시했다. "하나의 이야기였다. 하지만 우리 시청자들은 어렸기 때문에, 수백만 명의 플레이어가 나를 따라 하려고 했다. (아이들의) 부모님에게서는 우리 아이가 로켓을 만들어 봤는데 작동하지 않아서 울고 있다는 내용의 메시지를 받았다. 내가 아이들을 속인 것이 됐다! 내가 어떻게 편집했는지 설명하는 비하인드 동영상을 만들었는데, 싫어요를 엄청나게 받았다. 사람들이 무척 화를 냈다. 왜냐하면 나중에서야 이 동영상을 발견했기 때문이다. 이 동영상을 곧이곧대로 믿는 사람이 있을 거라는 생각은 한 번도 못했다!"

제7장

- 모험 모드
- 피드 더 비스트
- 서바이벌 게임 맵의 등장
- 블록 바이 블록
- 명령어와 크리퍼
- 오트크래프트의 등장

———— 마인크래프트: 자바 에디션의 1.3 업데이트는 모두의 내면에 잠들어 있던 인디아나 존스를 깨웠다. 이 업데이트에서 모장은 마인크래프트의 지형 생성기에 사막 사원과 정글 사원을 추가했다. 2012년 8월에 이 업데이트가 출시되면서 플레이어는 사원에서 금과 에메랄드가 들어 있는 상자를 발견할 수 있게 됐다. 정글 사원은 철사 덫 갈고리로 보호돼 있는데, 이 아이템은 떼어서 건축에 재활용할 수 있다. 철사 덫 갈고리를 이용하면 간단한 방범장치를 만들거나 마인크래프트에서 롤러 코스터를 제작할 때 화려한 구경거리를 만들 수도 있다.

———— 이 업데이트를 통해 마인크래프트 주민들에게도 할 일이 생겼다. 드디어 에메랄드를 화폐로 플레이어와 거래를 할 수 있게 된 것이다. 옌스 "젭" 베리엔스텐 모장 최고 크리에이티브 책임자는 "나는 세틀러(PC 전략 게임)를 많이 했다." 라며, "군대를 이용하거나 종교를 이용하거나 거래를 하는 등 다양한 방식으로 게임에서 이길 수 있는 아이디어가 무척 마음에 들었다. 다이아몬드를 캐지 않고도 획득할 수 있는 시스템이 마인크래프트에도 있으면 좋겠다고 생각했다. 온종일 숲을 팔아서 다이아몬드를 얻을 수 있는 식으로 말이다."라고 밝혔다.

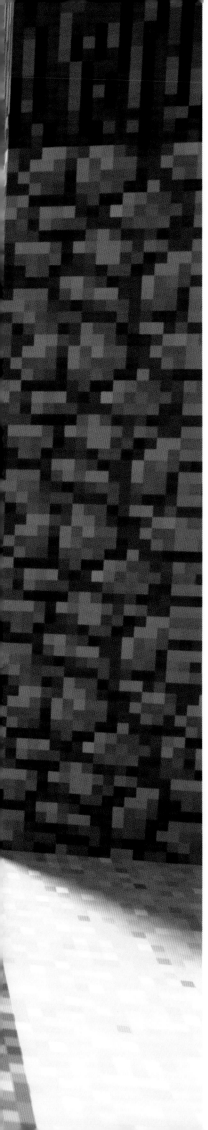

01

모험
모드

마인크래프트: 자바 에디션 1.3 업데이트에서 생긴 기능들이
서로 조화를 이루는 방법

 2012년 4월에 출시된 마인크래프트: 자바 에디션 1.3 업데이트에서 추가
된 기능 가운데 중대한 기능은 맵메이커에게 최적화된 서바이벌 모드인
모험 모드였다. 모험 모드를 통해 맵메이커는 플레이어를 위한 새로운 경
험을 설계하고 구현할 수 있었다. 어느 맵에서나 공통적으로 적용되는 모
험 모드의 기능 중 하나는 플레이어가 블록을 부수고 수집할 수 있는 능
력이 꺼져 있다는 것이다. 맵 제작자가 별도로 파괴 가능하거나 설치 가능하다고 지정한
블록만 플레이어가 건드릴 수 있다. 목표는 맵 제작자에게 플레이어가 자신의 세계를 경
험하는 방법에 대한 더 많은 통제권을 부여하고, 플레이어가 맵을 직접적으로 건드려서
문제를 해결할 때 "치팅"을 방지하는 것이었다. 시백시 RLCraft 모드팩 제작자는 "이런
식으로 수많은 던전을 파괴할 수 있다."라며, "정말로 정해진 대로만 경험할 수 있게 하
고 싶다면 모험 모드가 최선의 솔루션이라 생각한다."라고 밝혔다.

——— 1.3 업데이트에서는 위험이 도사리고 비밀의 방이 있는 사원도 추가됐다. 플
레이어가 약탈할 또 다른 장소를 제공하는 한편, 모험 모드의 가능성을 자랑하고 맵메이
커에게 추가적인 통제권을 제공하기 위해서 설계된 듯한 느낌이었다. 1.3 업데이트에서
새롭게 추가된 또 하나의 기능은 모험 모드에서도 이용 가능한 주민과의 거래였다. 이는
새로운 모드에서 다양한 아이템과 자원을 모을 수 있는 유일한 방법이었다.

——— 거래를 처리하는 방법을 해결하기 위해서는 신중한 생각을 거듭해야 했다.
모장에서 마인크래프트 1.0 출시를 위해 주민을 개발할 당시 노치는 《던전 마스터》라
는 1980년대 고전 롤플레잉 게임과 비슷하게 만들 생각이었다. 이 게임에서는 플레이
어가 트레이에 아이템을 던져두면 상인이 고개를 끄덕이거나 흔들어서 대답을 했다. 엔
스 베리엔스텐은 "어떻게 해야 좋을지 알 수 없었다."라며, "다양한 것을 시도해 봤다.
주민이 아이템이 들어 있는 말풍선을 띄우게 하고, 플레이어가 땅에 그 아이템을 던져
두게 할까 생각도 해봤지만 정말 마음에 들지 않았다."라고 밝혔다. 결국 베리엔스텐은
성공적인 거래를 나타내는 보라색 불꽃과 함께 간단한 거래 메뉴를 만들기로 결정했다.

——— 거래 기능이 추가되고 몇 년 뒤, 모장에서는 사람들이 마인크래프트를 플레이
하는 방식을 따라잡기 위해서 거래 시스템을 확장했다. 베리엔스텐은 "어떤 기능이 너
무 단순해지면 몇몇 플레이어에게는 재미없는 게임이 되어버린다."라고 지적했다. 그러
면서 "시간이 지남에 따라 우리는 거래 환율을 점차 악화시켜서 거래를 더 어렵게 만들
어야 했다. 숯을 팔아서 생활한다는 원래의 시나리오는 더 이상 실현할 수 없다. 정말 나
쁜 거래가 됐기 때문이다. 플레이어의 거래 악용을 방지하기 위해서 결국에는 주민들이
에메랄드로 교환해 주지 않을 것이다. 오늘날 주민들은 탐욕에 찌들었다는 평판을 갖고
있는데, 이건 의도된 것이 아니다!"라고 덧붙였다.

01 / 렌더
주민에게는 경력 레벨이
있다. 경력 레벨은
플레이어와의 거래를
통해 올릴 수 있다. 레벨이
높은 주민들은 더 다양한
아이템을 거래할 수 있다.

피드 더 비스트

마인크래프트 모드팩 제작자가 소재를 얻는 방법과
제작 과정

 피드 더 비스트는 유명한 마인크래프트 모드팩 제작 단체. 단체명은 2012년 2월에 공개된 아주 특이한 맵에서 따왔다. 기이한 피라미드를 중심으로 공중 섬이 모여 있는 맵이다. 이 맵에서 플레이어는 상자와 파이프로 구성된 연금술 거래 시스템을 이용하여 아이템을 획득하고 획득한 아이템을 피라미드에 바치게 된다.

──────── 이 맵의 원작자는 요그스캐스트를 통해 마인크래프트를 접한 케빈 "슬로포크" 몰로니(Kevin "slowpoke" Moloney)다. 몰로니는 다이어울프20이 포지 모더를 위해 개설한 인터넷 릴레이 챗(IRC) 커뮤니티에 회원가입하면서 모딩을 시작했다. 케빈 몰로니는 회원으로 지내면서 다이어울프20이 제작한 모드팩 중 하나를 이용하여 자신과 같이 모딩을 하는 친구인 니시타운을 위해 맵을 몇 개 만들었다. 이 가운데 한 맵의 이름을 피드 더 비스트(Feed The Beast)라고 지었다.

──────── 몰로니는 스카이블록과 Vechs의 던전 기반 맵 시리즈인 슈퍼 호스틸(Super Hostile)에서 소재를 얻었다. 단 하나의 블록에서 게임이 시작되는 공허 세계를 제작했다. 플레이어는 이 블록에 서서 파히마르(Pahimar)의 등가 교환 모드를 이용해 도전 과제를 실험해야 한다. 이 모드를 이용하면 플레이어는 어떤 마인크래프트 아이템이나 블록을 다른 아이템이나 블록으로 변환할 수 있다. 니시타운은 이처럼 이상한 공중 퍼즐 맵 중 하나를 트위치의 전신인 저스틴TV에서 방송했다. 얼마 안 돼 방송에는 채팅하는 사람들이 많아졌고, 몰로니와 니시타운은 플레이어 2명을 위한 또 다른 맵을 고안했다.

간신히 완성했지만, 유튜버들은 자신의 채널을 통해 플레이하는 모습을 앞다투어 보여 줬다. 몰로니와 니시타운은 오늘날 유명해진 피라미드를 특징으로 하는 최종 버전으로 맵을 업그레이드 했고, 얼마 안 돼 마인크래프트 포럼에서 매우 인기 있는 맵이 됐다.

──────── 당시 모드 설치는 상당히 번거로웠다. 몰로니는 게임을 가볍게 즐기는 플레이어가 모드를 보다 쉽게 설치할 수 있도록, 피드 더 비스트 맵과 함께 모드를 자동으로 다운로드 및 설치해 주는 앱을 만들기로 결심했다. 몰로니는 이미 유사한 앱이 존재한다는 것을 알고 있었지만, 많은 모더들은 이런 앱이 모더의 동의 없이 모드를 사용하고 있었기에 분노하고 있었다. 그래서 피드 더 비스트 팀은 맵에 사용된 모든 모드의 제작자로부터 허락을 구하기로 했다.

──────── 그 결과 충돌 없이 모드를 설치할 수 있는 최초의 마인크래프트 모딩 도구이자 오늘날 매우 중요한 도구가 된 모드로더(Modloader)를 만들어냈다. 모드로더를 제작한 리수가미(Risugami)는 자신의 작업물을 공유하기 위해 희한한 접근법을 택했다. 몰로니는 "리수가미는 이렇게 말했다. 내게 허락을 구하지 않는 한 당신은 모드팩에서 내 모드를 사용할 권한이 있으나, 내게 허락을 구하는 순간 그 권한은 회수된다고 했다." 라고 설명했다. 심사숙고 끝에 피드 더 비스트 팀은 많은 모드의 토대가 된 모드로더를 직접 만들기로 결심했다.

> **"리수가미는 이렇게 말했다. 내게 허락을 구하지 않는 한 당신은 모드팩에서 내 모드를 사용할 권한이 있으나, 내게 허락을 구하는 순간 그 권한은 회수된다고 했다."**
>
> 케빈 "슬로포크" 몰로니, 피드 더 비스트 제작자

──────── 이후 이 앱은 엄청난 인기를 끌게 된다. 수백만에 이르는 다운로드 횟수를 기록하고, 컴퓨터에 관한 지식이 상대적으로 부족한 플레이어들에게는 멋진 모드를 접할 기회가 됐다. 마인크래프트 플레이어가 모더를 바라보는 시각도 바뀌었다. 모더의 노력에 적절한 공로를 인정하는 것이 중요하다는 의식을 전파했다.

01

01 / 초기 메뉴
"다이어울프20 제공 FTB"
마인크래프트 모드팩의
시작 화면.

02 / 화면
"다이어울프20 제공 FTB"
을 적용한 스크린숏.

© DIREWOLF20

02

© DIREWOLF20

서바이벌 게임 맵의 등장

새로운 마인크래프트 맵 장르가 탄생한 배경과
인기를 얻은 까닭

마인크래프트 서바이벌 게임은 최후의 한 명이 남을 때까지 다수의 플레이어가 경쟁하는 맵 유형이다. 이러한 맵의 초기 버전은 2011년에 처음 등장했는데, 수잔 콜린스의 소설 《헝거 게임》과 영화 《배틀 로얄》에서 영감을 받아 만들어진 멀티플레이 서버 MCPVP.com에서 찾아볼 수 있다. 마인크래프트 최초의 트레일러를 만들기도 한 노르웨이 출신의 유튜버 데니스 바레이드(Dennis Vareide)는 2012년에 영화 《헝거 게임》을 관람했다. 처음 관람한 지 며칠 만에 맵메이커 팀의 도움을 받아서 첫 번째 서바이벌 게임 맵을 공개했다. 서바이벌 게임이 유행을 타기 시작한 순간이었다.

――――― 바레이드가 처음 공개한 맵은 널찍한 북유럽 산림 아레나였다. 이 아레나에는 폐허와 장애물, 퍼즐, 숨겨진 상자가 가득하고, 플레이어는 숲 한가운데서 스폰된다. 바레이드는 이런 맵 스타일이 인기를 끌 것이라 생각했고, 최초의 맵을 만든 사람이 되고 싶었다. 바레이드는 "빨리 만들고 싶었다."라고 밝혔다.

――――― 바레이드는 이전부터 플레이어와 플레이어가 겨루는 맵을 좋아했으며, 승자가 독식하는 무정부 서버에서 친구들과 함께 놀고 있었다. 바레이드는 "무정부 형태를 정말 좋아했지만, 사람들이 금방 지루해하거나 치트를 쓰는 등의 이유로 지속 가능한 플레이는 불가능했다."라고 밝혔다. 헝거 게임에서 아이디어를 얻어 만든 포맷은 무정부 서버의 아수라장과 구조화의 필요성 사이에서 좋은 절충안이 됐다.

――――― 서버에서 팀 바레이드의 맵을 활용하고 게임 방을 만들기까지 하면서 이 맵은 유튜브와 포럼에서 재빠르게 대유행이 됐다. 서바이벌 게임 커뮤니티에 붐을 일으켰고, MCGamer가 제작한 커뮤니티에서는 이 아이디어에 살을 붙여서 변종 맵을 만들었다. 일부 변종에서는 경기가 늘어지는 것을 방지하기 위해서 일정 시간을 카운트다운 한 뒤 플레이어들을 더 작은 경기장으로 순간이동 시키기도 했다. 또 어떤 변종에서는 제한된 용도로 활용할 수 있는 나침반을 플레이어에게 제공하거나 랜덤으로 보물 상자를 배치했다. 게임 규모는 맵마다 달랐다. 12명부터 100명까지 수용할 수 있는 맵도 있지만, 바레이드가 만든 맵은 24명이 적정 인원이었다.

"두 번째 맵에서는 건축에 전력을 기울여서 우리가 만들 수 있는 최고의 맵을 만들려고 노력했다."

데니스 바레이드, 마인크래프트 서바이벌 게임 맵메이커

■

01 / 서바이벌 게임 맵
마인크래프트 서바이벌
게임 맵의 스크린숏.

――――― 팀 바레이드는 서바이벌 게임 컨셉에 살을 붙이려는 노력도 기울였다. 바레이드는 "두 번째 맵에서는 건축에 전력을 기울여서 우리가 만들 수 있는 최고의 맵을 만들려고 노력했다."라며, "그전에는 《더 라스트 오브 어스》 같은 것을 만들 생각이었다. 영화 《나는 전설이다》에서 영감을 받아, 오랫동안 방치된 아포칼립스 시대의 도시를 만들려고 했다."라고 밝혔다. 하지만 이런 맵은 플레이어에게 너무 컸기 때문에 바레이드는 규모를 축소해서 맵을 만들었다. 바레이드는 "내가 만든 맵 중 네 번째 맵이 가장 인기 있었다. 규모를 축소했고, 멋진 건물보다는 게임플레이 측면에 더 집중했다."라고 덧붙였다. 바레이드는 네 번째 서바이벌 게임을 만들고 나서 세계에서 열 손가락 안에 드는 마인크래프트 커뮤니티인 하이브 서버 전용 맵을 만들기 시작했다. 마인크래프트 서바이벌 게임 현상은 《배틀그라운드》나 《포트나이트》 같은 배틀 로얄 전문 비디오 게임의 등장보다 몇 년 앞섰다. 배틀 로얄 장르에 마인크래프트가 끼친 영향력을 무시할 수 없는 셈이다.

02 / 렌더
배틀 로얄 장면. 서바이벌
게임 맵에서 플레이어가
접할 수 있는 전투들을
볼 수 있다.

01

블록 바이 블록

기관이 마인크래프트를 활용하여 지역사회를
발전시킨 방법

2012년에 출범한 블록 바이 블록(Block by Block)은 마인크래프트를 도시 재생 도구로 이용하는 자선 단체다. 유엔 해비타트의 지속 가능한 도시 개발 네트워크와 협력 관계를 맺고 운영 중인 블록 바이 블록은 스웨덴에서 시작해서 현재는 방글라데시, 베트남 등 30여 개국에서 워크숍을 열고 기금 지원을 하고 있다. 부 부이 모장 최고 미디어 책임자 및 블록 바이 블록 의장은 "참여를 위해 지역사회에 있는 사람들을 초청한다. 일반적으로 이런 대화에 관여하지 못하는 계층인 청소년과 여성의 목소리를 귀담아듣고 있다."라고 말한다.

———— 블록 바이 블록 참여자는 마인크래프트를 이용하여 자신이 거주하는 동네를 재설계한다. 그런 다음 이미지와 동영상을 캡처하여 지역 원로나 지방 정부 같은 의사 결정권자에게 제공한다. 마인크래프트를 이용하면 지역 주민과 전문 도시 계획 설계자, 건축가가 모두 접근하기 쉬운 플랫폼이 생긴다. 이를 통해 건축 컨셉을 탐구하고 논의를 촉진시킬 수 있다. 이는 지역 주민과 전문 도시 계획 설계자, 건축가 간의 이해를 높이는 데 도움이 된다.

"14살에 이런 경험을 하고 권한을 받으면 어떻게 될지 상상해 보라. 이를 통해 그녀는 어떤 사람이 될까?"

리디아 윈터스, 모장 최고 스토리텔러

01 / 로고 및 사진
블록 바이 블록 로고와
세계 곳곳에서 활동한
사진.

COPYRIGHT © BLOCK BY BLOCK

———— 모장은 마인크래프트의 단순함 덕분에 도시 계획에 대한 경험도, 컴퓨터에 대한 경험도 별로 없는 사람들이 도시 계획에 참여할 수 있다는 사실을 발견했다. 부이는 "우리가 아이티로 갔을 때 그곳에는 살면서 컴퓨터를 한 번도 해 본 적 없는 70대 어부들이 있었다."라며, "1시간 만에 그들은 매일 물고기를 들여오는 부두를 건축하고 있었다."라고 회상한다. 마인크래프트는 펜과 종이로 계획할 때 주로 발생하는 문제, 즉 결과를 시각화하기 어렵다는 점을 해결해 줬다. 게임에서는 동시에 여러 사람들이 공간을 설계하고 둘러 볼 수 있다.

———— 16단계로 구성된 마인크래프트의 밝기 시스템은 공공 안전을 염두에 두고 도시 환경을 설계할 때에도 매우 유용하게 쓰였다. 밝기 시스템이 이러한 목적을 염두에 두고 만들어진 것은 아니지만, 강도의 위험이 높은 고립된 지역을 디자이너가 식별하는 데에 도움을 줬다. 부이는 "대부분의 경우에서 안전을 확보하는 최선의 방법은 밝게 만드는 것이다."라고 덧붙였다.

———— 전직 교사였던 모장의 최고 스토리텔러 리디아 윈터스는 컴퓨터 게임을 디자인 플랫폼으로 활용하면 어린 사람들이, 상대적으로 기술에 익숙하지 않은 웃어른과 동등한 위치에서 논의할 수 있는 기회가 생긴다고 덧붙인다. 윈터스는 아이티에서 블록 바이 블록 프로젝트를 진행할 당시 14세 소녀가 발표한 내용을 이렇게 회상한다. "내가 블록 바이 블록을 좋아하는 이유는 학생이 갑자기 전문가가 될 수 있기 때문이다." 리디아 윈터스는 이러한 워크숍이 젊은 여성들이 이전에는 생각해 보지 못했던 장래희망에 대해 생각해 볼 수 있는 기회가 되기를 바란다고 전했다. "14살에 이런 경험을 하고 권한을 받으면 어떻게 될지 상상해 보라. 이를 통해 그녀는 어떤 사람이 될까?"

03

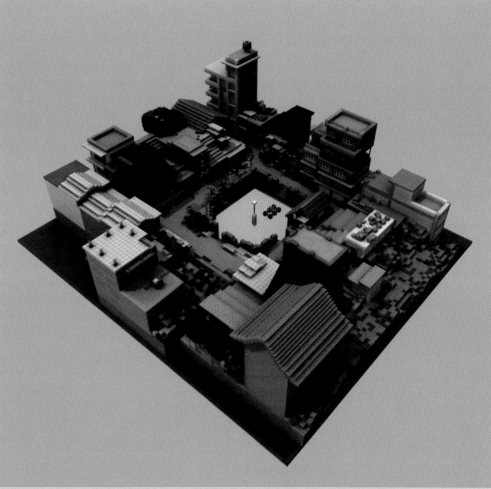

02

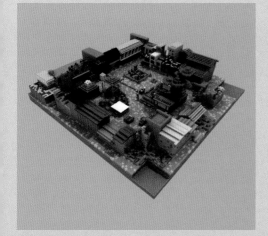

04

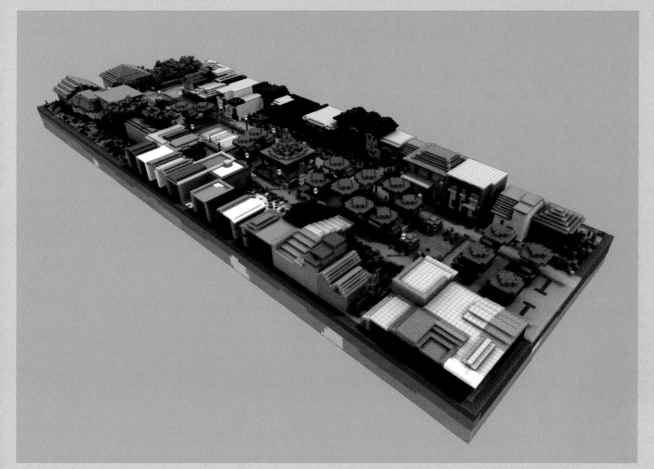

▪▪▪

02 / 네팔
블록 바이 블록에서
데이 뿌꾸 프로젝트를
진행할 때 작업한 네팔의
오래된 사원을 3차원으로
렌더링 한 모습.

03 / 네팔
데이 뿌꾸 프로젝트에서는
사원 외에 2015년에
강진을 겪은 주민이
깨끗한 물을 이용할 수
있는 공원도 설계했다.

04 / 인도네시아
인도네시아 동부 자바
지역의 공공장소 설계
프로젝트는 블록 바이
블록 방법론의 시험대였다.

명령어와 크리퍼

꽤 무서운 업데이트와 명령 블록, 이 둘이
게임을 바꾼 과정

2012년 10월 25일에 선보인 꽤 무서운(The Pretty Scary) 업데이트에서
는 마인크래프트를 공포 게임과 연관 지었다. 옌스 베리엔스텐은 "나는
마인크래프트를 하워드 필립스 러브크래프트(판타지 작가)와 비교하곤
하는데, 위더 같은 몹을 추가했을 때 나는 확실히 그 방향을 지지했다."라
고 밝혔다. 위더는 무시무시하기 그지없다. 플레이어가 직접 만들어야 해
서 더더욱 그렇다. 영혼 모래 블록 4개를 ┬자로 쌓고 그 위에 해골을 설치하면 공중을
떠다니면서 자신의 머리를 플레이어에게 날리는 몬스터가 소환된다.

──── 베리엔스텐은 각각의 몹보다는 몹들의 기원이 불분명한 데서 마인크래프트의
으스스함이 비롯된다고 생각한다. 베리엔스텐은 "이는 마인크래프트 전반에 있는 몬스
터의 미스터리다. 몹이 밤에 나타나는 이유는 무엇이고, 몹은 원하는 것은 무엇인가? 이
것이 공포감을 조성한다."라고 덧붙였다. 베리엔스텐은 게임 분위기를 러브크래프트 외
에 핀란드 출신 작가 토브 얀손의 동화책 《무민》과도 비교한다. "전반적으로 조금씩 우
울하다. 고난을 극복해 내는 것과 숲 속에는 미스터리가 있다는 것이 스웨덴인과 핀란
드인의 사고방식이라 생각한다."

──── 꽤 무서운 업데이트에서 추가된 기능이 무시무시하기만 했던 것은 아니었
다. 이번 업데이트를 거치면서 크리에이티브 모드에는 명령 블록이 추가됐다. 명령 블
록은 치트 사용자나 서버 운영자가 명령어를 사용하여 원하는 대로 프로그래밍을 할 수
있는 블록이다. 명령어는 플레이어가 대화 창에 입력할 수 있는 문자열로, 실행하면 게
임 내 다양한 요소를 건드릴 수 있다(메인 메뉴상에 치트 옵션이 켜져 있는 플레이어
만 명령어를 실행할 수 있다). "/alwaysday"를 입력하면 영원히 해가 지지 않게 만들
수 있고, "/spreadplayers"를 입력하면 모든 플레이어를 임의의 위치로 순간이동 시
킬 수 있는 식이다.

──── 명령 블록을 이용하면 상호작용 시, 레드스톤 신호 전송 시 또는 일정한 간격
을 두고 자동으로 이러한 명령어를 실행하게 설정할 수 있다. 명령 블록들을 연속적으로
설치해서 명령어를 연결할 수도 있다. 이는 수많은 미니게임, 복잡한 모험 모드 던전 장

──

01 / 발표용 삽화
꽤 무서운 업데이트 출시를 맞아 제작된 아트워크. 새로운
기능과 게임에 생긴 변화를 보여 준다.

02 / 렌더
꽤 무서운 업데이트를 만난 플레이어들은 공동묘지, 유령의 집
등 공포 주제의 건축물을 만들었다.

애물, 불가능해 보이는 기계 따위의 기초가 된다. 기상천외한 레드스톤 기계들도 마인크
래프트 세계에 존재하는 만큼, 명령 블록을 이용하면 날씨를 변경하고, 몹이 서로의 등
에 업혀 있게 만드는 등 세계를 완전히 바꿀 수 있다. 유사한 기능을 하는 모드 도구보
다 배우기는 훨씬 쉬운데도 말이다. 게임 개발자 및 자바 에디션 기술 수석인 미하엘 "서
지" 슈토이케는 명령 블록에 대해 "근본적으로 모드를 사용하지 않고도 마인크래프트를
보다 쉽게 개조할 수 있도록 만들어서 커뮤니티의 참여를 높이고 있다."라고 설명했다.

──── 명령 블록은 광범위하게 사용되고 있다. 드로퍼 맵 제작자 비그레는 명령 블
록이 맵메이커에게 "엄청난 발전"이라고 표현했다. 비그레는 디멘션 점퍼 맵에서 명령
블록을 이용하여 세계 꼭대기로 순간이동 시켰다. 미국 인터넷 방송인이자 개발자인
SethBling은 마인크래프트 내에서 다른 비디오게임을 재현하기 위해 레드스톤과 명령
어를 조합하여 "모드 없는 모딩" 분야에서 경력을 쌓았다. 미하엘 슈토이케는 "Seth-
Bling은 언제나 자신의 작품으로 모두의 마음을 사로잡았다."라며, "명령어가 지금처
럼 강력해지기 전에 그는 팀 포트리스 미니게임을 온전히 구현해 냈다."라고 평가했다.

──── 모장에서는 수년간 다양한 명령어를 만들어 왔고, 명령 블록의 활용도는 더욱
무궁무진해졌다. 슈토이케는 오늘날의 명령 블록에 대해 "어떨 때는 모드를 적용한 마인
크래프트와 명령 블록을 사용한 마인크래프트를 구분하기가 어려워졌다."라고 밝혔다.

오트크래프트의 등장

신경 발달 장애가 있는 사람들을 위한 마인크래프트 서버,
오트크래프트의 개발

오트크래프트(Autcraft)는 자폐증 등 신경 발달 장애인을 위해 초대를 통해서만 접속할 수 있는 마인크래프트 서버다. 이 서버는 2013년에 설립되어 AutismFather라는 별명으로 활동 중인 스튜어트 덩컨(Stuart Duncan)이 운영하고 있다. 덩컨은 자폐가 있는 아들과 함께 마인크래프트를 플레이한 경험에서 아이디어를 얻어 서버를 연 이후 본인도 자폐증 진단을 받았다. 오트크래프트 회원은 각양각색이지만, 공통점이 하나 있는데 그것은 바로 비슷한 방식으로 세상을 경험하는 사람들과 이어지고 싶어 한다는 것이다. 덩컨은 "모든 사람이 괴롭힘이나 놀림을 받아서 참여하는 것은 아니지만, 거의 모든 사람들은 외로움을 느껴서 참여한다."라며, "누구도 자신을 이해하지 못한다고 느낀다."라고 밝혔다.

———— 오트크래프트는 이러한 플레이어와 이들이 만든 창작물을 안전하게 지키기 위해서 존재한다. 플레이어가 다른 플레이어의 구조물을 파괴하거나 대화에서 비속어를 사용하지 못하도록 이 서버에서는 특수 모드를 사용하고 있다. 덩컨은 오트크래프트를 처음 만들 때부터 서버를 계속 운영하기 위해 수많은 컴퓨터 관련 지식들을 독학했다. 비언어성 학습장애를 가진 플레이어부터 해리성 정체감 장애를 보유한 사람들에 이르기까지 의사소통 욕구가 매우 상이한 사람들과 대화하는 방법도 새롭게 배우고 있다.

———— 덩컨처럼 컴퓨터 전문 지식과 돌봄 경험이 있는 사람들은 찾기 어렵기 때문에 덩컨은 휴가 낼 틈도 없이 일 년 내내 바쁘게 일하고 있다. 그러나 덩컨은 커뮤니티를 통해 자원봉사자를 구했다. 자원봉사자들은 서버가 계속 운영될 수 있도록 서버를 지원하고 자발적으로 자신의 시간을 바치고 있다. 덩컨은 괴롭힘이나 차별을 받은 플레이어와 대화를 할 때면 서버의 존재가 슬프다는 생각도 한다. 덩컨은 "오트크래프트를 자랑스럽게 여기지만, 애초에 만들 일이 없었으면 정말 좋겠다."라며, "피해자를 다른 사람들과 격리해서 한 곳에 모아 두면 안 된다. 어디론가 가야 할 사람은 괴롭힘과 놀림의 가해자여야 한다."라고 밝혔다. 하지만 덩컨은 이 사람들에게 안전한 장소가 반드시 필요함을 누구보다도 잘 알고 있고, 날마다 서버에서 플레이어들이 하는 공감 행동을 보며 기쁨을 느끼고 있다.

———— 덩컨은 비장애인이 이용하는 마인크래프트 서버가 커뮤니티에 의해 만들어지는 것처럼, 오트크래프트를 만드는 것도 커뮤니티라고 강조한다. 덩컨은 "사람들이 선한 행동을 하도록 초석을 다지고 규칙을 세운다."라며, "사람들이 미니게임을 얼마나 잘하는지보다 친절함과 적극성에 대해 보상한다. 이는 분위기 조성에 도움이 된다. 여기 있는 아이들이 자폐인에 관한 오래된 편견처럼 진짜 산만하고 반사회적이었다면, 이 모든 것이 중요하지 않았을 것이다. 이토록 멋진 곳이 될 수 없었을 것이다."라고 덧붙였다.

01 / 오트크래프트 서버
서버를 찾은 플레이어를 반갑게 맞이하는 오트크래프트의 로비.

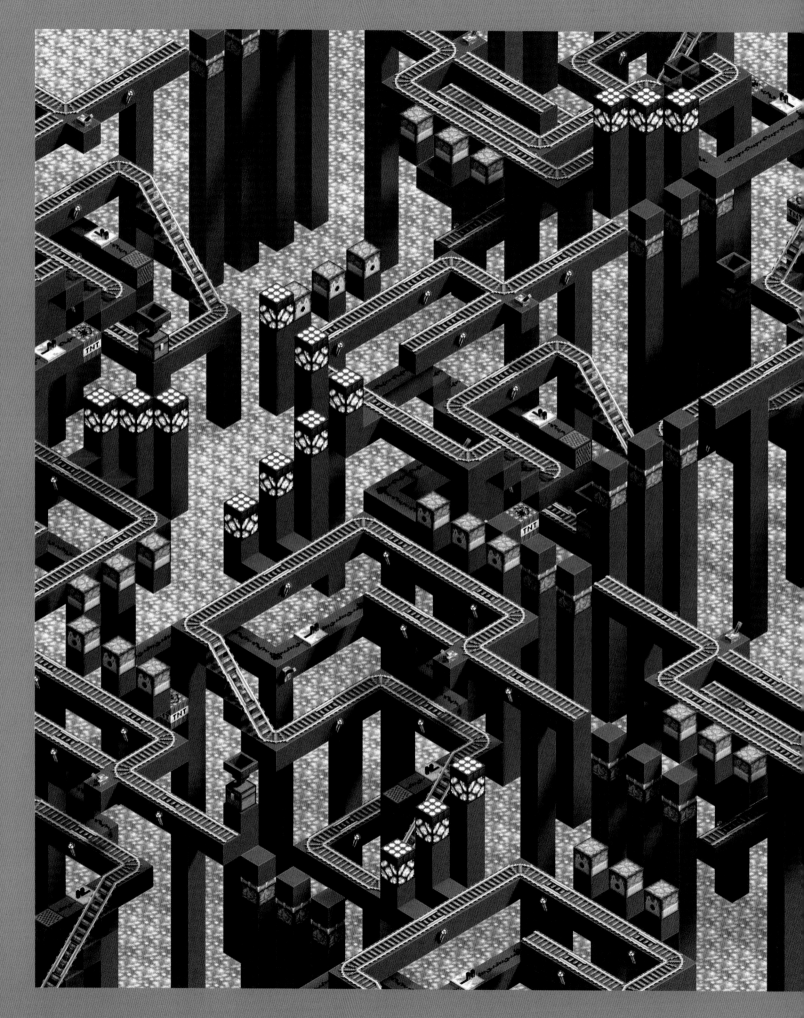

제8장

- 자동화의 시대
- 미니게임 서버
- 뮤비 패러디 시대

———— 마인크래프트가 탄생한 이래로, 블록 단위로 작업해야 하는 게임인 마인크래프트와 작업을 자동화해서 수고를 덜려는 여러 플레이어의 욕구 사이에 충돌이 계속되어 왔다. 노치가 경작지를 추가하자, 플레이어들은 작물을 하나하나 수확하는 대신에 농장에 물을 붓고 한 곳에서 쓸어 모으는 방법을 찾았다. 노치가 동물을 번식할 수 있게 만들자, 플레이어들은 체계적으로 닭을 부화시키고 키우고 도축하고 조리할 수 있는 계란 깨기 기계를 만들었다.

———— 모장에서 근무하는 사람들은 이처럼 기발한 엔지니어링의 산물을 보고 감탄했다. 미하엘 "서지" 슈토이케는 "우리는 마인크래프트에서 자동화를 과하게 하지 않는다. 플레이어가 게임과 계속 상호작용 하기를 바라기 때문이다. 그래도 개인적으로는 자동화와 관련된 분야를 정말 좋아한다."라고 밝혔다. 모장은 2013년 3월에 출시된 레드스톤 업데이트를 통해 기계를 좋아하는 마인크래프트 유저들이 가지고 놀 수 있는 도구들을 선사했다.

자동화의 시대

마인크래프트 커뮤니티에서 레드스톤의 쓰임새를
넓힌 방법

레드스톤 업데이트가 나오면서 새로운 도구와 모드, 플레이어의 창작물이 등장했다. 이번 업데이트에서 등장한 블록 가운데 가장 쓰임이 많은 블록은 호퍼와 공급기였다. 호퍼는 바로 위에 있는 아이템을 모아서 상자로 전달한다. 공급기는 레드스톤 신호 전송 시 아이템을 방출한다. 활성화 레일을 이용해서 철도를 만들면 호퍼의 아이템 수집을 시작하거나 중단할 수 있어, 한 곳에 있는 섞여 있는 자원들을 분류해 주는 기초적인 컨베이어 라인을 만들 수 있다. 사용하기는 어렵지만 쓰임새가 많은 도구인 레드스톤 비교기도 레드스톤 업데이트에서 도입됐다. 비교기는 특정 조건에 따라 레드스톤 신호를 내보낸다. 예를 들어 비교기를 이용하면 어떤 상자가 가득 찼는지 아닌지를 구분할 수 있다. 이를 통해 플레이어는 고도로 자동화된 창고를 만들 수 있다.

――― 이 같은 도구는 지난 몇 년 동안 마인크래프트라는 게임 안에서 독창적인 장치들을 발명해 온 모더들의 작업물을 보완했다. 대표적으로 Eloraam의 산업 주제 모드인 레드파워(RedPower)가 있다. 유튜버 및 모드팩 제작자 다이어울프20은 입이 닳도록 이 모드를 칭찬한다. 다이어울프20은 "이 모드에는 벽면에 직접적으로 설치하고 모서리 주위에도 설치할 수 있는 전선이 있는데, 일반적인 레드스톤으로는 할 수 없는 일이다."라며, "레드파워의 레드스톤은 지붕을 통과할 수 있고, 다른 컴포넌트에 연결할 수 있다. 그리고 레드스톤 케이블 묶음도 있기 때문에 레드스톤 회로를 여러 개의 채널과 다양한 색상으로 구성할 수 있다. 주황색 전선 옆에 파란색 전선을 설치할 수 있고, 두 전선은 색깔이 다르기 때문에 서로 연결되지는 않는다. 덕분에 훨씬 콤팩트한 빌드를 만들 수 있게 됐다."라고 밝혔다.

――― 소형화는 레드스톤 맵메이커에게 숙명이다. 게임에서 수제 컴퓨터를 만들려는 맵메이커에게는 더더욱 그렇다. 자칫 1천 개가 넘는 블록을 설치해야 할 수도 있기 때문이다. 다이어울프는 슈퍼 서킷 메이커(Super Circuit Maker) 모드를 좋아한다. 레드스톤 회로를 하나의 블록으로 축소할 수 있기 때문이다. 다이어울프는 "모장이 추가한 레드스톤 중계기, 비교기, 호퍼는 모두 좋은 도구"라며, "(이와 동시에) 모드는 레드스톤의 용도와 이론적으로 할 수 있는 일을 대폭 늘려줬다"라고 덧붙였다.

――― 레드스톤으로 유명해진 사람들 중에는 사이먼 콜린스 라플람(Simon Collins-Laflamme)과 필립 투셰트(Philippe Touchette)도 있다. 콜린스 라플람과 투셰트는 2012년 6월부터 유튜브에서 하이픽셀(Hypixel)이라는 채널명으로 맵을 공개하기 시작했다. 둘은 여타 레드스톤 사용자처럼 코딩에 관한 배경 지식이 없어도 된다는 레드스톤의 매력에 푹 빠졌다. 콜린스 라플람은 "프로그래밍도 못하고 게임 디자인도 못하고 기초가 아예 없었기 때문에 콘텐츠를 만들려는 우리에게 레드스톤은 더할 나위 없는 기회였다"라고 밝혔다. 레드스톤으로 거대한 '뱀과 사다리' 보드게임을 만들어 하이픽셀 채널에 공개하자 순식간에 화제가 됐다.

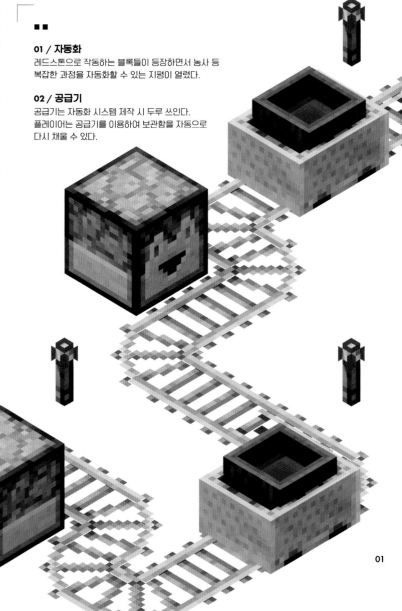

01 / 자동화
레드스톤으로 작동하는 블록들이 등장하면서 농사 등 복잡한 과정을 자동화할 수 있는 지평이 열렸다.

02 / 공급기
공급기는 자동화 시스템 제작 시 두루 쓰인다. 플레이어는 공급기를 이용하여 보관함을 자동으로 다시 채울 수 있다.

01

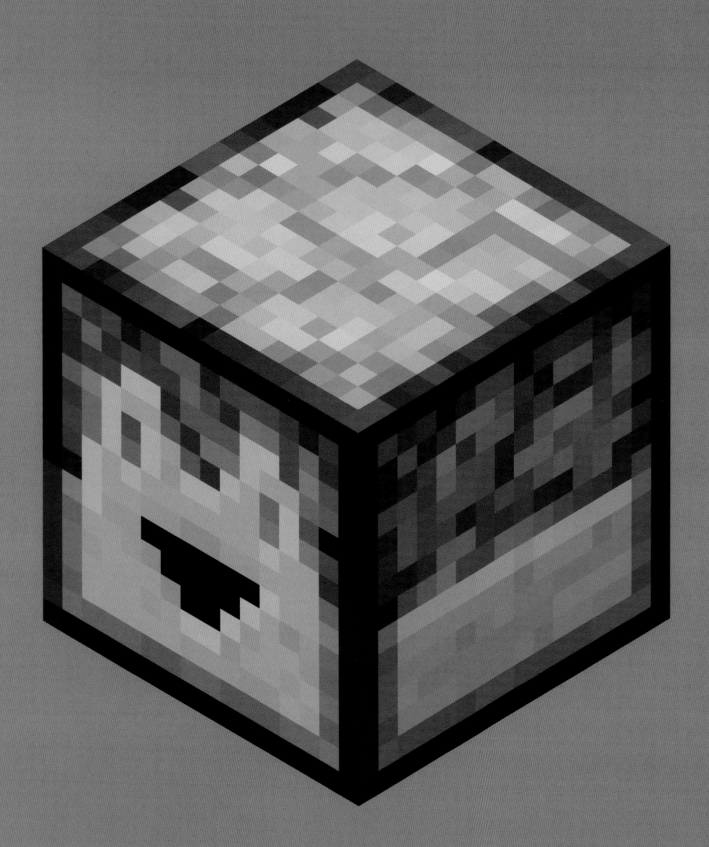

미니게임 서버

미니게임 열풍에 올라탄 하이픽셀과 마인크래프트 렐름이
받은 영향

뱀과 사다리 맵이 선풍적인 인기를 끌자, 하이픽셀은 경쟁형 클래식 미니게임인 '더 월(The Walls)'도 만들었다. 이 미니게임에서 플레이어는 절반으로 갈라진 경기장에서 갑옷을 차려입고 무기를 제작한 다음, 경기장을 가르고 있는 대형 모래 바리케이드가 사라지면 전투를 시작하게 된다. 하이픽셀은 레드스톤을 활용하고 코드를 수정해서 몹을 물리치면 특별한 전리품을 획득할 수 있는 퀘스트 맵으로 만들었다.

─────── 2명으로 구성된 하이픽셀 팀이 처음부터 잘 나갔던 것은 아니다. 2013년 4월까지만 해도 이렇다 할 성과가 없었다. 사이먼 콜린스 라플람은 "구글 광고와 약간의 후원 덕분에 살아남았지만, 그 시점에는 (번 돈으로) 집세를 간신히 낼 정도였다."라고 밝혔다. 두 사람은 도박수를 한 번 두기로 했다. 직접 마인크래프트 서버를 개설하고 유튜브에서 하이픽셀을 유명하게 만들어 준 게임들을 사람들이 플레이할 수 있게 만들었다. 자체 상점에서 특별한 게임 내 아이템을 판매하기 시작하면서 하이픽셀은 운영 자금을 마련할 수 있었고 곧바로 적자에서 벗어났다. 콜린스 라플람은 "서버를 연 지 얼마 안 됐는데 서버는 날마다 만원이었다."라고 밝혔다.

"게임 시간이 3분에 불과한 모드를 만들 수 있다. 그러면 플레이어들이 훨씬 신속하고 더욱 효율적으로 게임에 들어왔다가 나갈 수 있다."

아론 도너기, 하이픽셀 최고 운영 책임자

─────── 하이픽셀은 복잡하게 서버를 개설하지 않고도 커스텀 맵을 체험해 보고 싶어 하는 수많은 플레이어를 연결해 줬다. 하지만 진정한 성공의 주역은 더 월 같은 미니게임이었다. 콜린스 라플람과 투세트가 전에 만들었던 스토리 탈출맵에 비하면 미니게임은 금방 만들 수 있었다. 다크 워터 스튜디오에서 게임 디자이너로 근무하다가 2015년에 하이픽셀의 최고 운영 책임자가 된 아론 도너기(Aaron Donaghey)는 "게임 시간이 3분에 불과한 모드를 만들 수 있다."라며 "그러면 플레이어들이 훨씬 신속하고 더욱 효율적으로 게임에 들어왔다가 나갈 수 있다."라고 밝혔다.

─────── 하이픽셀은 날이 갈수록 세를 불렸다. 최대 히트작은 블로킹 데드와 베드워즈다. 블로킹 데드는 반복되는 좀비의 파상 공격을 이겨내야 하는 미니게임이다. 베드워즈는 시수마보이드의 커스텀 맵 러시(Rush)를 수정한 미니게임으로, 플레이어가 다른 플레이어의 침대를 파괴해서 상대가 리스폰할 수 없도록 막아야 한다. 2017년 1월에는 개발 중인 게임과 기능을 플레이어가 체험해 볼 수 있는 프로토타입 로비를 도입했다. 콜린스 라플람은 "우리의 역작이자, 제일 인기 있는 게임들은 이 로비에서 탄생했

01 / 로고 및 스크린
하이픽셀 로고 및 서버
내부 모습. PvP 아레나 등
여러 가지 미니게임이 몇
년에 걸쳐서 추가됐다.

02 / 발표용 삽화
하이픽셀에서 스카이블록
업데이트를 발표하기 위해
제작한 삽화. 거미굴을
보여 주고 있다.

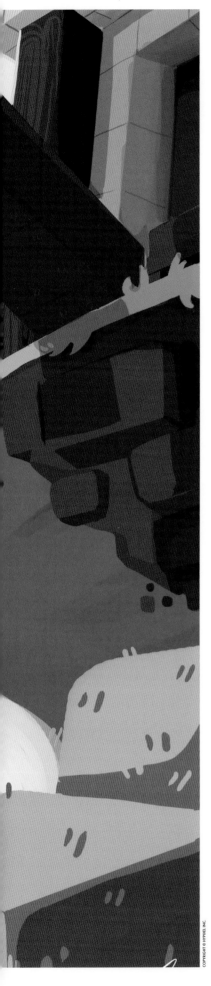

01

뮤비 패러디 시대

마인크래프트 뮤직 패러디와 그 인기의
흥망성쇠

유튜버가 마인크래프트를 영화 세트장으로 쓰기 시작하면서 뮤직 비디오 녹화장으로 쓰는 것은 시간문제가 됐다. 유명한 노래를 패러디한 뮤직 비디오가 선풍적인 인기를 끌었다. 대표적인 사례는 캡틴스파클즈의 Revenge다. 어셔의 'DJ Got Us Fallin' In Love.'를 개사해서 불렀다. 리디아 윈터스 모장 최고 스토리텔러는 "캡틴스파클즈는 최초로 뮤직 비디오를 패러디하고 제일 크게 성공한 인물이다"라고 표현했다. 급기야 패러디 영상의 조회수는 어셔 공식 채널에 올라온 원본의 조회수를 넘어섰다.

――――― 모장은 유튜브에서 퍼지는 서브컬처를 긍정적으로 바라봤다. 마인콘 2013에서는 패러디 동영상 제작자를 초청하기도 했다. 하지만 인기는 오래가지 못했다. 패러디 동영상 제작자가 많아지자, 패러디를 저작권 침해로 여기던 음악 유통사들이 관심을 가지기 시작했다. 루이스 브린들리 요그스캐스트 운영자는 "레이디 가가는 우리가 'Born This Way'를 커버한 'From This Way'를 정말 좋아한다고 트윗했는데도 음반사에서는 동조하지 않고 우호적으로 나오지 않았다!"라고 밝혔다. 브린들리는 마인크래프트와 무관한 애니메이션 노래로 생긴 문제를 떠올리며 "YMCA를 패러디한 MILK에서 엄청난 문제가 생겨서 결국 막대한 배상금을 냈다."라고 덧붙였다.

――――― 루이스 브린들리는 마인크래프트 패러디가 지닌 문제점에 대해 원작을 풍자하거나 조롱해야만 패러디로 인정되기 때문에 대다수의 동영상은 실제로 패러디로 볼 수 없다는 점에서 기인한다고 생각한다. 브린들리는 "음악 회사가 상황을 인식하자, 음악 유통사에서는 노래에 대한 소유권을 주장하기 시작했다. 기초적인 수준에서는 동영상에서 발생하는 수익 전부를 가져가는 것을 의미했지만, 몇몇은 더 나아가 영향을 받은 채널에 대해서 저작권 위반 경고나 게시중단을 요청하고 벌금이나 배상금을 요구하는 법적 조치를 개시했다. 이 같은 조치는 우리에게 정말 스트레스였다. 특히 채널에 경고가 3회 누적되면 유튜브에서 채널이 영구적으로 정지되기 때문이다."라고 설명했다.

――――― 부 부이 모장 최고 미디어 책임자는 이제 저작권자가 예전만큼 엄격하게 행동하지 않는다고 생각한다. 부이는 "게시중단을 시작한 초반에는 무척 가혹했다."라고 밝혔다. 하지만 동영상 제작자들은 저작권이 있는 콘텐츠를 피하는 방법을 배웠다. "하위 장르가 사실상 멸종됐다. 각고의 노력을 기울였는데, 게시중단이 되어버린다면 6개월이 허송세월이 될 수도 있기 때문이다."

――――― 지금도 마인크래프트로 뮤직 비디오를 만드는 사람들은 많지만, 부이는 사람들이 시대를 풍미하는 팝송을 그대로 가져다 쓰지 않는다는 점에 주목한다. 부이는 "패러디는 한 물 갔다."라며, "그래도 많은 사람들이 게임에서 소리 블록으로 원곡을 연주하고 있다."라고 밝혔다. 그러나 리디아 윈터스는 아쉬워한다. 지금도 어셔와 캡틴스파클즈가 현실에서 듀엣을 하는 꿈을 꾸고 있기 때문이다. 윈터스는 "하지만 오늘날 어린 이들은 '캡틴스파클즈는 누구고, 어셔는 또 누구예요?'라고 말할 것 같다."라고 밝혔다.

01 / 렌더
주로 애니메이션 형식으로 제작된 뮤직 비디오 패러디는 많은 인기를 끌었다. 게임을 창의적으로 활용한 좋은 예시다.

제9장

- **생물 군계의 다변화**
- **마인크래프트 스피드런**
- **EULA 위기**

———— 2013년 10월 25일에는 세상을 바꾼 업데이트가 출시됐다. 마인크래프트 속 등산가들과 식물학자에게는 연애편지와도 같은 업데이트였다. 이번 업데이트는 웅웅거리는 기계음이 들리는 듯한 레드스톤 업데이트 이후 다시 자연 세계로 돌아가는 업데이트였다. 이번 업데이트에서 신규 생물 군계만 11개가 추가됐다. 단단한 점토와 붉은 사암으로 구성된 메사, 파란색 난초, 모란, 라일락 등 아름다운 신규 식물이 빼곡한 숲이 등장했다.

———— 세상을 바꾼 업데이트에서는 생물 군계 외에도 다양한 기능이 도입됐다. 플레이어의 자율성도 확대됐는데, 대표적으로 네더 차원문을 다양한 형태와 크기로 만들 수 있게 됐다.

생물 군계의 다변화

마인크래프트에 생물 군계가 추가되면서 탐험에 대한
커뮤니티의 관심이 커진 과정

블록에 기반을 둔 마인크래프트의 전반적인 생김새는 10년이 지나도록 변치 않은 반면에, 세계를 구성하는 지형 생성기는 때로는 미묘하게 때로는 화끈하게 지속적으로 발전해 왔다. 특히 생물 군계가 바뀔 때마다 지형 생성기는 크게 바뀌었다. 옌스 "젭" 베리엔스텐 모장 최고 크리에이티브 책임자는 "자바가 베타이던 시절에는 습도와 온도에 따라서 생물 군계가 결정됐다."라며, "온습도의 조합이 각 지역에 생성될 생물 군계를 결정했다. 생물 군계는 더욱 매끄럽게 연결됐고, 매우 흥미로웠다. 저 언덕 너머에 무엇이 나올지 전혀 알 수 없었다. 놀라움의 연속이었다."라고 설명했다.

——— 하지만 노치가 새로운 지형지물을 추가하면서 옌스 베리엔스텐은 예측할 수 있는 방향으로 생성기를 만들어야 했다. 옌스 베리엔스텐은 "2011년, 노치는 새로운 시스템을 제시했다. 노치는 지형을 더 건드리고 싶었고 생물 군계를 더 만들고 싶었기 때문이다."라며, "노치는 단순히 온도 값을 추가하지 않았다. 새로운 컨트롤 요소가 필요했다. 그래서 노치는 당시에 레이어 시스템이라고 부르던 것을 만들었다. 각각의 생물 군계를 사전에 디자인했다. 높이, 지형, 그 생물 군계에서 찾을 수 있는 것 등이 있었다. 그러면 시스템은 논리적인 방식으로 생물 군계를 다른 생물 군계 옆에 배치하기만 하면 됐다. 이를 통해 우리는 더욱 구체적으로 생물 군계를 배치할 수 있었다. 언제나 하나의 생물 군계를 다른 생물 군계가 감싸는 형태로 만들 수 있었다."라고 덧붙였다.

——— 이 같은 변화에는 분명한 장단점이 있었다. 미하엘 "서지" 슈토이케 게임 개발자 및 자바 에디션 기술 수석은 "베타 기간에는 생물 군계가 도입됐을 때 큰 변화가 있었다. 자연환경은 이전보다 다양해졌지만, 조금은 지루해진 면도 있었다."라고 밝혔다. 커뮤니티도 이 사실을 알아차렸다. 생물 군계의 가짓수가 늘어남과 동시에 마인크래프트 세계의 자연성이 줄어들면서 모더들 사이에서는 새로운 생물 군계를 디자인하는 것이 인기 있는 취미가 됐다. 이 분야에서 대표적인 인물은 바이옴 오 플렌티(Biomes O' Plenty) 모드의 원작자인 매트 "포스트라이드" 코헤이(Matt "Forstride" Caughey)다. 바이옴 오 플렌티는 라벤더 들판, 활화산 등 특이한 지역들이 게임에 추가되는 모드다.

——— 코헤이는 "몇 년에 걸쳐서 마인크래프트 자체가 발전하고 품질이 개선되었듯이 모드도 개선되었다. 여러 명의 프로그래머, 아티스트, 디자이너, 심지어는 작곡가로 구성된 팀에서 모드를 만드는 경우도 많다."라고 밝혔다. 코헤이는 한 게임의 모더에서 하나의 게임을 만드는 개발자로 도약하기도 했다. 코헤이가 제작한 《스프라우트 오브 라이프》는 아름답고 자연적이고 계절적인 환경에서 펼쳐지는 액션 어드벤처 게임이다.

——— 다른 모드 제작자들처럼 바이오 오 플렌티 팀(Ted80, Amnet, gamax92 등으로 구성되어 있다)도 모드가 발전하는 게임과 계속 호환되도록 공들였다. 코헤이와 현재 공동 개발자로 활약 중인 Adubbz는 테라블렌더(TerraBlender)라는 특수 프로그램

01 / 화면
마인크래프트 속 정글과
메사, 산 생물 군계의
스크린숏.

02 / 렌더
정글 생물 군계를 자세히
나타낸 렌더.

을 제작했다. 이 프로그램은 바이오 오 플렌티의 지형지물을 모장에서 만든 생물 군계와 겹치지 않고 마인크래프트에 끼워 넣어 준다. 바이오 오 플렌티가 마인크래프트와 어우러지게 만드는 것은 코헤이에게 매우 중요한 일이다. 코헤이는 "모드 개발에 관해서 내가 정한 주요 목표 중 하나는 순정 버전의 게임을 하는 듯한 편안함을 느낄 수 있게 만드는 것이다."라며, "최근에는 본 게임의 일부처럼 느껴지게 만든 모드들이 많아지고 있다. 노골적으로 수정하거나 마인크래프트의 핵심적인 게임플레이와는 상대적으로 동떨어져 있는 듯이 독립적인 경험을 만들려는 과거의 모드들과는 대조적이다."라고 밝혔다.

——— 모험을 좋아하면서도 순정 버전으로만 게임을 하고 싶어 하는 마인크래프트 유저들을 위해 2013년에는 세계를 바꾼 업데이트가 출시됐다. 지형 생성기 시스템은 거의 바뀌지 않았지만, 신규 생물 군계가 추가되면서 세계의 분위기는 한층 다채로워졌다. 단순히 세계를 화려하게 만들기 위한 명목으로 생물 군계가 추가된 것은 아니었다. 아카시아 나무, 꽁꽁 언 얼음 등 새로운 자원, 수중 호흡의 물약을 양조하는 데에 사용되는 복어 등 새로운 몹도 함께 추가됐다. 또한 유리 블록에 염료를 사용하여 색유리를 제작할 수 있게 되면서 플레이어는 눈부시도록 아름다운 반투명 조각상이나 사원을 만들 수 있게 됐다. 이번 업데이트는 탐험에 대한 커뮤니티의 관심을 반영했고, 모드를 적용해야만 볼 수 있었던 화려한 생물 군계에 대한 수요를 충족시키기 위해 모드가 없는 순정 버전의 마인크래프트에서도 아름다운 경관의 생물 군계를 만나 볼 수 있게 해 줬다.

마인크래프트 스피드런

마인크래프트 최초로 성공한 스피드런 그리고 스피드런이
게임플레이 스타일에 끼친 영향

 엔더 드래곤을 상대로 보스전을 치르고 엔딩을 볼 수 있게 되면서 마인크래프트에서도 스피드런을 할 수 있게 됐다. 물론 마인크래프트는 빨리 엔딩을 보라고 만들어진 게임이 아니다. 하지만 오늘날 게임 커뮤니티에는 기부금을 모금하기 위해서 아니면 단순해 재미를 위해서 경쟁하고 있는 스피드런 선수들이 많다. 마인크래프트 스피드런의 초석을 다진 인물은 베테랑 스피드런 선수인 비스무트(Bismuth)다. 비스무트는 2014년 1월에 마인크래프트 최초로 16분 40초라는 공식 기록을 세웠다.

──────── 비스무트는 2000년대부터 《동키 콩 64》 같은 닌텐도 게임으로 스피드런을 하기 시작했다. 2012년에 비스무트는 스피드런라이브(SRL) 사이트에서 플레이할 게임을 찾고 있었다. SRL은 스트리밍 서비스 트위치를 이용하여 실시간으로 플레이어가 경쟁할 수 있는 사이트다. 비스무트에게 스피드런은 개인적인 과제였다. 비스무트는 스피드런에 대해 "혼자 몰두해서 하는 정말로 고독한 일이다. 몇 달이고 어둠 속에 혼자서 하는 취미다."라고 표현했다. 옛날에는 자신이 스피드런을 하는 모습을 비디오테이프에 녹화하여 스피드런 협회에 보냈다. 하지만 2009년에 SRL이 등장하고 2011년에 트위치가 뒤따라 출시되며, 온라인에서 공개적으로 경쟁하는 것이 주류가 됐다.

──────── 몇몇 마인크래프트 플레이어들은 2012년부터 네더에 먼저 가는 것을 두고 경쟁하고 있었지만, 엔더 드래곤과의 마지막 전투까지 스피드런을 하려는 사람은 없었다. 비스무트는 "그곳은 주인 없이 광활한 땅이었다. 정복하기만 하면 됐다!"라고 밝혔다. 비스무트는 스피드 데모 아카이브(Speed Demos Archive) 포럼에서 마인크래프트로도 "any%" 스피드런을 할 수 있지 않겠느냐는 게시물을 발견했다. any%는 게임 진행률에 관계없이 엔딩 크레딧을 보기만 하면 되는 스피드런 종목이다. 비스무트는 "게임을 깨기 위한 최소 요건을 충족하기 위해서 좋은 맵 시드를 찾으려는 사람들이 잔뜩 있었다."라며, "정작 이 종목으로 스피드런을 성공한 사람은 아무도 없었다."라고 밝혔다.

──────── 비스무트는 본인이 스피드런을 하기로 마음을 먹었다. 비스무트는 한두 해 동안 마인크래프트 맵 하나를 스피드런 하면서 바쁘게 보냈다. 스피드 데모 아카이브에 있는 자원봉사자들의 도움도 받았다. 자원봉사자들은 좋은 방법을 조언해 주는 것 외에 유용한 프로그램을 제작해 주기도 했다. 느린 서버에서 생기는 딜레이를 고려한 스피드런 타이머도 자원봉사자의 손에서 탄생했다. 마침내 비스무트는 Awesome Games Done Quick 자선 행사에서 세계 기록을 세웠다.

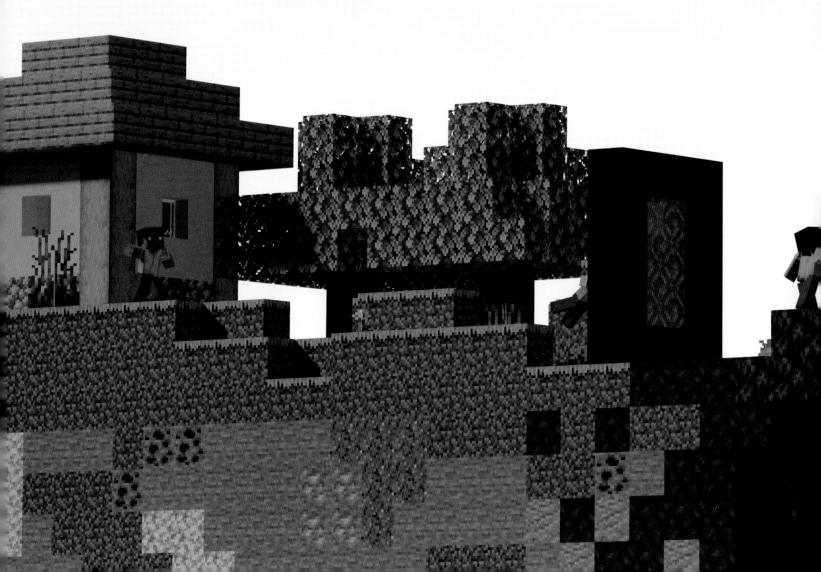

——— 비스무트가 위업을 이룩한 뒤에도 마인크래프트에서 스피드런을 하려는 사람들은 많지 않았다. 대다수가 스피드런을 게임의 의미를 놓치는 행위로 여겼기 때문이다. Awesome Games Done Quick 행사 일정에 마인크래프트가 추가되자 참가자들은 당혹스러워했다. 그러나 시간이 지나고 마인크래프트는 스피드러너 사이에서 인기 있는 게임이 됐다. 게임을 매우 다르게 해석하는 플레이어들이 등장했기 때문이다.

——— 오늘날 마인크래프트를 스피드런 하는 스타일과 전략은 매우 다양해졌다. 어떤 플레이어는 스피드런에 최적화된 맵 시드로 생성된 맵 대신에 무작위로 생성된 세계에서 스피드런을 진행한다. 정작 비스무트는 시드의 매력을 잘 느끼지 못했다. "내가 세운 기록들은 대동소이하다."라며, "어쩌다가 내 기록이 2분 단축됐어도 내가 게임을 잘해서 단축된 것이 아니라 단지 시드 운이 좋아서 그렇게 된 것이다."라고 밝혔다. 스피드러너 사이에서는 녹화 시 게임 내 시간을 느리게 만들어 주는 모드의 사용을 두고 의견이 분분하다. 이 같은 모드를 사용하면 매우 정밀하게 움직일 수 있는데, 녹화를 마치고 정상 속도로 동영상을 재생시키면 스피드런 신기록이 세워진다.

——— 대다수의 스피드러너들은 마인크래프트 코드상에 존재하는 결함을 활용해서 기록을 세운다. 이에 대해 비스무트는 "내 접근법은 게임에 존재하는 것은 사용해도 된다는 것이다."라고 밝혔다. 한때 게임에는 플레이어가 땅에 아이템을 떨어뜨리고, 서버가 플레이어의 보관함에 발생한 변경 사항을 저장하기 전에 게임을 떠났다가 다시 불러오면 아이템이 복사되는 버그가 있었다. 이 버그를 이용하면 해당 아이템 또는 블록이 두 배가 되면서 제작하거나 채굴하는 수고를 덜 수 있다. 이런 행동을 PvP 서버에서 했다가는 쫓겨나겠지만, 시간을 다투는 경기에서는 정당한 플레이로 취급한다.

01 / 렌더
엔더 드래곤이 등장하는
스피드런에서 플레이어가
거쳐 가는 단계를 보여
주는 렌더.

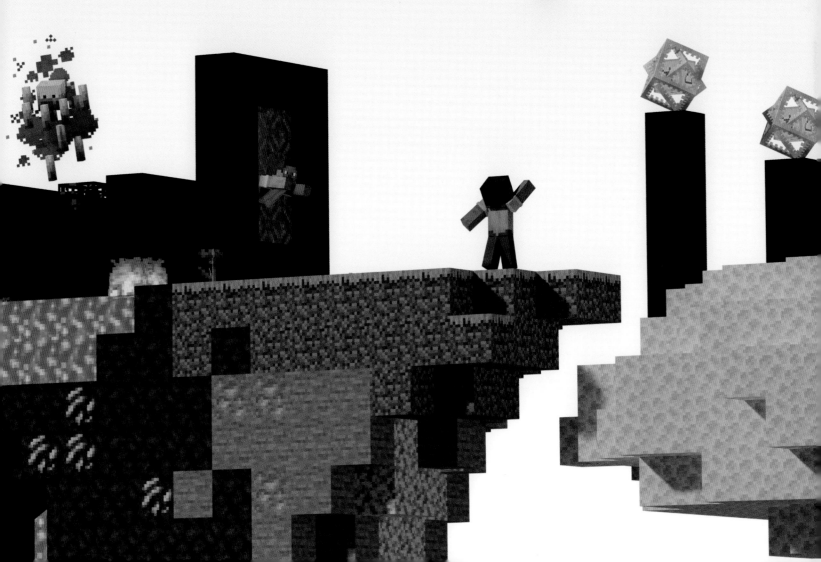

EULA 위기

2014년 EULA 발표에 대한 대중의 반응과 게임을 이용한
수익 창출이 던진 문제

마인크래프트가 탄생한 이래로, 플레이어들은 게임을 이용해서 돈을 버는 발상에 대해 갑론을박을 벌여왔다. 사무엘 라이언 마인크래프트 포럼 설립자는 광고를 붙여서 모드를 배포해도 되냐는 주제로 커뮤니티에서 모더들이 논쟁하던 기억을 회상한다. 라이언은 "사람들이 마인크래프트 모드로 돈을 벌고 싶어 한다면 아무리 거지 같은 광고를 달더라도 그건 그 사람들에게 보장된 권리라는 것이 나의 일관된 입장"이라고 밝혔다. 다이어울프20도 이에 동의하며 "나는 모더들이 무언가를 대가로 돌려받아야 한다는 주장을 지지해 왔다."라고 밝혔다.

——— 그럼에도 불구하고 수익 창출을 반대하는 주장에는 대의명분이 있었다. 마인크래프트 플레이어들의 돈을 갈취하려는 시도가 많았기 때문이다. 리디아 윈터스 모장 최고 스토리텔러는 "서버에서 검 하나를 팔았는데, 아이가 그 검을 사려고 부모의 신용카드로 50만 원을 긁어 버리는 일이 있었다."라고 밝혔다. 망토를 보유한 마인크래프트 계정이 매매되는 불법 시장이 한때 성업하기도 했다. 망토는 희귀한 치장용 아이템이었기 때문이다. 마크 왓슨 모장 프로듀서는 "세상의 어두운 이면을 발견했다."라며, "나는 자기들만의 영토에서 활동하는 망토 판매자들을 방해하는 일을 했다. 망토 판매자가 활동하는 커뮤니티 사이트는 내가 장승처럼 항시 지켜보고 있는 줄 알고 저절로 망했다."라고 밝혔다.

——— 게다가 서버에서는 플레이어가 게임에서 우위를 점할 수 있게 만들어 주는 아이템을 판매하는 비즈니스 모델이 만연했다. 아이템을 구매하지 않으면 게임을 진행할 수 없게 만드는 경우도 허다했다. 이 같은 관행은 마인크래프트의 최종 사용자 라이선스 계약(EULA)에 명시된 조항을 위반하는 행위였다. 2014년 6월까지 모장에서는 이 약관을 적극적으로 시행하지 않았지만, 이후에는 게임플레이에 영향을 주는 아이템을 판매하거나, 게임머니를 판매하거나, 모장이 운영하는 서버라고 플레이어를 오해하게 만든 서버를 대상으로 엄중 대응에 나서겠다는 공개 발표를 했다.

——— 당시 발표에 대해서 부 부이 모장 최고 미디어 책임자는 "과금해야 승리하는" 착취적 관행에서 벗어나고 우리보다 큰 회사가 공식 상품인 것처럼 출시하는 것을 막기 위함이었지, 사람들이 마인크래프트를 이용해서 돈을 버는 행위 자체를 막으려는 것은 아니었다고 밝혔다. 실제로 당시 발표에서는 서버에서 플레이어에게 접속료를 청구할

01 / 렌더
EULA 발표의 영향을 받은 커뮤니티 공간에는 마켓플레이스도
있었다.

수 있는 권한을 만들어 주기도 했다. 기존 EULA에서는 금지된 행위였다. 부이는 "우리는 사람들이 멋진 물건을 만들어서 수공예품 판매 사이트나 마인콘이나 지구촌에서 개최되는 모든 마인크래프트 행사에서 판매할 수 있기를 바랐다. 하지만 언젠가는 선을 그어야 한다. 그렇지 않으면 기업이 들어와서 대량의 물건을 찍어 내고 마인크래프트 라이선스는 공짜로 가져갈 수도 있기 때문이다."라고 밝혔다.

——— 하지만 EULA 발표는 거대한 반발을 불러일으켰고 트위터에서는 사람들이 #saveminecraft라는 해시태그로 시위를 벌였다. 마인플렉스 등 대형 서버 운영사는 유료 서비스로 인해서 구매자와 비구매자 간의 유불리가 발생하지 않도록 세심하게 밸런스를 조정했으며, 모장은 이와 같은 관행을 대대적으로 금지함으로써 당사자에게 무고한 피해를 주고 있다고 주장했다.

——— 아론 도너기 전 하이픽셀 최고경영자는 EULA를 본격적으로 실시한 것에 대해 과민한 조치라고 주장했다. 도너기는 "나는 여기 있는 사람들 중 누구도 EULA 개정을 개정하려는 긍정적 의도를 의심한 적이 없다고 생각한다."라며, "(하지만) 모장에서 이런 규칙들을 만들 때 커뮤니티가 게임을 이용하는 방법에 대한 이해가 부족했던 것 같았다."라고 평했다. 대표적인 예시가 바로 2016년에 있었던 "말게이트(Horsegate)" 사건이다. 당시 모장은 하이픽셀에게 경쟁과는 무관한 로비 공간에서 달릴 수 있는 말을 플레이어에게 판매했다며 경고 조치를 내렸다. 모장에서는 말에 타고 있는 플레이어가 로비에 있는 차원문을 타고서 걸어 다니는 플레이어보다 빠르게 멀티플레이 게임에 접속할 수 있는 점에 대해 우려했다. 도너기는 "결국 우리는 말이 달리지 못하게 만들어야 했다!"라고 밝혔다. 언뜻 보면 모장의 이 같은 판단이 조금은 우습게 보이지만, 이는 모든 플레이어가 동등한 위치에서 마인크래프트를 즐길 수 있어야 한다는 회사의 일념을 잘 보여 준다.

——— 파트리크 예우데르 모장 사업 개발 이사는 "도너기가 칭한 '말게이트'에 대해서는 아는 바가 전혀 없다!"라며, "하지만 2016년 당시 5대 시중 마인크래프트 서버(하이픽셀, 하이브, 마인플렉스, 오버캐스트, 숏보우)의 주요 우려 사항이 무엇인지 파악했다."라고 밝혔다. 이 같은 협력을 통해 지침과 지침 준수를 관리하기 위한 전담 지원 조직도 새로 만들었다. 그러면서 예우데르는 "이런 일은 상당히 생소했지만, 성실하게 행동하고 논의 채널을 열어 두기 위해 노력했다. 하지만 게임플레이 효과라든지 혜택이라든지 이런 것들은 로비서든 어디서든 팔지 못하게 하고 싶었다."라고 덧붙였다.

——— EULA를 둘러싼 논의는 마인크래프트가 단순한 게임에서 하나의 산업으로 성장했음을 보여 주는 대목이다. 모장의 핵심적인 팀에서 감당할 수 있는 업무량보다 훨씬 더 많은 업무량이 뒷받침되어야 하는 비즈니스 플랫폼이 됐다. 당시 이를 관리할 수 있었던 임직원 수는 30명 내외였다. EULA 위기는 같은 해 하반기에 벌어질 더 큰 사건의 전초전이었다. 이 위기를 계기로 모장은 갑작스럽게 1,000조 원대 제국의 일원이 된다.

제10장

- 인수
- 풍성한 업데이트
- 마이크로소프트와의 협업
- 차단을 차단하라
- 마인크래프트 레고

──────── 2014년 6월 17일 이른 아침, 노치가 트위터에 "내가 계속 살아갈 수 있게 아무나 내가 가진 모장 주식을 사주지 않을래?"라고 게시물을 올렸다. "동굴 게임 기술 테스트"가 세상에 나온 지 5년이 됐을 때 벌어진 일이자, EULA 변화로 성난 군중들의 반응에 마인크래프트 제작자가 지친 결과였다. 1시간도 안 돼서 노치와 칼 만네 모장 최고경영자의 휴대폰은 이해관계자들이 보낸 메시지로 시끌시끌해졌다. 이 가운데에는 피터 제터버그(Peter Zetterberg) 마이크로소프트 수석 이사도 있었다. 제터버그는 4J 스튜디오의 엑스박스 360 이식판 제작 당시 협력 관계를 설계한 사람이다. 7월에는 제터버그와 매트 부티(Matt Booty, 엑스박스 게임 콘텐츠 및 스튜디오 사장), 필 스펜서 (Phil Spencer, 마이크로소프트 게임 최고경영자)가 모장의 대표를 만나러 스웨덴행 비행기에 올랐다.

──────── 당시 엑스박스 사업부의 마이크로소프트 스튜디오 부문 부사장 이었던 매트 부티는 "노치가 원하는 것은 분명했다."라며, "지분을 갖고 싶어 하지도, 회사를 계속 운영하고 싶어 하지도 않았다. 매우 명확한 현금가를 제시했다."라고 밝혔다. 모장 그리고 마인크래프트와 관련된 모든 것에 매겨진 최종 매각가는 25억 달러(한화 2조 5천억 원)였다.

인수

모장이 팔린 과정과 세 창업자가 회사를
떠난 과정

처음 열린 인수 회의에서는 모장 측 대표로 노치, 칼 만네, 야코브 포르세르, 마이크로소프트 측 대표로 필 스펜서가 참석하여 게임의 성장과 모장의 역량을 논의했다. 스펜서는 "30명으로 구성된 팀이 그 규모를 관리할 수 있는 게 맞는지 (모장 측 대표에게) 물어봤다."라며, 게임 하나만이 아니라 당시에 한창 성장하고 있던 굿즈 사업 등 마인크래프트 제반 사업을 주제로 이야기를 나눴다고 밝혔다. 스펜서는 "칼은 게임이 지속적으로 성장해 가는 만큼 모장에서는 마인크래프트를 위한 집을 찾고 싶었다고 말했다. 모장에서는 사오백 명이나 되는 팀을 관리하고 싶어 하지 않았다."라고 부연했다.

─────── 모장의 창립 멤버 셋은 거래가 성사되자 회사를 떠났다. 같이 일하던 동료들에게는 큰 충격으로 다가왔다. 뉴스가 뜬 시점에 마크 왓슨은 사무실에서 마인크래프트를 작업하기 위해서 스톡홀름으로 막 이사를 왔다. "스웨덴에 도착하고 나서 몇 시간 뒤, 당시 우리 회사의 COO였던 부 부이가 내 숙소로 와서는 우리 회사가 마이크로소프트에 팔렸다고 말했다."라고 밝혔다. 왓슨은 엑스박스로 이직하기 위해 면접을 보고 있었지만, 모장에 잔류하기 위해서 면접을 중단했다. 당시 왓슨은 게임을 만드는 게임인《프로젝트 스파크》의 미국 지역 커뮤니티 매니저를 준비하고 있었다.

"당시 우리 회사의 COO였던 부 부이가
내 숙소로 와서는 우리 회사가 마이크로소프트에
팔렸다고 말했다."

마크 왓슨, 모장 프로듀서

─────── 경영진도 상당한 압박감을 받았다. 부이는 "일반적으로 대규모 인수합병이 발생하면 수많은 실직자가 생겨난다."라며, "이번에는 그렇지 않았지만, 당시의 우리는 몰랐다. 고객 지원 부서 사무실로 가서 이 소식을 전해야 했는데, 스트레스를 너무 많이 받았다. 대상포진에 걸릴 정도였다."라고 밝혔다. 불확실한 시기임에도 팀원들은 똘똘 뭉쳤다. 부이는 우스갯소리로 이번 인수에서 최대의 승자는 모장 본사 근처에 있는 선술집 사우스사이드 펍일 것이라며 이렇게 말했다. "왜냐하면 모장 임직원들이 날마다 거기로 가서 앞으로 무슨 일이 벌어질지 얘기를 나눴기 때문이다!"

─────── 인수 뒤에도 마인크래프트 개발은 계속됐다. 2014년 9월 2일에 출시된 풍성한(The Bountiful) 업데이트에서는 다양한 기능이 변경되고 추가됐다. 대표적으로는 프리즈머린이라는 돌로 구성된 바다 유적, 눈으로 레이저를 쏘면서 바다 유적을 지키고 있는 가디언, 멋진 다이아몬드 장비를 전시할 수 있는 갑옷 거치대 등이 있었다.

01 / 필 스펜서,
매트 부티, 헬렌 치앙
모장 인수의 주역이 된
마이크로소프트 경영진.

─────── 팬들은 인수가 진행되는 동안 마인크래프트 개발이 계속될 수 있도록 응원했지만, 대체로는 인수를 두고서 염려했다. 특히 대형 마인크래프트 서버 운영사들의 걱정이 컸다. 결국 서버가 거느리는 커뮤니티와 사업은 마인크래프트의 운명에 달려 있기 때문이다. 아론 도너기 전 하이픽셀 스튜디오 최고경영자는 모장의 핵심 인물 가운데 누구도 마이크로소프트와의 거래 당시 마인크래프트 서버에 생길 수 있는 영향을 고려하지 않았다고 생각한다. 도너기는 "당시 모장 임직원들은 자기 회사를 대기업이라 여기지 않았다."라며, "'각계의 사용자들을 어떻게 돌봐야 할까?'라는 생각을 하지 않았다."라고 평했다.

─────── 인수가 성사된 이후, 부티 사장과 헬렌 치앙(Helen Chiang) 전략 수석 이사는 스웨덴 현지에서 마이크로소프트의 목소리를 전달하는 역할을 했다. 인수 후 1년간 마이크로소프트에서는 마인크래프트가 게임으로서 앞으로 나아갈 방향을 제시하지 않고 단순히 회사와 신뢰 관계를 구축하려고 했다. 모장이 궁금해하는 점에 대답해 주기 위해서 마이크로소프트 측 인사들은 주기적으로 스웨덴행 비행기에 몸을 실었다. 이 같은 노력에도 불구하고 모장의 몇몇 임직원은 계속 최악의 상황을 상정했다. 헬렌 치앙은 "전 임직원이 참석하는 회의가 열릴 때마다 꼭 한 명씩 우리 회사를 폐업시킬 계획이냐고 물어봤다."라고 밝혔다. 부티는 마이크로소프트가 스웨덴에서 있는 직원들에게 미국 시각에 맞춰서 일을 시킬 거냐는 질문이 기억에 남는다고 말했다. 모장 사람들은 쉽사리 믿지 않았지만, 마이크로소프트의 전략은 회사를 있는 그대로 두는 것이었다. 그동안 모장이 쌓아온 문화와 커뮤니티를 보존하기 위해서는 이만한 방법이 없었기 때문이다.

업데이트

풍성한 업데이트

풍성한 업데이트에서는 바다 유적과 가디언 외에
화강암, 섬록암, 거친 흙 등 다양한 건축 자재와
슬라임 블록이 추가되고 마법 부여가 개편됐다.

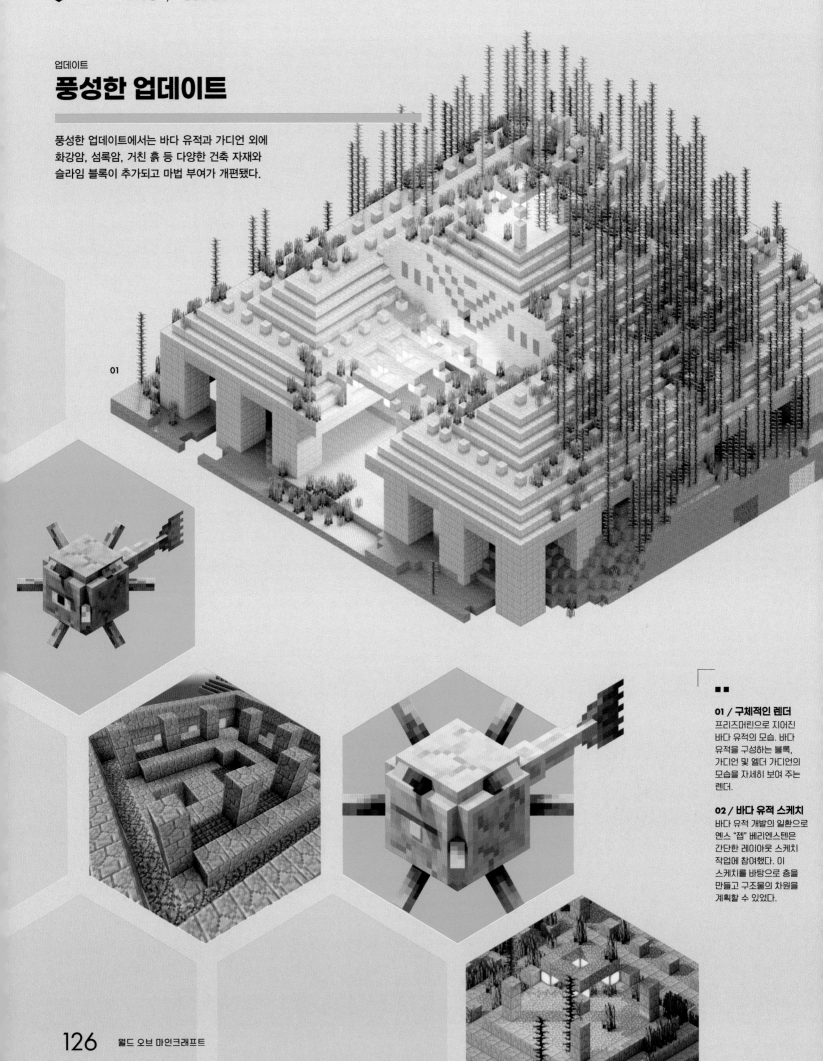

01

01 / 구체적인 렌더
프리즈머린으로 지어진
바다 유적의 모습. 바다
유적을 구성하는 블록,
가디언 및 엘더 가디언의
모습을 자세히 보여 주는
렌더.

02 / 바다 유적 스케치
바다 유적 개발의 일환으로
옌스 "옙" 베리엔스텐은
간단한 레이아웃 스케치
작업에 참여했다. 이
스케치를 바탕으로 층을
만들고 구조물의 차원을
계획할 수 있었다.

02

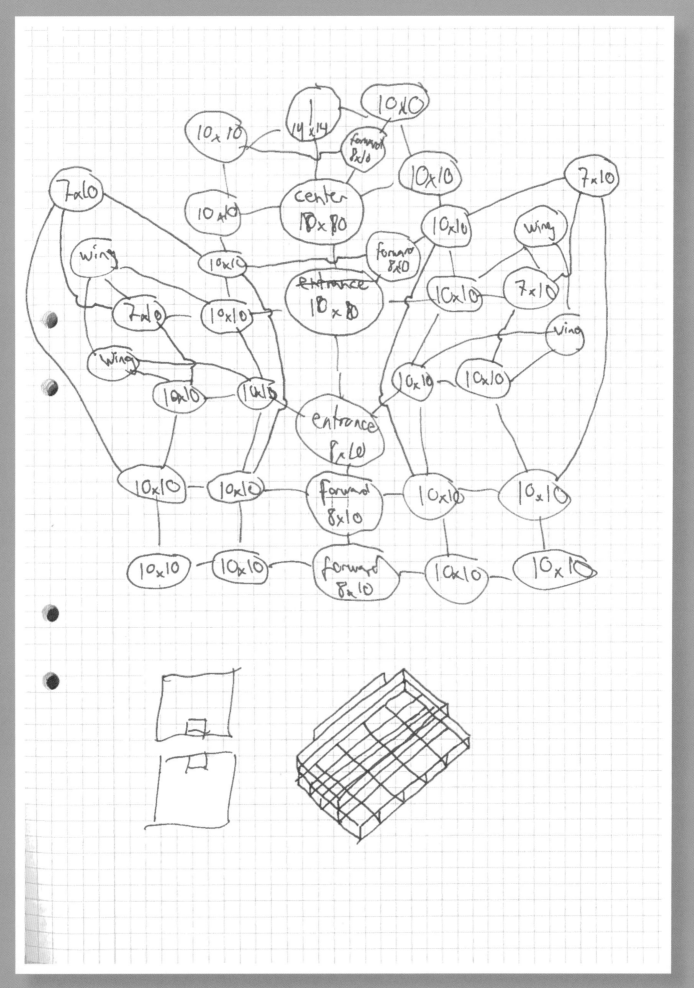

01

마이크로소프트와의 협업

인수 이후 벌어진 일 그리고 모장과 마이크로소프트가
함께 일한 방법

모장 팀과 필 스펜서, 매트 부티, 헬렌 치앙이 서서히 유대감을 형성하면
서 마이크로소프트의 다른 직원들이 선의로 제시한 제안을 거부했다. 당
시 제안된 내용은 마인크래프트를 마이크로소프트 독점작으로 만드는 것
부터 게임에 바퀴를 추가하고 마이크로소프트 엑셀 프로그램에 크리퍼
를 넣는 것까지 다양했다. 부티는 게임에서 망토가 더 사실적으로 보이
도록 "망토에 물리 엔진을 적용해야 한다."라고 주장하던 임원을 떠올린다. 이후 망토
에 물리 엔진을 적용한다는 말은 부티가 마인크래프트에 존재하지 않은 기능들을 총칭
하는 용어로 사용하기 시작했다.

─────── 2014년부터 2015년까지 부티와 치앙은 미국 워싱턴 레드먼드에 소재한 마이
크로소프트 본사에서 마인크래프트의 특정 기능을 개발할 팀을 점진적으로 모집했다.
굿즈를 개발할 아티스트는 물론이고 나중에는 가상현실 헤드셋에서 마인크래프트를 지
원하기 위한 개발자도 영입했다. 회사에서는 마인크래프트에듀의 수업 모드에서 아이디
어를 얻어, 교육용 플랫폼인 마인크래프트 에듀케이션을 개발했다. 이처럼 광범위한 활
동과 게임 자체 개발 사이에 확실한 선을 그어 두는 것은 마이크로소프트에게 중요했다.
부티는 "우리가 정한 원칙은 모장이 자체적으로 할 수 없는 일이 있을 경우에만 함께 작
업해야 한다는 것이다."라고 밝혔다.

─────── 인수 후 2년이 지나고 마이크로소프트에서 마인크래프트에 가장 크게 기여한
일은 포켓 에디션의 C++ 코드베이스를 기반으로 마인크래프트의 새로운 베드락 에디
션을 만드는 것이었다. 자바는 PC를 사용하는 모더 사이에서 아직도 두루 쓰이는 에디
션이지만, 베드락은 다른 플랫폼에서 기본이 되는 에디션으로 자리매김했다. 부티는 "자
바와는 확연히 다르고, 모바일 버전과도 다른 콘솔 버전을 계속 가지고 있을 수는 없었
다."라며, "지원하기에는 너무 벅찼다."라고 밝혔다. 마이크로소프트는 베드락 에디션에
서 이용할 수 있는 게임 내 온라인 마인크래프트 마켓플레이스도 출시했다. 별도의 심
사를 거친 마인크래프트 플레이어들은 마켓플레이스를 통해 맵과 텍스처 팩, 스킨 등을
마인코인이라는 가상 화폐를 통해 판매할 수 있다.

─────── 마인크래프트의 지속적인 성장을 뒷받침하기 위해 모장은 인수된 뒤로 대대
적인 확장에 나섰다. 확장이 진행되는 동안, 모장에서는 모든 신입 사원들이 게임과 커
뮤니티의 정체성을 이해할 수 있도록 마인크래프트를 명확하게 정의하고 싶었다. 이 같
은 목표를 달성하기 위해 옌스 "젭" 베리엔스텐은 핵심적인 디자인 개념을 설명한 책을
썼고, 이를 모든 신입 사원에게 무상으로 제공했다.

─────── 인수가 이루어진 뒤에도 매우 많은 플레이어들은 마이크로소프트의 관리 방
식을 믿지 못했다. 부이는 "우리는 커뮤니티에서 발생하는 부정적인 인식이 자동적으로
마이크로소프트를 비난한다는 것을 알게 됐다."라고 밝혔다.

■ ■

**01 / 엑스박스 원
에디션**
마인크래프트: 엑스박스
원 에디션에 사용된
로고와 게임 포장 상자,
광고용 삽화.

02 / 삽화
마인크래프트: 엑스박스 원
에디션의 패키지 아트에
사용된 일러스트형 렌더.

MINECRAFT
XBOX ONE EDITION

01

01 / 특별 건축
인수 전인 2014년 6월, E3를
위해 제작된 마인크래프트의
엑스박스 원 출시 기념 건축물.
인수에 어울리는 상징이 됐다.

02 / 헤일로 매시업
마이크로소프트와 모장 간의
협력 관계는 동년 5월에 공개된
헤일로 매시업을 통해서도
살펴볼 수 있다.

"마인크래프트는 사실 우리 회사가
소유하고 있는 것이 아니라는 말을 자주 했다.
직원은 한 명의 큐레이터다.
마인크래프트가 무엇인지는 커뮤니티에서 결정한다.
나는 언제나 이 같은 사실에서 배우고 영감을 얻는다고 생각한다."

필 스펜서, 마이크로소프트 게임 최고경영자

02

하지만 대다수의 플레이어들은 마이크로소프트와의 거래를 더 나은 변화로 바라봤다. 사이먼 콜린스 라플람 하이픽셀 최고경영자는 "초기에 우려의 목소리를 냈지만, 이제는 커뮤니티 지원에 기울일 수 있는 자원을 마이크로소프트가 더 많이 갖고 있다."며 긍정적으로 평가했다. 콜린스 라플람은 "새로운 EULA 시행 팀이 등장하면서 어느 순간 무언가를 알아차린 듯이, 디스코드(음성 통화 및 메신저 프로그램)에서 EULA 시행 팀과 거의 즉각적으로 대화할 수 있게 됐다. 기존에는 몇 주씩 걸리던 일이었는데 말이다."라고 밝혔다.

——— 사무엘 라이언 마인크래프트 포럼 설립자는 적기에 모장 창업자들이 게임을 더 큰 기업으로 넘겼다고 생각한다. 라이언은 "적어도 내 생각에는 마이크로소프트의 인수가 일어날 수 있는 일 가운데 최선책이었다. 노치는 할 수 있는 데까지 했기 때문이다."라고 밝혔다. 케빈 "슬로포크" 몰로니 피드 더 비스트 설립자도 이에 동의하며 2014년 이후로 마인크래프트가 어떻게 커져 왔는지를 보라고 했다. 몰로니는 "마이크로소프트는 최대한 많은 사람들이 마인크래프트에 접근할 수 있게 만들고 개방하는 일을 잘 해냈다고 생각한다."라고 밝혔다.

——— 필 스펜서는 마인크래프트 커뮤니티가 게임에서 가장 중요한 자산이라고 평가했다. 스펜서는 "마인크래프트는 사실 우리 회사가 소유하고 있는 것이 아니라는 말을 자주 했다. 직원은 한 명의 큐레이터다. 마인크래프트가 무엇인지는 커뮤니티에서 결정한다. 나는 언제나 이 같은 사실에서 배우고 영감을 얻는다고 생각한다. 마인크래프트에서 일어나는 일을 우리가 통제해야 한다는 생각은 버려야 한다. 경청하고, 수정하고, 방향성에 대한 우리만의 비전을 가져야 한다."라고 밝혔다.

——— 마이크로소프트가 인수 이후 게임을 마이크로소프트 독점작으로 만들지 않았던 이유도 커뮤니티의 중요성을 인식했기 때문이다. 회사는 플레이스테이션과 닌텐도 스위치에 마인크래프트를 제공하고 지속적으로 업데이트하기 위해서 소니 및 닌텐도와 협력 관계를 맺었다. 스펜서는 "소비자용 게임기 시장에서 싸울 때 우리는 마인크래프트를 무기로 사용하지 않는다."라며, "대신에 우리는 플레이어가 원하는 기기에서 게임을 플레이할 수 있다는 기쁨을 만든다."라고 밝혔다.

——— 마이크로소프트가 마인크래프트 커뮤니티를 보호하고 싶어 하는 마음은 가상현실 헤드셋처럼 새로운 기술을 마인크래프트에 추가할 때 신중히 접근하려는 모습에서도 찾아볼 수 있다. 스펜서는 "매트 부티와 헬렌 치앙과 경영진은 플레이어와 크리에이터에게 고유한 경험을 전달하는 일을 훌륭하게 해냈다고 생각한다."라며, "테크밈(기술 관련 뉴스 사이트)에서 인기를 끌고 있다는 이유만으로 기술 유행을 따라갈 필요는 없기 때문에 신중히 판단해야 한다."라고 밝혔다.

——— 스펜서는 마인크래프트 플레이어에게서 배우고 마인크래프트 플레이어와 함께 일하는 과정에 대해 긍정적이지만, 어려울 수 있다는 것도 인정한다. 스펜서는 "마인크래프트는 커뮤니티와 함께 만들어진 존재다. 커뮤니티에서 한 가지 목소리만 내는 것은 아니기 때문에 언제나 쉽게 풀리지는 않는다. 때로는 천만 가지 목소리를 내면서 모두가 서로 다른 시각으로 바라볼 수도 있다."라고 밝혔다.

——— 스펜서는 커뮤니티와 직접적인 교류도 한다. 스펜서는 메이크어위시(Make-A-Wish) 재단을 통해 중증 질환을 가진 마인크래프트 플레이어를 만나고, 게임에 대한 플레이어들의 생각과 게임의 미래에 관한 질문을 듣는다. 이에 대해 스펜서는 "마인크래프트는 관계를 형성해 준다. 내가 마이크로소프트에서 한 일보다도, 모장과 함께 한 일보다도, 이런 순간들이 더 감동적이었다. 플레이어 앞에 앉아서 돌고래를 게임에 추가해야 하는지, '히로빈이 실존하는지?' 등 깊이 있는 대화를 듣는 것은 정말 감동이었다."라고 밝혔다.

차단을 차단하라

마인크래프트 자바 1.9 업데이트, 새로운 전투 시스템, 그리고 엔드

2016년 2월에 출시된 마인크래프트 자바 1.9 업데이트는 엔드 차원을 마지막 보스전을 치르는 전장에서 매력적인 관광지로 바꾸어 놓았다. 모장에서는 하나의 차원을 황량한 도시들과 보물이 가득한 공중 선박들로 나눠서 플레이어가 탐험할 수 있게 만들었다. 이번 업데이트에서는 먹으면 다른 곳으로 순간이동 할 수 있는 후렴과와 후렴과가 나는 후렴초, 마법 구슬을 이용하여 장비를 수리할 수 있는 마법도 추가됐다. 단연 돋보이는 변화는 플레이어가 날 수 있게 됐다는 것이다. 모두가 선망하는 겉날개를 이용하여 원하는 대로 날아다닐 수도, 위장한 채 숨어 있는 셜커에 의해서 갑작스럽게 공중 부양을 하게 될 수도 있다.

─────── 이번 업데이트를 통해 마인크래프트의 전투가 개편되기도 했다. 무기와 아이템을 양손에 쥘 수 있는 기능부터 공격 버튼을 연타하는 것만으로는 공격이 되지 않는 공격력 시스템에 이르기까지 다양한 변화가 생겼다. 개발사에서는 이제껏 한 번도 마인크래프트를 전투 위주의 게임으로 만든 적이 없음에도 불구하고, 새로운 접근 방식을 강력히 주장해 온 상당수의 플레이어의 손에 의해 전투도 중요한 게임이 됐다는 사실이 이번 변화를 통해서 명확하게 드러냈다.

─────── 전투 메커니즘의 재설계는 회사에게 대규모 프로젝트였다. 모장에서 전투 시스템을 개편한 이유에 대해 옌스 베리엔스텐은 "우리 기준으로 좀 더 흥미로운 전투 시스템을, 빨리 클릭하는 것에 의존하지 않는 전투 시스템을 만들고 싶었다."라고 밝혔다. 기존의 전투 시스템에서 플레이어는 매 "틱"마다 공격할 수 있었다. 틱은 게임에서 사용하는 시간의 최소 단위다. 마인크래프트에서는 1초에 20틱이 흐르는데, 게임 내에 존재하는 개체는 4틱 간격으로만 피해를 입을 수 있었다. 이로 인해 피해를 최대한 많이 입히려면 5틱마다 공격해야 했다.

─────── 모장에서는 정확히 1초에 클릭 4회를 해야 한다는 사실을 배우는 것 이상의 전투 시스템을 만들고 싶었다. 새로워진 전투 시스템에서는 플레이어가 사용하는 무기에 따라 공격 속도가 달라진다. 플레이어가 최대한 많은 피해를 입히려면 간격을 두고 공격해야 하게끔 타격 사이에 채워지는 공격력 게이지가 새롭게 추가됐다. 모장에서는 방어구에 대한 게임의 접근법도 바꿨다. 공격력이 셀수록 관통하는 피해량도 많아지게 변경했는데, 요컨대 약한 공격은 아무리 많이 받더라도 갑옷이 보호해 주지만 매우 강력한 공격은 갑옷이 지켜 주지 못한다. 엔더 드래곤을 만만하게 볼 수 없는 이유다. 전투 시스템을 바꾼 의도는 좋았지만, 전투 업데이트가 나오자 커뮤니티는 양분됐다.

─────── 대다수의 플레이어는 새로운 시스템에 반색했다. 이전에 비해서 전투 환경이 질서 있게 바뀌었고 손재주에 대한 의존도도 줄었기 때문이다. 시백시 RLCraft 모드 제작자는 "하드코어 마인크래프트 팬들 사이에서는 논란의 여지가 있을 것이라 확신하지만, 솔직히 말해서 마구잡이로 클릭하는 행위는 납득할 수 없었다."라고 밝혔다.

RLCraft는 마인크래프트에 이색적인 무기를 대량으로 추가해서 극악의 난이도를 자랑하는 롤플레잉 게임으로 만들어 주는 모드다. 시백시는 무기에 따라 공격 타이밍이 달라지게 만든 것은 화려한 전투 장비 제작에 특화된 모더들에게 긍정적인 변화라고 생각한다. 왜냐하면 무기를 추가하는 모드에서 피해량을 늘리는 것 외에도 할 수 있는 일들이 많아졌기 때문이다.

─────── 변화를 반기지 않는 플레이어도 있었다. 몹보다는 플레이어와 즐겨 싸우는 사람들이었다. 베리엔스텐은 "새로운 시스템이 지닌 문제점은 플레이어 대 플레이어 싸움에서 모든 것을 느리게 만들었다는 것이다."라며 문제를 인정했다. 그러면서 "매우 빠르게 클릭하는 것에 익숙해진 액션 지향 플레이어들에게 이 같은 변화는 슬로 모션으로 싸우는 것처럼 느껴졌을 것이다."라고 밝혔다. PvP를 좋아하는 플레이어들은 변화를 받아들이지 않고 마인크래프트 자바 1.8에 잔류했다.

"새로운 시스템이 지닌 문제점은 플레이어 대 플레이어 싸움에서 모든 것을 느리게 만들었다는 것이다."

옌스 베리엔스텐, 모장 최고 크리에이티브 책임자

─────── 전투 업데이트에 대해 아론 도너기는 "발상은 좋았으나 대상이 잘못됐다."라고 평가했다. 도너기는 모장이 경쟁전 플레이어, 특히 빠른 템포로 진행되는 미니게임 플레이어를 처음부터 고려했어야 했다고 생각한다. 도너기는 "주된 전투 소비자는 미니게임 커뮤니티이지 않느냐?"라며, "이들이 전투에 가장 많은 관심을 가질 사람들이다."라고 밝혔다.

─────── 도너기는 1.9 이전의 마인크래프트 PvP가 빠르게 클릭하는 것이 전부였다는 의견에도 동의하지 않는다. 도너기는 "이전에도 플레이어들은 블록, 물 양동이, 엔더 진주를 기상천외하게 활용했다. 심지어 낚싯대도 이용했다!"라고 밝혔다. 하지만 도너기는 마인크래프트를 블리자드의 《오버워치》처럼 e스포츠에 특화된 게임으로 만들고 싶지 않았던 모장의 의지가 1.9 버전에서 드러난다고 생각한다. 도너기는 "마인크래프트는 e스포츠를 할 수 없게 만들어 놓은 대표적인 게임이다."라며, "이용자가 원하는 바는 명확했지만, 정확히 무엇이 필요한지 제시하지는 않았다. 부정행위를 방지하는 시스템과 순전히 운에 달린 요소들을 삭제하는 것이 해당된다."라고 밝혔다.

─────── 베리엔스텐은 블리자드의 전략 게임 《스타크래프트》에서 유즈맵을 디자인했던 경험을 바탕으로, 전투 시스템이 재미있는 공간을 만드는 것은 PvP 서버 운영자에게 달려 있다고 생각한다. 베리엔스텐은 "PvP를 재미있게 만들고 밸런스를 맞추기 위해서는 게임 시스템을 디자인하는 것만으로는 부족하다고 느낀다. 운영자는 플레이 중인 환경을 고려해야 하며, 상황에 따라 모드를 적용해야 할 수도 있다. PvP에서 쇠뇌가 너무 강력한 상황을 가정해 보자. 이 경우, 쇠뇌의 효용성을 줄이는 방향으로 맵을 디자인해야 한다."라고 밝혔다. 다만, 베리엔스텐은 자바 1.9 업데이트를 통해 향후 마인크래프트의 전투를 조정할 때에는 PvP 플레이어의 의견을 더 신경 써야 한다는 교훈을 얻었다.

01 / 엔드
1.9 업데이트를 통해 플레이어가 엔더 드래곤을 격파한 이후 엔드에서 탐험할 거리가 늘어났다. 공중 섬에는 이상한 도시가 산재돼 있다.

마인크래프트 레고

마인크래프트는 흔히 디지털판 레고로 묘사되곤
한다. 유명한 완구 회사인 레고와의 협업은 손발이 잘
맞았다.

01

**01 / 케이브 21113 및
팜 21114**
케이브 및 팜 마인크래프트
레고는 2014년에
출시됐다. 플레이어는
중립적 몹, 적대적 몹 및
수동적 몹을 브릭으로
제작하고 포즈를 바꿀
수도 있었다.

**02 / 빌리지 21105,
네더 21106, 엔딩
21107**
최초의 마인크래프트
레고가 출시됐다. 마을과
네더, 엔드의 풍경을 담은
레고가 마이크로월드라는
제목으로 마이크로몹과
함께 2013년 및 2014년
초에 출시됐다.

03 / 첫 번째 밤 21115
첫 번째 밤 마인크래프트
레고는 2014년에
출시됐다. 게임을 새로
시작하는 플레이어가 겪는
일을 재현했다. 게임에서
다치지 않고 살아남는
모습을 볼 수 있다.

02

제11장

- 라르손의 라마
- 마인크래프트 에듀케이션
- 업데이트되는 서버
- 역사 사냥꾼

──────── 탐험 업데이트가 출시되면서 마인크래프트: 자바 에디션에는 완전히 새로운 위협이 출현했다. 우민은 평화로운 주민들을 닮았지만, 쇠뇌·도끼를 들고 다니거나 마법 주문을 외우면서 눈에 들어오는 것들을 닥치는 대로 공격한다. 원래는 숲 속에 꽁꽁 숨겨진 삼림 대저택에서만 우민을 볼 수 있었지만, 위협적인 적대 파벌로 성장하면서 모장의 첫 번째 마인크래프트 외전작인 '마인크래프트 던전스'에서는 플레이어의 주적이 됐다.

──────── 이번 업데이트에 위험한 것들만 추가된 것은 아니다. 활용성이 뛰어난 레드스톤 관련 블록, 관측기가 추가됐다. 과거에 포켓 에디션에서 볼 수 있었던 이 블록은 블록이 가리키는 지점에 어떤 변화가 발생하면 신호를 방출한다. 탐험을 보조하고 장려하는 블록과 아이템도 추가됐다. 셜커 상자는 부수더라도 상자 안에 보관한 물건이 사라지지 않으며 그대로 들고 다닐 수 있다. 불사의 토템은 플레이어가 죽으면 부활시켜 준다. 이번 업데이트에서 가장 눈에 띄는 기능은 라마다. 성격은 짓궂지만 상자를 장착시켜 짐꾼으로 활용할 수 있고, 여러 마리의 라마를 데리고 다니며 대모험을 떠날 수도 있다.

라르손의
라마

앙네스 라르손 바닐라 마인크래프트 게임 디렉터가 새로운
몹을 만드는 방법

 라마 개발에는 앙네스 라르손(Agnes Larsson) 바닐라 마인크래프트 게임 디렉터가 참여했다. 라르손은 2011년부터 마인크래프트를 플레이해온 소프트웨어 엔지니어다. 라르손은 그때 만들었던 세계를 스크랩북으로 여기며 아직도 간직하고 있다. "이 세계에 접속하면 기분이 좋다. '맞아, 7년 전에 바르셀로나로 여행을 갔다 오고 나서 이걸 만들었지!'라는 기억이 생생히 떠오르기 때문이다." 10년이 넘는 세월 동안 예술적 영향을 추적하기 위해 마인크래프트를 사용하는 것은 게임 개발자다운 일이다. 2016년 8월 모장에 입사한 앙네스 라르손은 창의력을 발휘하며 마인크래프트 개발을 이끄는 인물이 되고, 옌스 베리엔스텐과 부 부이와 함께 마인크래프트 라이브를 진행하며 모장의 대변인 역할도 수행하게 됐다.

——— 라르손이 입사한 당시 모장에는 전담 아티스트가 없었기 때문에 라르손은 라마의 행동을 개발하면서 라마의 생김새도 디자인해야 했다. 라르손은 "라마 카펫을 그리는 데에만 며칠을 썼다. 굉장한 일이었다."라며 소회를 밝혔다. 라르손은 라마에게 분명한 개성을 부여하는 한편, 라마를 화나게 한 몹에게 침을 뱉도록 약간의 유머도 주입했다. 라르손은 "마인크래프트 특유의 우스꽝스러운 면모와 연관이 있다. 라마가 라마에게 침을 뱉으면 두 라마는 무한 루프에 빠지게 된다."라고 밝혔다.

——— 모장에서 몹을 만들 때에는 보통 생동감이 더 필요한 세계의 부분을 고려하면서 과정이 시작되지만, 빈틈을 채우는 것보다는 몹의 서식지에 적합해 보이는 몹을 만드는 것을 더 중요하게 여긴다. 라르손은 "대다수의 디자이너가 코딩도 하지만, 우리는 엔지니어와도 매우 긴밀하게 작업하고 있다."라며, "그렇기 때문에 아이디어가 생기면 게임 내에서 바로 시도해 볼 수 있다. 이는 매우 중요한데, 결국에는 마인크래프트의 커다란 생태계 안에서 작동해야 하기 때문이다."라고 덧붙였다.

——— 현실 세계의 동물은 어떤 특징을 갖고 있는지 라르손은 해당 생명체에 대한 정보를 최대한 조사하고, 이를 분류해서 단순한 디자인으로 만들려고 한다. 라르손은 "마인크래프트에 존재하는 동물들은 각각 특성을 가지고 있어야 하지만, 너무 많아서도 안 된다."라며, "몹은 플레이어가 어떻게든 활용할 수 있도록 놀이터 장난감처럼 만들어야 한다."라고 밝혔다. 몹 디자이너는 마인크래프트가 어떻게 진화할 수 있을지에 대해서도 생각해야 한다. 라르손은 "어떤 식으로든 게임을 즐기는 길이 좁아지지 않도록 디자인 공간을 가로막지 않게 유의해야 한다."라고 밝혔다. 팀에서 아이디어를 결정한 다음에는 피드백을 듣기 위해서 마인크래프트 커뮤니티에 공개한다.

——— 모장에서는 새로운 몹을 추가해 달라는 요청을 끊임없이 받고 있다. 라르손은 이 점에 착안해서 어린이를 위한 마인크래프트 디자인 교실을 열었다. 라르손은 수업 중에 이런 질문들을 던진다. "수동적인가요? 중립적인가요? 아니면 적대적인가요? 주된 특성은 무엇인가요?" 그러면 학생들은 몹을 어떻게 만들고 싶은지 이야기하기 시작한다. 라르손은 "아이들과 함께 단계별로 진행해 봤는데, 주거니 받거니가 매우 잘 됐고 재밌었다."라며, "유니콘이 제일 많지만, 다른 종류의 몹도 많다!"라고 밝혔다. 커뮤니티 회원과 매우 긴밀히 협력하는 것은 라르손이 직업에서 좋아하는 점이자, 회사가 플레이어와 어떻게 연결되어 있는지 보여 준다.

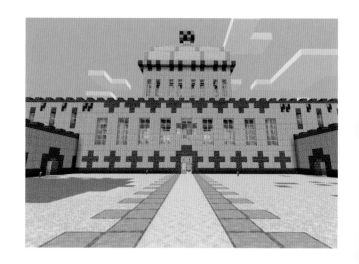

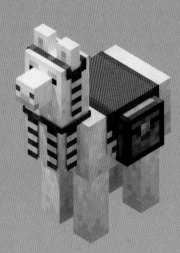

01 / 개인 세계

앙네스 라르손의 "스크랩북" 세계. 라르손은 지금도 이 세계에 접속해서 건축하고 있다. 이 세계를 통해 라르손의 실력과 관심의 변천 과정을 들여다볼 수 있다.

02 / 라마

플레이어가 좋아하는 라마의 특징은 양탄자를 이용하여 다양한 옷을 입힐 수 있다는 것이다. 게다가 라마의 털색은 다양하기까지 하다!

마인크래프트 에듀케이션

마인크래프트에듀를 인수하고 마인크래프트의 저변을 교육용 플랫폼으로 확대하다

마이크로소프트가 모장을 인수했을 때 매우 하고 싶었던 일 중 하나는 마인크래프트가 교구로서 지닌 잠재력을 탐구하는 것이었다. 매트 부티 엑스박스 게임 콘텐츠 및 스튜디오 부문 부사장은 "교육용 마인크래프트에 대한 관심은 지대했지만, 모장에서는 학교 시스템을 처리하고 마인크래프트를 교실에서도 활용할 수 있게 만들 인프라스트럭처를 갖추지 못했다."라고 밝혔다. 2016년 11월, 마이크로소프트는 '마인크래프트: 에듀케이션 에디션'을 출시했다. 이벤트 및 교육 프로그램과 게임 기반 학습 자료의 핵심으로 구성된 게임의 수업용 에디션이다. 2023년에는 마인크래프트 에듀케이션(Minecraft Education)이라는 간소화된 이름으로 리브랜딩 됐다.

────── 조엘 레빈 마인크래프트에듀 교육 모드 원작자는 인수 이후 마이크로소프트와의 협업을 고려했지만, 결국에는 정규 교육에 복귀하기로 결심했다. 레빈은 "모장이라는 특이하고 조그마한 스웨덴 회사와 협업을 계속하고 싶었고, 같이 가면서 이해하고 싶었다."라며, "하지만 마이크로소프트가 관여하는 순간 분명 매우 다른 방향으로 흘러갈 것이다."라고 밝혔다. 그러나 레빈은 교육용 에디션을 향한 마이크로소프트의 열의를 흠잡을 수 없었다. "마인크래프트가 교실에서 지닌 힘을 마이크로소프트는 이해했고 더 크게 키우고 싶어 한다는 사실을 나는 처음부터 100% 확신했다."

────── 앨리슨 매튜스(Allison Matthews) 마인크래프트 에듀케이션 사장과 매튜스의 동료들은 선생님과도 협업을 하지만, 교육적인 맵이나 미니게임에 특화된 마인크래프트 크리에이터들과도 긴밀히 협업하고 있다. 몇 달 간격으로 회의를 열어서 새로운 아이디어와 기능들을 테스트해 본다. 이 같은 과정을 거쳐 개발한 기능에는 대표적으로 화학 리소스 팩과 코드 빌더가 있다. 화학 리소스 팩은 마인크래프트에서 학생들이 원소를 조합하고 실험할 수 있게 만들어 준다. 코드 빌더는 게임 내에서 코딩을 할 수 있는 기능으로, 플레이어가 코드를 작성하는 방법을 학습하고 마인크래프트 세계에서 구현되는 모습을 볼 수 있게 도와준다.

────── 에듀케이션 개발진은 주민 등 다른 에디션에서 볼 수 있는 기능들을 교육용 버전에 맞게 옮기는 작업도 한다. 덕분에 마인크래프트 에듀케이션에서는 주민의 외모를 사용자 지정할 수 있고, 대화창을 만들어서 중요한 설명을 전달할 수도 있다. 일례로 에듀케이션 개발진이 테마 교육 이벤트 중 하나인 '평화 건축가'를 만들면서 데스몬드 투투 대주교를 표현하기 위해 사용자 지정 주민 도구를 사용했다. 에듀케이션 개발진은 교구를 안전하게 만들기 위해서 학생과 교사가 마이크로소프트 365 계정을 이용하여 로그인할 수 있도록 개발하기도 했다. 에듀케이션 개발진은 게임 자체를 수정하는 것 외에도 NASA, 노벨 평화 센터, 유네스코, BBC 어스 같은 외부 기관과 협력 관계를 맺고 수업 계획과 테마 세계를 제작해서 교사들이 이용할 수 있도록 education.minecraft.net에서 배포하고 있다.

01

01 / 에듀케이션 에디션
마인크래프트: 에듀케이션 에디션에서 진행 중인 수업의 스크린숏. 차례대로 좋은 트러블, 화학 강의, 졸업식의 모습.

02 / 브랜드
모장은 마인크래프트에듀를 인수한 뒤 마인크래프트: 에듀케이션 에디션을 출시했다. 새로운 로고를 개발하고 UI를 업데이트 했으며, 2023년에는 마인크래프트 에듀케이션으로 리브랜딩 했다.

MINECRAFT EDUCATION

Smile for the camera!

Play

New & Featured

Settings

Manage Account

업데이트되는 서버

각자의 목적에 따라 게임을 고쳐 나가는 마인크래프트
서버 제작자

모더들이 가장 많이 찾는 업데이트를 하나 꼽으면 마인크래프트 자바 에디션 1.12.2가 있다. 이 업데이트에 무언가 특별한 것이 있어서라기보다는 다음 자바 에디션 업데이트가 나오기까지 303일이 걸려서 그렇다. 케빈 "슬로포크" 몰로니(Kevin "slowpoke" Moloney) 피드 더 비스트 설립자는 모장에서 마인크래프트를 업데이트할 때마다 상당수의 기존 모드가 고장 나고, 더 이상 쓸 수 없게 된 모드의 제작자는 모드가 최신 버전과 호환되도록 모드를 고쳐야 한다고 설명한다. 몰로니는 "예를 들어 모장에서 게임 엔진을 바꾸면 우리에게 영향이 있다. 모드를 대대적으로 재작성하는 작업이 필연적으로 수반되기 때문이다."라며, "비록 그 작업이 게임 성능을 대폭 향상하기 위한 것일지라도 말이다."라고 밝혔다.

──────── 케빈 몰로니는 모더가 기존 작업물을 계속 업데이트해야 한다는 사실 때문에 모장을 탓하지는 않는다. 마인크래프트의 업데이트는 놀라운 기능들을 게임에 가져왔고, 모더들은 수만 수천 명이 있다. 모든 업데이트를 모든 모드와 호환되게 만드는 것은 불가능하다. 몰로니는 "우리는 모장에서 무언가를 바꿀 때 우리 모두를 고려할 수 없다는 것을 충분히 이해한다. 우리가 대신에 모장이 무엇을 하고 있는지 계속 따라가야 한다."라고 밝혔다. 그렇지만 이 같은 노력이 물거품이 될 수도 있기 때문에 업데이트 일정상 존재하는 긴 공백기를 모더들이 반긴다. 업데이트의 공백기는 모더들이 신규 프로젝트를 작업할 수 있도록 숨 쉴 틈을 만들어 주기 때문이다.

──────── 서버 운영자들도 업데이트에 대해 걱정하고 있다. 모드에 의존하지 않는 서버를 운영하고 있더라도 말이다. 마인크래프트에서 가장 오래된 도시인 그린필드처럼 다년간의 건축 프로젝트를 진행하고 있는 경우, 새로운 블록이 등장하면 최신 상태를 유지하기 위해 재건축을 해야 한다.

"플레이어는 동일한 세계에서 영원히 플레이할 수 있어야 한다. 회사 지침에는 실제로 이런 내용이 들어가 있다."

앙네스 라르손, 바닐라 마인크래프트 게임 디렉터

──────── 그린필드에서 현재 활동 중인 건축가 마틴 웨이스는 "일종의 악순환이다."라며, "마인크래프트에 새로운 블록이 많아질수록 현실적인 표현에 대한 기준도 자주 업데이트해야 하지 않는가? 초창기에는 건물 벽에 한 가지 텍스처만 넣어도 괜찮았다. 하지만 이제는 수백 가지 블록이 있다. 빗물 자국을 표현하기 위해서 외벽에 텍스처를 세심하게 추가하지 않으면 현실적으로 보이지 않는다."라고 밝혔다.

01 / 오트크래프트
업데이트를 통해 구현된 변경 사항에 적응하는 방법을 체득한 서버 중 하나인 오트크래프트의 로고와 화면.

──────── 업데이트에서 추가된 기능을 통합하고 갑작스러운 고장을 처리하기란 스튜어드 덩컨 오트크래프트 설립자에게도 복잡한 일이다. 덩컨은 "수많은 서버들이 초기화를 통해서 새로운 기능들을 받아들이고 있다."라고 밝혔다. 서버가 초기화되면 기존 건축물이 사라지거나 예전처럼 작동하지 않을 수 있다. 덩컨은 "자폐인이 많은 서버에서는 쉽지 않은 일이다. 특히나 자폐인은 변화와 손실을 받아들이기 어려워하기 때문이다. 1년 넘게 가꾸어 온 세계, 집, 반려동물 등이 하루아침에 모두 사라져 버린다면 매우 당황하고 경계선 트라우마가 남을 수도 있다."라고 설명했다.

──────── 2015년, 오트크래프트에서는 서버에 업데이트를 도입할 방안을 찾았다. 각 세계에 경계선을 설정하는 것이었다. 경계선 내의 모든 것은 그대로 유지되고, 서버 업데이트가 있을 때마다 오트크래프트는 경계선만 넓힌다. 맵 중심에서 멀리 이동하기만 하면 새로운 지형을 볼 수 있다. 덩컨은 "이를 통해 우리는 역사를 잃어버리지 않고도 게임과 함께 지속적으로 발전하고 성장할 수 있다."라고 덧붙였다.

──────── 업데이트로 인해서 기존 맵과 모드에 발생할 수 있는 피해를 줄이는 비법은 커뮤니티와의 의사소통에 있다. 현재 모장은 플레이어가 업데이트에 문제가 있는지 테스트할 수 있도록 마인크래프트 업데이트의 초기 버전을 스냅숏으로 배포하고 있다. 회사의 최우선 과제 중에는 플레이어의 작업물이 업데이트에 영향을 받지 않게 만들어야 한다는 것도 있다. 앙네스 라르손 게임 디렉터는 "우리는 항상 플레이어 세계를 존중해야 한다."라며, "플레이어는 동일한 세계에서 영원히 플레이할 수 있어야 한다. 회사 지침에는 실제로 이런 내용이 들어가 있다."라고 밝혔다.

02

© GREENFIELD MINECRAFT

02 / 그린필드
서버에서 찍은 사진. 급수탑, 로크웰 해변,
공항의 모습.

역사 사냥꾼

마인크래프트 기록물관리사가 디지털 역사의
흥망성쇠를 논하다

게임 산업에는 역사를 보존하기 어려운 면이 있다. 마인크래프트도 다르지 않다. 이 게임의 극초창기 업데이트 일부는 현재 공식적으로 이용할 수 있는 방법이 없다. 옴니아카이브(Omniarchive)는 후대를 위해 손실된 버전을 찾고 저장하기 위해서 2017년에 만들어진 커뮤니티 프로젝트다. 옴니아카이브의 설립자는 HalfOfAKebab로, 2021년에 타계했다. 오래전부터 게임을 해 온 플레이어가 운영하고 있을 것 같아 보이지만, 실제로는 청소년이 주축을 이루고 있다. 옴니아카이브 팀원 중 일부는 지금 찾고 있는 업데이트가 출시된 지 한참 지나서 마인크래프트를 플레이하기 시작했다. 미국에서 IT 학부를 다니고 있는 MisterSheeple은 "우리 모두는 특별히 끌리는 버전이나 시기가 있는 경우가 많다."라며, "내게는 인데브가 그렇다. 왜냐하면 이상한 시절이었기 때문이다."라고 밝혔다.

——— 옴니아카이브의 회원들은 여가 시간을 이용하여 10년 전에 마인크래프트를 언급한 채팅 기록, 인터넷 게시물, 동영상을 조사한다. 그런 다음 해당 사용자를 찾아내서 업데이트를 보유하고 있는지 물어본다. 영국에서 생화학과 수업을 듣는 rufus10은 "들인 시간의 약 95%는 빈손으로 끝난다."라고 밝혔다. 하지만 옴니아카이브는 가끔씩 대박을 치기도 한다. 옴니아카이브가 일궈낸 대표적인 업적은 마인크래프트: 자바 0.0.12a_03 버전을 찾은 것이다. 마인크래프트 사상 두 번째로 공개된 버전이다. 옷장에 방치된 채 썩어 가던 하드디스크에서 나타났다. 가끔씩 이 같은 유물에는 사라진 기능들도 있다. 2018년 중순에 옴니아카이브는 화살통이 존재하는 업데이트를 발견했다. 화살통은 노치가 개발하다가 방치한 프로젝트인 《레전드 오브 챔버드》에서 가져온 아이템이었다.

——— 초창기 마인크래프트 개발진은 이 게임의 문화적 중요성을 인식하지 못했기 때문에 게임을 개발하면서 구 버전을 보존해야겠다는 생각을 하지 못했다. 2013년 4월까지 초창기 버전들은 자바 런처에서 이용할 수 없었다. 모장에서는 일부 버전에 똑같은 이름을 붙이면서 혼란을 야기했다. 가끔씩 노치는 게임에 실제로 추가하지 않은 기능을 담은 스크린숏을 게시하기도 했다. 대표적으로 밝은 갈색 버전의 거미. 체코 출신의 컴퓨터 공학생 DEJVOSS는 "이런 것들은 출시된 적이 없다."라며, "개발 장면에 불과하다."라고 밝혔다.

——— 마인크래프트 알파 이전 버전은 웹 브라우저상에서 실행됐기 때문에 플레이어의 PC에는 영구적으로 설치되지 않았다. 이로 인해 옴니아카이브는 어려움을 크게 겪었다. 하지만 게임 파일이 어딘가에 남아 있는 경우도 있었다. 옴니아카이브는 이 같은 사실을 서서히 알게 됐다. rufus10은 "이제 사람들에게 연락할 때, 정확한 파일명과 어디로 들어가서 찾아야 하는지 폴더 경로를 알려 줄 수 있다."라고 밝혔다. 2020년 초에는 놀라운 발견을 이뤄 냈다. 어떤 사람이 사용하던 브라우저의 임시 저장소에 숨어 있던 최초의 마인크래프트 멀티플레이 버전을 찾은 것이다.

01

■■

01 / 스크린숏
자칫 게임 역사에서
사라질 뻔한 오래된
버전을 옴니아카이브가
되찾아서 찍은 스크린숏
모음. 0.0.12a_03,
0.0.15a 및 0.0.20a_02
버전의 모습이다.

02 / 기록물 렌더
오래된 게임을 보존해야
한다는 인식은 최근에서야
생겼다. 게임 산업이
지닌 디지털 특성상 이미
수많은 역사가 유실됐다.
디지털 기록물은 그
역사를 찾고 저장하기
위해 필수적이다.

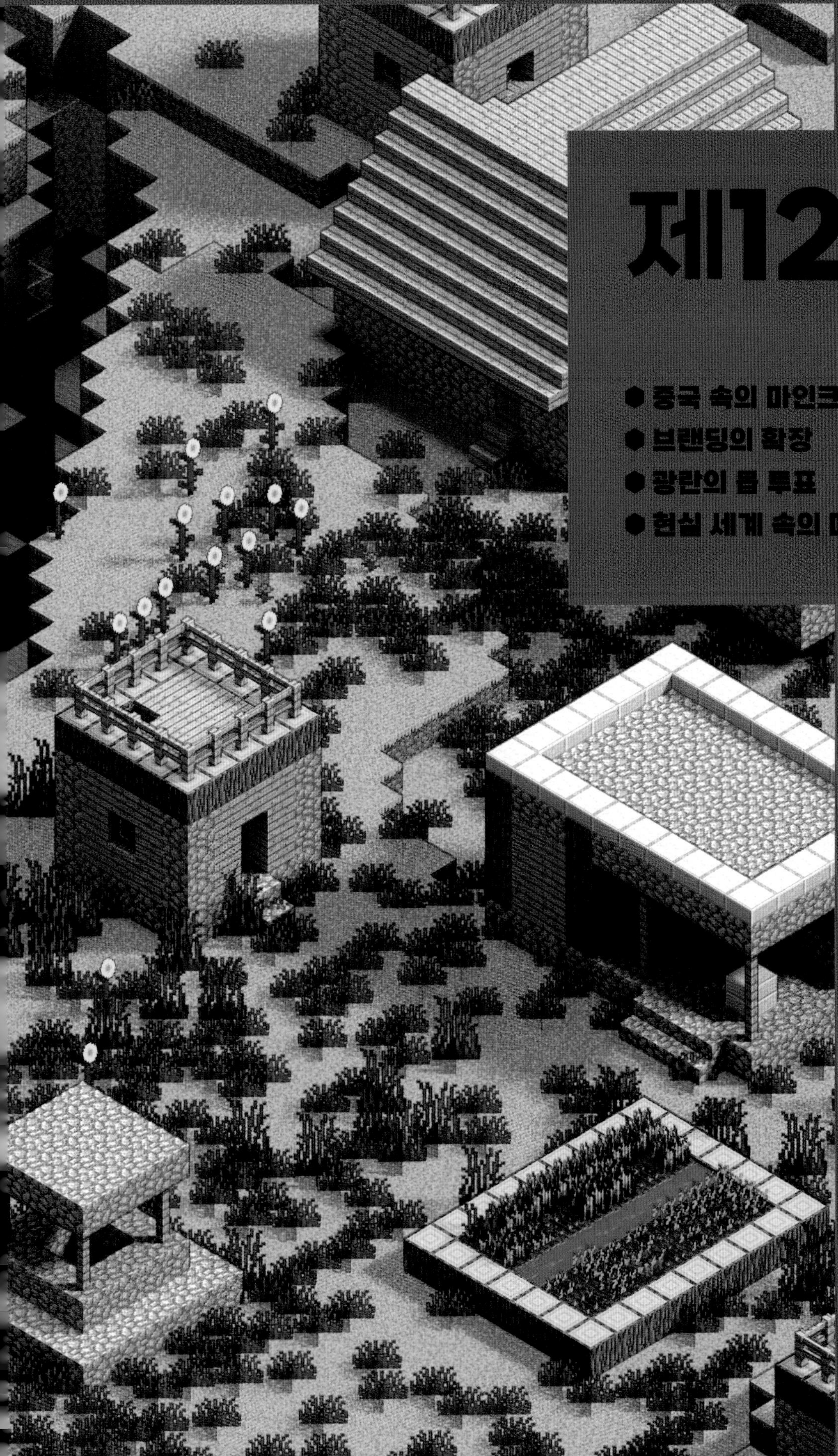

제12장

- 중국 속의 마인크래프트
- 브랜딩의 확장
- 광란의 몹 투표
- 현실 세계 속의 마인크래프트

————— 2017년 9월에 함께하면 더 좋은(Better Together) 업데이트가 출시되면서 베드락 에디션은 4J 스튜디오가 이식한 마인크래프트를 대체해서 현재 콘솔에서 업데이트되고 있는 에디션이 됐다. 이번 업데이트를 통해 Xbox, 모바일, VR 및 Windows 10을 사용하는 마인크래프트 플레이어들은 마침내 온라인상에서 친구들을 만나고, 어떤 플랫폼에서든 다른 친구의 세계에 접속할 수 있게 됐다.

————— 2017년에 벌어진 또 다른 대사건은 마인크래프트가 중국에 출시된 것이었다. 물론 공식적으로 출시됐다. 스 하이 (Hai Shi) 중국판 마인크래프트 총괄 프로듀서가 지적한 바와 같이, 글로벌 버전은 중국에서 판매되고 있지 않음에도 불구하고 당시 중국에서 마인크래프트를 플레이하는 사람들은 이미 수백만에 달했다. 이 가운데 몇몇 플레이어는 불법 복제판을 이용하기도 했다. 마인크래프트 아류작은 수없이 많은데, 아류작을 플레이하는 사람까지 포함하면 그 수는 더 늘어난다.

중국 속의 마인크래프트

거대한 시장을 개척하기 위해서 중국 개발사와 협력하여
게임을 뜯어고친 방법

중국에서 마인크래프트를 정식 출시하기 위해 마이크로소프트는 중국의 비디오게임 회사 넷이즈(NetEase)와 협력 관계를 맺었다. 넷이즈는 중국 플레이어의 취향에 맞는 새로운 기능과 변경 사항을 다양하게 제안했다. 그중에는 물리적인 변화도 있었다. 가령 모바일 버전에서 버튼 대신에 가상 컨트롤 스틱을 추가하자거나 블루투스로도 멀티플레이를 할 수 있게 만들자는 식이었다. 넷이즈는 디지털 업데이트를 위한 아이디어도 제시했다. 당시 제시된 아이디어에는 서로가 게임에 초대할 수 있는 자체적인 친구 시스템, 트위터처럼 사람들이 서로를 팔로우 할 수 있는 기능, 메시지를 보내는 기능, 생방송에 참여하는 기능 등이 있었다. 제일 괄목할 만한 변경 사항은 이름이었다. 현재 현지에서는 我的世界라는 이름으로 서비스 중인데, 이를 번역하면 "나의 세계"다.

———— 무엇보다도 넷이즈는 모장과 협력하여 마인크래프트 중국판을 간편하게 이용할 수 있게 만들고, 런처에서 일일 퀘스트와 멀티플레이 퀘스트를 제공하려고 했다. 스하이는 "수많은 사람들이 출퇴근길에, 보통 한 손으로 휴대폰을 조작하며, 플레이를 하기 때문에 5분 만에 재미를 느낄 수 있거나 친구가 무엇을 하고 있는지 확인할 수 있어야 한다."라고 밝혔다. 중국판만의 두드러지는 특징은 부분 유료화 게임이라는 것이다. 이를 통해 중국에 있는 사람들이 게임에 더욱 쉽게 접근할 수 있고, 다른 시간 때우기 게임이나 모바일 게임과 결을 같이 할 수 있다.

"수많은 사람들이 출퇴근길에 플레이를 하기 때문에 5분 만에 재미를 즐길 수 있거나, 친구가 무엇을 하고 있는지 확인할 수 있어야 한다."

스 하이, 마인크래프트 총괄 프로듀서

01

01 / 기념 삽화
중국판 제작진이 제작한 삽화. 넥스트 스튜디오의 《몬스터 어택: 니안》 등 게임 내 이벤트를 위해 제작하기도 하고, 음력설과 원소절 같이 게임 외 기념일을 위해 제작하기도 한다.

02 / 키 비주얼 포스터
2022년 한여름 페스티벌을 기념하기 위해 제작한 홍보용 포스터.

01 / 대중문화
마인크래프트 중국판은 ASUS의 ROG, 영화 《몬스터 호텔》 등 인기 있는 브랜드들과 컬래버레이션을 다수 진행했다.

02 / 스크린숏
넷이즈가 촬영한 생동감 넘치는 스크린숏. 허난성에 실재하는 건축물을 담았다. 중앙에 있는 이미지는 넥스트 스튜디오가 2023년 음력설을 맞이하여 《몬스터 어택: 니안》 어드벤처 DLC 일부를 제작한 것이다.

01

"우리의 파트너 넷이즈는 자유시장 철학의
대표적인 지지자다."

스 하이, 마인크래프트 총괄 프로듀서

  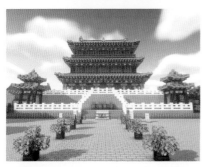

02

———— 중국에서 마인크래프트는 플레이어가 제작한 콘텐츠에 대한 뚜렷한 접근법을 갖고 있다. 누구나 마인크래프트 크리에이터로 등록할 수 있으며, 크리에이터가 하는 일에 대한 통제가 적다. 스 하이는 "우리의 파트너 넷이즈는 자유시장 철학의 대표적인 지지자다."라고 밝혔다. 마인크래프트 중국판 개발팀은 가상 테스트 환경을 통한 맵 편집기부터 콘텐츠 업로드 및 가격 책정을 위한 시스템에 이르기까지 마인크래프트 건축 도구 개발에도 도움을 주고 있다. 심지어는 크리에이터를 어울리는 인터넷 방송인과 매칭시켜 주는 서비스도 존재한다.

———— 이러한 변경 사항과 추가 기능에도 불구하고 기본적으로 게임에서는 동일한 경험을 제공한다. 블록도, 몹도, 끝없이 매력적인 지형도 똑같다. 출시 후 6년이 지난 현재, 중국에서 마인크래프트 플레이어로 등록한 회원 수는 6억 명을 돌파하면서 미국에 이어 세계에서 두 번째로 마인크래프트를 많이 플레이하는 국가로 자리매김했다. 대다수의 중국인들은 여전히 글로벌 버전을 플레이하면서 기존 커뮤니티와 분리되는 것을 꺼린다. 마이크로소프트는 이러한 플레이어를 강제로 전환할 계획이 없다. 스 하이는 "이미 해당 버전을 사용하는 친구들이 있을 것이다."라며, "어쩌면 다른 나라에 사는 친구일 수도 있다."라고 밝혔다.

브랜딩의
확장

마인크래프트가 개발되고 진화되면서 로고도 달라졌다.
특유의 브랜드를 다양한 게임기와 버전에 맞춰 어떻게
개작했는지 살펴본다.

01

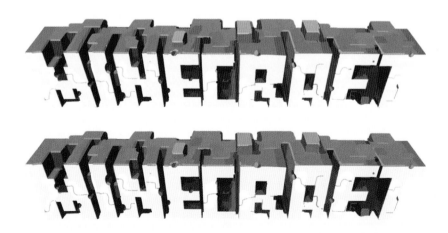

**01 / 정크보이가
제작한 컨셉**
마인크래프트 개발
초기에 정크보이 모장
크리에이티브 감독이
제작한 초기 로고
스케치와 디자인.

02

2011년 ~ 2015년

2015년 ~ 2021년

2021년 ~ 현재

03

04

02 / 로고의 진화
수년간 마인크래프트
로고의 변천 과정을 보여
주는 서로 다른 디자인의
로고 3개.

03 / 기념 로고
10주년과 15주년을
기념하기 위해 제작된
기간 한정 로고 2개.

**04 / 에디션 및
업데이트**
다양한 업데이트와 에디션,
오프라인 행사에서 사용된
마인크래프트 로고 모음.

01

MC Logotype Perspective Grid

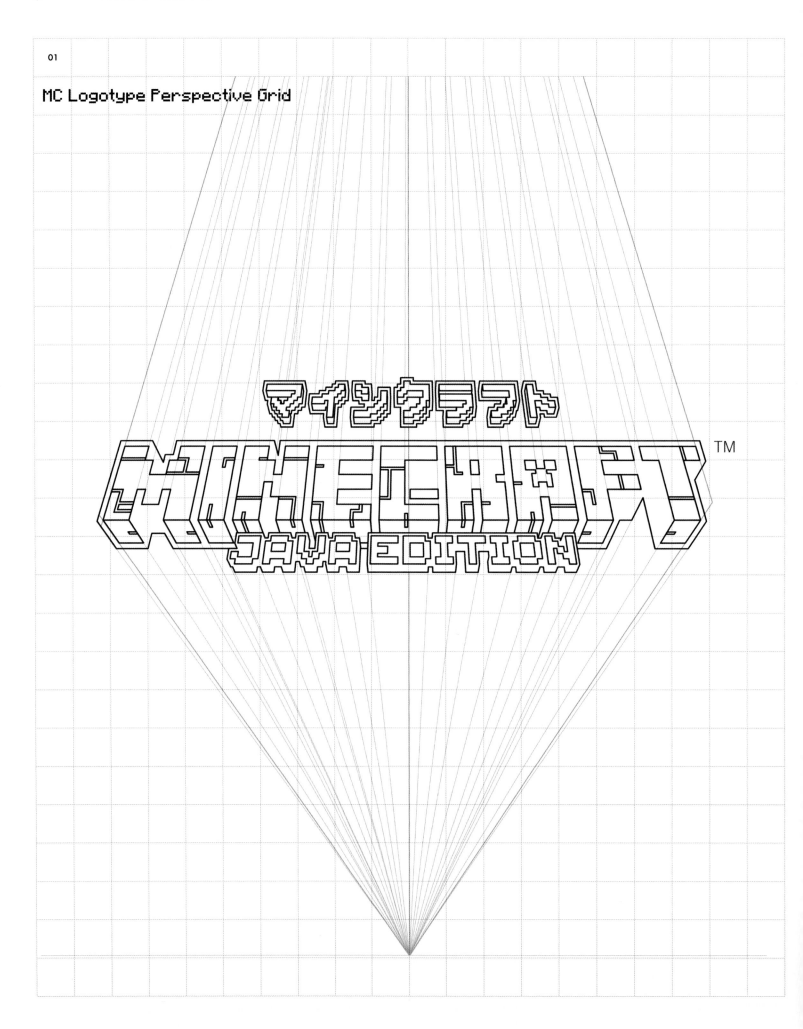

MC Logotype Perspective Grid

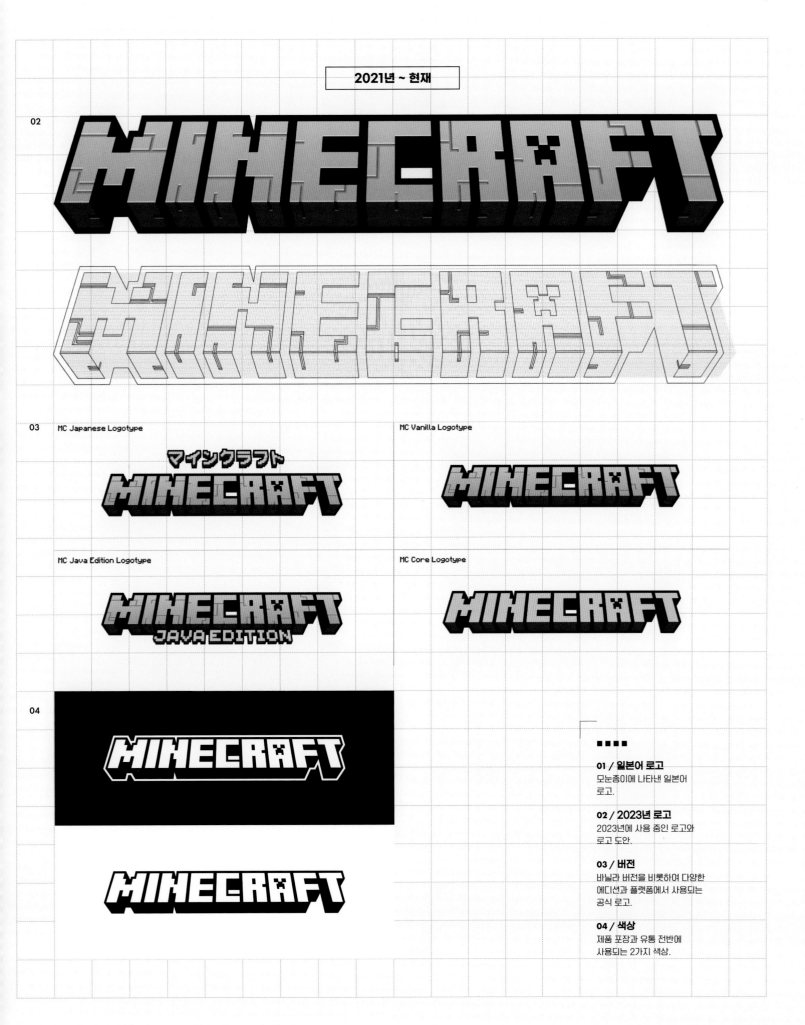

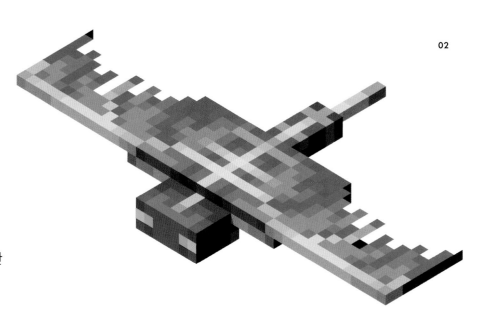

02

광란의
몹 투표

공식 커뮤니티 행사를 통해서 몹을 개발하기 시작한
모장

마인크래프트에서 밤새도록 걸어 본 적이 있다면 팬텀이라는 몹이 친숙할 것이다. 팬텀은 하늘을 날아다니는 언데드 몬스터로, 며칠간 취침하지 않고 돌아다니는 플레이어를 괴롭히러 스폰된다. 빠르고 경계심이 강하며, 피하기도 때리기도 어려운 팬텀은 마인크래프트 플레이어가 제일 애증 하는 몹이다. 그러나 이는 온전히 커뮤니티가 자초한 일이었다.

─────── 팬텀은 마인콘 어스 2017에서 모장이 처음으로 진행한 연례 몹 투표에서 당선된 몹이다. 마인콘 어스 2017은 다른 이유로도 특별했다. 온라인상에서 개최된 최초의 마인콘이자, 다채로운 코너를 갖춘 생방송 형태를 취한 최초의 마인콘이었기 때문이다. 당시 생방송 진행은 배우 윌 아넷(Will Arnett)과 리디아 윈터스 모장 최고 스토리

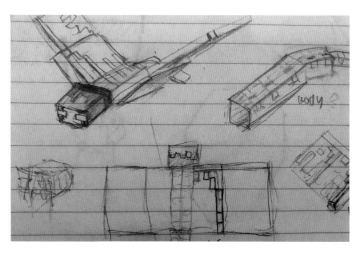

01

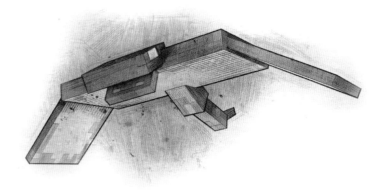

텔러가 맡았다. 마인크래프트를 플레이하는 사람들이 많아지면서 오프라인에서 열리는 컨벤션에 참석하고 싶어 하는 플레이어들을 모두 수용하기가 어려워졌다. 컨벤션 개최 장소를 온라인으로 바꾸면서 공간과 접근성 문제는 해결됐다. 하지만 모장은 단순히 동영상만 송출하는 것이 아니라, 이전 마인콘에서 그랬던 것처럼 플레이어를 컨벤션에 초대하고 싶은 마음이 있었다. 이는 몹 투표와 같은 대화형 이벤트의 탄생으로 이어졌다.

─────── 팬텀은 신규 마인크래프트 몹 후보에 오른 네 마리 중 하나였다. 부 부이 모장 최고 미디어 책임자는 "나는 팬텀을 싫어하지만, 몹 투표를 통해서 사람들에게 투표의 중요성을 인식시킬 수 있었다고 생각한다. 요즘 같은 시대에 투표는 매우 중요하기 때문이다."라고 밝혔다.

─────── 리디아 윈터스가 처음으로 생각해 낸 몹 투표는 이제 모장과 마인크래프트 플레이어 사이를 잇는 중요한 연결 고리가 됐다. 부이는 "개발자와 커뮤니티 사람들은 과거에도 주거니 받거니를 해 왔다."라며, "하지만 몹 투표는 훨씬 더 직접적이고 팬텀의 사례처럼 끔찍한 결과를 초래하기도 한다! 요컨대 몹 투표는 플레이어가 마인크래프트가 플레이하는 방법을 실제로 바꾼다. 몹 투표로 인해서 긴 모험을 떠나는 방법이 바뀌었고, 수면 빈도가 바뀌었고, 대비해야 할 사항도 바뀌었다. 사람들이 스스로 해낸 일이다."라고 밝혔다.

─────── 훗날 모장은 사람들이 새로운 몹과 블록을 포함한 생물 군계 자체에 투표할 수 있도록 몹 투표를 확장했다. 그러나 이로 인해 업무량이 급증하자, 개발진은 2021년부터 다시 투표 대상을 몹으로 한정했다. 앙네스 라르손 바닐라 마인크래프트 게임 디렉터는 "투표에서 몹에 대한 정보를 최대한 많이 공유하는 것이 중요함을 배웠다."라며, "그래야 플레이어가 어떤 몹에게 투표할지 제대로 알 수 있기 때문이다. 우리가 이름과 생김새만 알려 줘서는 안 된다. 프로토타입을 만들 때 여유가 어느 정도 필요하기 때문에 세세한 디테일 하나하나까지 알려 줄 수는 없지만 주요 특징은 알려 줘야 한다."라고 밝혔다.

─────── 모장은 이제 투표에서 낙선한 몹을 절대 개발하지 않겠다는 발언도 지양하고 있다. 앙네스 라르손은 "첫 번째 몹 투표에서 '낙선자는 영원히 사라졌습니다'라고 말하자, 상황이 너무 극적으로 변했다. 2위를 차지한 몹도 사랑을 많이 받기 때문이다."라고 밝혔다. 그러나 2017년 투표의 준우승자를 생각해 보면 낙선한 몹을 개발하지 않기로 한 결정이 다행일지도 모른다. 당시 투표에서 2위를 한 그레이트 헝거(The Great Hunger)는 몸을 땅으로 위장해서 커다란 입으로 다른 몹과 아이템을 빨아들이는 파충류 몹이다. 아무래도 아끼는 반려동물이 사라지는 것을 반기는 플레이어는 없을 테니 말이다.

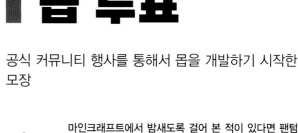

A.

B.

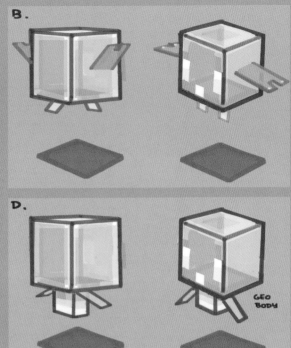

ALLAY

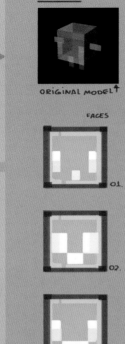

ORIGINAL MODEL

FACES

01

02

03

C.

WINGS

D.

GEO BODY

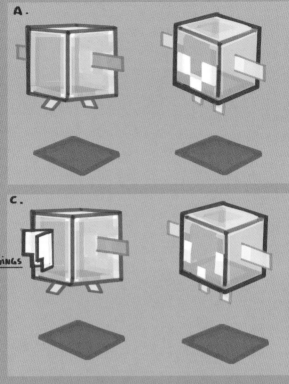

03

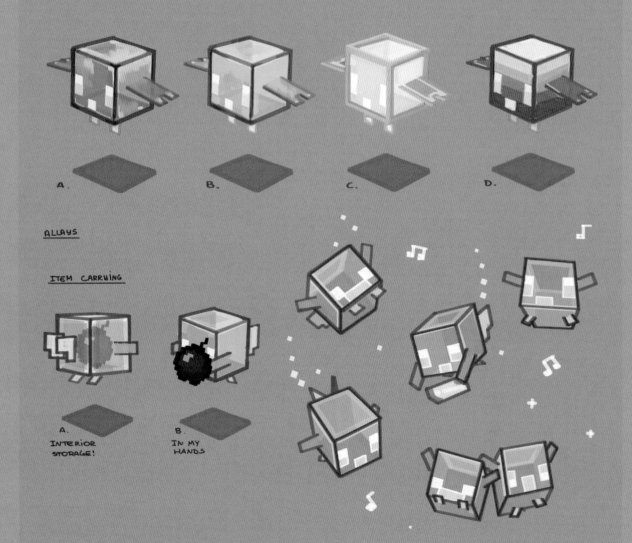

A.　　B.　　C.　　D.

ALLAYS

ITEM CARRYING

A.
INTERIOR
STORAGE!

B.
IN MY
HANDS

01 / 스케치
팬텀 디자인의 초기
스케치와 몹 투표에서
당선된 그림. 야스퍼르
부르스트라가 제작했다.

02 / 팬텀
몹 투표에서 당선된 후
개발되고 변경된 팬텀의
최종 렌더.

03 / 2021년 당선자
2021년도 몹 투표에서
당선된 알레이의 3차원
컨셉.

현실 세계 속의 마인크래프트

마인크래프트 행사는 마인콘에만 국한되지 않았다. 역사적으로 이 게임은 전 세계 박람회, 전시회, 컨벤션 그리고 박물관에서 모습을 드러냈다. 마인크래프트: 전시회(Minecraft: The Exhibition)는 게임 정식 출시 10주년을 기념하기 위해 처음 개최된 전시회였다. 원래는 미국 시애틀에 소재한 대중문화박물관에서만 열 계획이었지만, 이후 미국 전역의 박물관과 미술관에서도 전시가 개최됐다.

01 / 룸 모형
전시회에서는 다양한 룸 모형이 전시됐다. 관람객은 좋아하는 룸과 사진을 찍을 수 있었다.

02 / 놀면서 배우다
대화형 게임 행사인 만큼, 당연히 액션과 놀이에 중점을 두었다.

03 / 규모
마인크래프트: 전시회의 규모는 엄청났다. 550㎡가 넘는 대중문화박물관을 가득 채웠다.

04 / 실감 나는 전시
초대형 제작대를 만드는 등 볼복을 실제 크기로 구현해서 전시회의 몰입감을 높였다. 다양한 마인크래프트 굿즈로 장식된 게이머의 침실도 전시됐다.

05 / 강연과 영화
게임, 완구, 마인크래프트를 플레이할 수 있는 기회 외에 성인을 위한 자리도 있었다. 게임의 역사를 설명하는 단편 영화가 상영되고 전시 기간 내내 전문가와 대화할 수 있는 기회가 제공됐다.

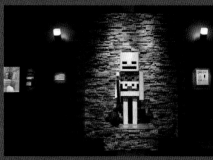

제13장

- 마인크래프트를 산뜻하게 만들다
- 픽셀의 완성형
- 접근성 모드
- 마을을 접수하다
- 마인크래프트 어스
- 마인크래프트에서 사랑받는 꿀벌

——— 2018년 7월 8일에 출시된 수중 세계(Aquatic) 업데이트(영화 《스티브 지소와의 해저 생활》에서 이름을 따왔다)는 처음으로 자바와 베드락에 거의 동시 출시된 대규모 업데이트였다. 이 업데이트에서는 마인크래프트의 바다가 대대적으로 개편됐다. 난파선, 보물 지도, 땅에 묻힌 보물, 산호초가 추가되었고 던질 수 있는 삼지창, 불우렁쉥이, 돌고래, 거북 등도 추가됐다.

——— 업데이트의 주제에 어울리게 수중 세계 업데이트의 가장 큰 변화는 겉으로 드러나지 않았다. 새로운 데이터 팩 시스템이 도입되면서 최소한의 프로그래밍 지식을 가진 플레이어가 구조물, 생물 군계 등 게임 내 모든 요소들을 조작할 수 있게 됐다. 플레이어는 수정한 텍스트 파일을 세이브 폴더에 붙여 넣기만 하면 된다. 누구나 쉽게 모드를 만들고 플레이할 수 있게 된 것이다.

마인크래프트를 산뜻하게 만들다

마인크래프트의 시대를 초월한 미학 보존 및
업데이트

2017년 6월 야스퍼 부르스트라(Jasper Boerstra)가 모장에 임시 계약직으로 입사했을 때는 맨땅에 헤딩을 해야 했다. 부르스트라는 트위터를 통해 회사의 아트 디렉터 요한 아론손으로부터 매우 구체적인 지시를 받았다. 아론손은 게임에 존재하는 모든 텍스처를 다시 그려달라고 했다. 모장의 임직원 수는 당시 75명까지 늘어났지만, 20세였던 부르스트라는 마인크래프트 최초의 전담 게임 아티스트였다. 부르스트라가 픽셀 아트에 입문할 수 있게 도움을 준 것은 정크보이 모장 크리에이티브 감독이었다. 부르스트라는 입사하자마자 부모님 집에서 스톡홀름으로 이사했는데, 그때는 자신이 무엇을 하고 있는지 전혀 몰랐다.

───── 부르스트라가 새로 맡은 역할에 막 적응했을 무렵, 마인크래프트 플레이어들은 부르스트라가 맡게 될 엄청난 작업을 알게 됐다. "입사 2주 차 때 옌스가 '맞다, 야스퍼 부르스트라를 채용했어요. 이 분이 게임 전체의 텍스처를 다시 만들 거예요.'라고 트위터에 글을 썼던 것 같다."라고 부르스트라는 회상 한다. 일부 커뮤니티에서는 처음에 이 같은 변화를 부정적으로 여겼다. 부르스트라는 "사람들이 기존 텍스처에 매우 애정을 갖고, 매우 그리워했다."라며, 온라인에서 과열된 반응을 봤던 기억을 떠올렸다. "(사람들이 이렇게 말했다) 왜 그러는 거냐? 그냥 있는 그대로 내버려 둬라. 고장 나지 않은 걸 고치지 마라."

"그 당시까지는 아트가 일관된 스타일이나 색상을 따르지 않았기 때문에 게임의 외관을 다듬기 위해서는 모든 것을 업데이트할 필요성이 있었다."

옌스 베리엔스텐, 모장 최고 크리에이티브 책임자

───── 다행히도 우려와는 달리 부르스트라는 완전히 새로운 마인크래프트를 떠올려달라는 부탁은 받지 않았다. 단지 기존의 모습을 산뜻하게 만들고 보다 연관성 있게만 만들어 달라는 요청을 받았다. 옌스 "젭" 베리엔스텐 최고 크리에이티브 책임자는 "그 당시까지는 아트가 일관된 스타일이나 색상을 따르지 않았다."라며, "때문에 게임의 외관을 다듬기 위해서는 원본의 분위기를 유지하면서 모든 것을 업데이트할 필요성이 있었다."라고 설명했다. 부르스트라가 지적한 바와 같이, 일부 몹과 블록은 기존의 아트 방향과는 다른 길로 가고 있다는 느낌이 있었다. "동굴 거미는 다양한 색상이 섞여 매우 흐릿한 생김새를 지녔다. 다른 몹들과는 다르다."

01

01 / 텍스처 업데이트
야스퍼 부르스트라의
텍스처 변경 발표와 함께,
업데이트의 공식 로고도
공개됐다.

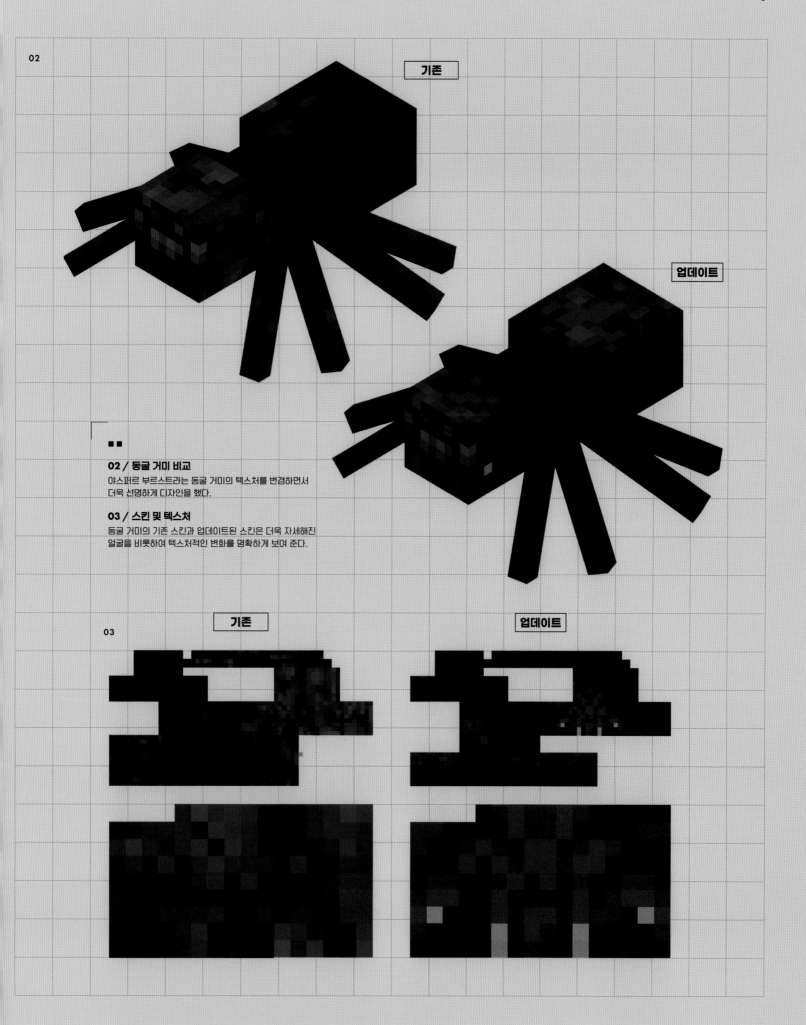

02

기존

업데이트

02 / 동굴 거미 비교
야스퍼르 부르스트라는 동굴 거미의 텍스처를 변경하면서
더욱 선명하게 디자인을 했다.

03 / 스킨 및 텍스처
동굴 거미의 기존 스킨과 업데이트된 스킨은 더욱 자세해진
얼굴을 비롯하여 텍스처적인 변화를 명확하게 보여 준다.

기존

업데이트

03

01

기존

업데이트

02

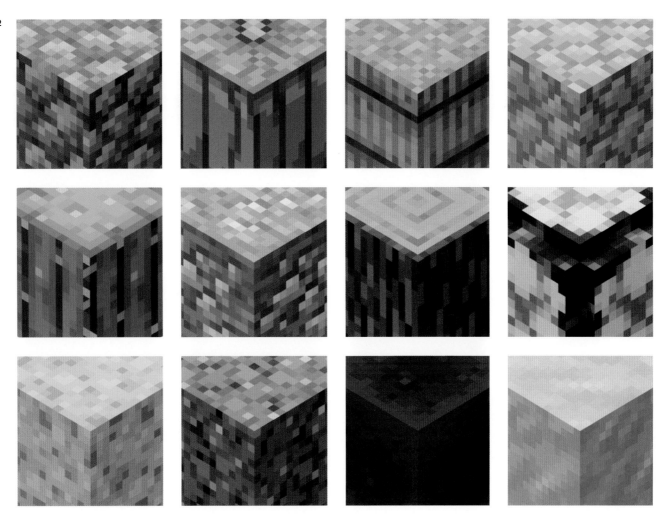

다음 해에 부르스트라는 마인크래프트 커뮤니티와 함께 텍스처를 개발하기 위한 작업 프로세스를 만들었다. 격주마다 다시 디자인한 블록들을 모아서 트윗하며 사람들의 반응을 모니터링했다. 부르스트라는 "내 아트 디렉터는 기본적으로 트위터에서 활동하는 어린이들이었는데, 마음에 안 들면 마음에 안 든다고 말했다."라고 밝혔다. 마인크래프트 유저들은 새로운 디자인이 공개될 때마다 우려 섞인 시선을 보냈지만, 얼마 안 있어 게임 텍스처를 개편하는 아이디어를 긍정적으로 바라보기 시작했다. 부르스트라가 커뮤니티의 의견을 적극적으로 수용했기 때문이다. 부르스트라는 텍스처에 대한 부정적인 피드백을 받을 때, 비록 사소한 변화라 할지라도 부르스트라가 커뮤니티의 제안을 수용하면 커뮤니티에서 긍정적인 반응을 보인다는 사실을 알아차렸다. "의견을 반영하자 갑자기 사람들이 좋아하기 시작했다."

그러나 모든 피드백을 쉽게 이해했던 것은 아니었다. 부르스트라는 해석하기가 특히 어려웠던 의견을 떠올린다. "사람들이 나더러 조약돌을 '거품투성이'로 만들었

다고 했다." 부르스트라가 이해한 바는 "너무 거품스럽다거나 그릇처럼 생겼다."라는 것이었다. 조약돌은 마인크래프트에서 매우 오래된 블록이고, 제일 유명한 블록인 만큼 부르스트라는 시간을 들여 갈피를 바로잡았다. "결국에는 원래 모양으로 돌아갔지만, 텍스처 측면에서 돌의 구성을 다듬기만 했다."

부르스트라가 작업 중인 모습을 공유하면서 생긴 한 가지 놀라운 결과는 게임을 좋아하는 아티스트 사이에서 마인크래프트의 기본 텍스처에 대한 관심도가 늘어났다는 것이다. 부르스트라는 "사람들은 보통 현실적이라던가, 어떤 스타일에 맞췄다던가, 만화 그림체라던가 매우 다른 텍스처를 원한다."라며, "하지만 이제 사람들은 메인 게임처럼 보이게 만드는 텍스처에 관심이 매우 많아졌다."라고 밝혔다.

모장은 2018년에 새로운 텍스처를 베타 테스트 형태로 출시했다. 이 시기에 부르스트라는 정직원이 됐고, 텍스처를 다시 디자인하면서 수중 세계 업데이트에서 추가되는 신규 블록도 만들었다. 지금도 부르스트라는 마인크래프트 블록 디자인을 플레이어와 나누는 대화라고 생각하며, 비판에서 배우려고 노력한다. 가령 대나무가 너무 노란 것 같다거나 철 원석 블록이 구운 콩 같다는 의견을 수용하는 식이다. 하지만 요새는 이 같은 과정을 덜 거치는 편이다. 현재 모장에서는 게임을 테스트해 볼 수 있는 스냅숏을 배포하거나 공식 계정에 동영상을 게시하는 방식으로 새로운 블록을 공개하고 있다. 이렇게 하면 플레이어는 새로운 블록이 실제 마인크래프트 세계에서 어떻게 보이는지 알 수 있기 때문이다. 부르스트라는 "언제나 깔끔하게 정리한 동영상을 만들어서 맥락을 잘 전달하려고 한다. 예를 들면 정글에 대나무로 지은 오두막을 지어서 대나무를 보여 주는 식이다."라며, "그러면 사람들은 '어, 저건 대나무가 아닌 거 같은데'라는 생각을 하지 않는다."라고 밝혔다.

■■

01 / 비교
회사에서는 변경 사항을 보여 주기 위해 비교용 이미지를 제작해서 같은 해 개최된 마인콘에서 공개했다.

02 / 달라진 블록 텍스처
새롭게 업데이트된 블록 텍스처들. 조약돌, 호박, 건초 더미, 프리즈머린, 선인장, 다이아몬드 광석, 참나무 원목, 후렴화, 스펀지, 화강암, 레드스톤 블록, 꽁꽁 언 얼음.

컨셉
픽셀의 완성형

다년간 여러 업데이트를 거치면서 마인크래프트의
텍스처는 발전했다. 달라진 디테일 몇 가지를
살펴본다.

01

01 / 스켈레톤
텍스처 업데이트에서 달라진 것은 블록과 아이템만이
아니다. 몹의 외형도 바뀌었다.

02 / 아이템 제작
제작대, 엔더 상자, TNT, 책장 등 제작된 아이템의
달라진 점을 비교하고 대조해 보자.

03 / 눈 골렘
머리와 몸체가 여러 개로 구성된 눈 골렘은 텍스처
업데이트의 변경 사항을 보여 주는 좋은 예시다.

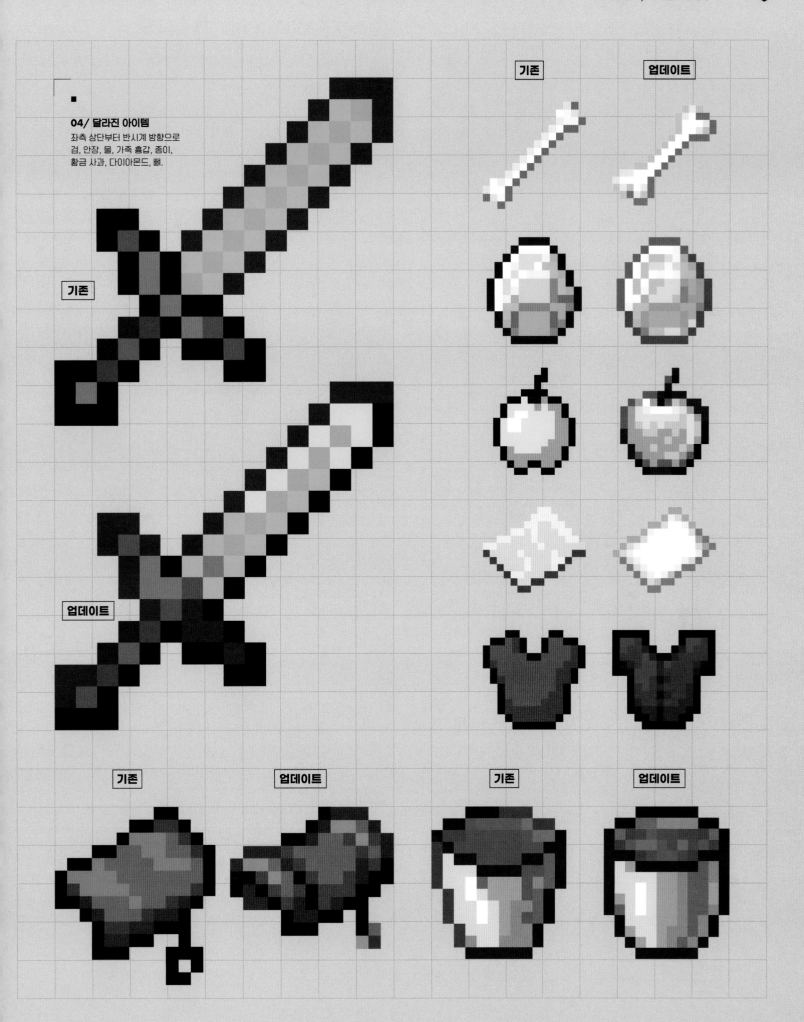

04/ 달라진 아이템
좌측 상단부터 반시계 방향으로
검, 안장, 물, 가죽 흉갑, 종이,
황금 사과, 다이아몬드, 뼈.

기존

업데이트

기존

업데이트

기존   업데이트   기존   업데이트

접근성 모드

EyeMine의 출시와 마인크래프트 접근성 도구 및
기능의 개발

EyeMine은 지체장애인이 눈을 이용하여 마인크래프트를 플레이할 수 있게 만들어 주는 모드다. 2018년 4월에 처음 출시된 이 모드는 영국에 기반을 둔 자선 단체 스페셜이펙트(SpecialEffect)와 제휴를 맺고 커스티 맥너트(Kirsty McNaught) 기술 컨설턴트가 제작했다. 스페셜이펙트는 지체장애인이 비디오게임에 접근할 수 있도록 비디오게임 수정에 전문화된 기관이다. EyeMine은 카메라와 게임에서 자주 반복하는 행동을 자동화하거나 단순하게 만들어 주는 자체 소프트웨어로 구성되어 있다.

──────── 커스티 맥너트는 원래 다니던 기술 스타트업에 환멸을 느끼고 2015년부터 EyeMine을 만들기 시작했다. 처음에는 선한 영향력을 발휘하기 위해 오픈소스 프로젝트에서 아르바이트를 시작했고, 팀에서 마인크래프트용 도구를 같이 만들 사람을 찾고 있을 때 스페셜이펙트를 만났다. 맥너트는 시선 추적 카메라 Eyegaze와 가상 키보드 프로그램 OptiKey를 이용하여 프로토타입을 제작했다. 처음에는 시선 추적을 통해 직접적으로 키보드와 마우스를 입력할 수 있게 만들었지만, 편의성이 별로였다. 일례로 플레이어가 이동 버튼을 누르려고 응시하면 이동하는 동시에 주변을 둘러볼 수 없었다. 그래서 맥너트는 마인크래프트 모딩 도구 포지(Forge)를 사용하여 직접 소프트웨어를 제작했다.

──────── 사람마다 다르겠지만 지체장애인이 마인크래프트를 플레이할 때 공통적으로 겪는 어려움이 있다. 몇 블록 떨어진 곳에 있는 상자를 여는 것처럼 정밀한 행동, 위험한 상황에서 벗어나기 위해 점프하면서 발 밑에 블록을 설치하는 것처럼 빠른 반응, 문을 열고 지나가서 문을 다시 닫는 것처럼 연속적인 동작을 하는 행동, 이동하면서 웅크리기 위해 버튼을 누르고 있는 것처럼 한 번에 여러 개의 입력이 수반되는 모든 행동이 이에 해당한다.

──────── 포지 모드 개발자 Mrbysco의 도움을 받아서 맥너티가 관리 중인 EyeMine은 이처럼 다양한 상황에 대안책을 제공한다. 대표적으로 "조심히 걷기" 기능을 이용하면 위아래를 쳐다봐서 이동하고 왼쪽, 오른쪽에서 왼쪽으로 시선을 옮겨서 방향을 제어할 수 있다. 이동과 시선을 별도로 조작하는 게임의 기본적인 시스템을 수정한 것이다.

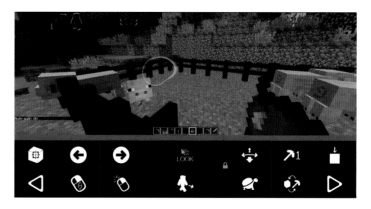

01

사다리에서 떨어지지 않게 해 주는 기능도 있고, 모서리를 돌 때 느려지게 만들어 주는 모드도 있기 때문에 숨겨진 함정에 빠지지 않을 수 있다. EyeMine이 개발되던 당시 자바 에디션에는 존재하지 않았던 자동 점프 기능도 이 모드에서 제공하고 있고, 무기를 빠르게 선택할 수 있는 설정도 있었다.

──────── 마인크래프트 접근성 개선은 마이크로소프트에게 중요한 과제가 됐다. 앨리슨 매튜스 마인크래프트 에듀케이션 사장은 외부 프로그램 '몰입형 리더'를 참고하여 마인크래프트 에듀케이션에서 캐릭터와 대화할 때에도 텍스트를 번역하고 소리로 들을 수 있게 만들었다. 매튜스는 "NPC와 대화할 때 글 상자 하단에 있는 작은 눈 모양을 클릭하기만 하면 된다. 그러면 게임에서 텍스트를 읽어 주고 거의 모든 언어로 번역할 수 있다."라고 밝혔다. 이제 어떤 기기에서 마인크래프트를 플레이하든 소리를 식별하고 어디서 소리가 들리는지 화살표로 알려 주는 기능을 이용할 수 있다. 케빈 "슬로포크" 몰로니 피드 더 비스트 모더는 한쪽 귀가 잘 들리지 않는 청각장애인인데, 은밀한 크리퍼를 처리할 때 이 기능을 사용한다.

──────── 한편 맥너트는 EyeMine을 개발하면서 배운 점을 바탕으로 마인크래프트만큼 광범위하게 수정할 수 없는 게임에서도 시선으로 조작할 수 있는 범용 프로그램을 제작하기 위해 고민하고 있다. 맥너트는 "EyeMine에 있는 기능 중 상당수를 별도의 인터페이스에 넣으려고 노력하고 있다. EyeMine을 제작할 때처럼 모드를 만들 수 있는 게임이 많지 않기 때문이다."라고 밝혔다. 맥너트는 누구나 게임을 일반적으로 이용할 수 있는 미래를 꿈꾸고 있다.

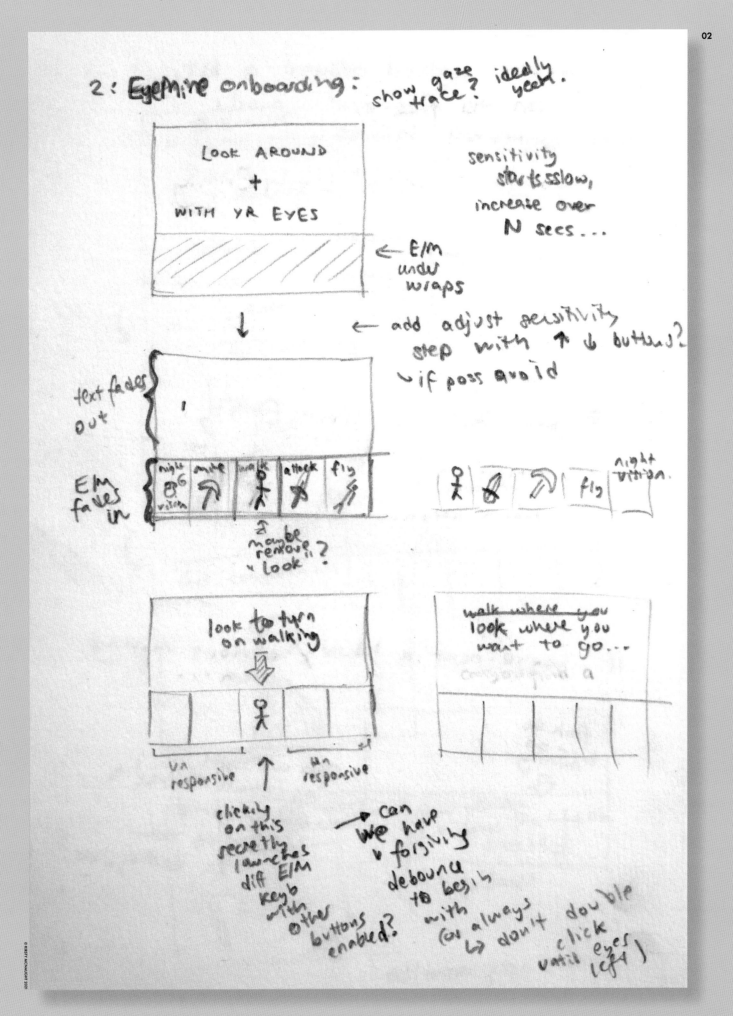

2: EyeMine onboarding: show gaze trace? ideally yeah.

LOOK AROUND
+
WITH YR EYES

← E/M under wraps

sensitivity starts sslow, increase over N secs...

text fades out

← add adjust sensitivity step with ↑ ↓ buttons? ↳ if poss avoid

E/M fades in

night vision	mine	walk	attack	fly

↳ maybe remove "look"?

look to turn on walking

walk where you
look where you want to go...

va responsive   Un responsive

clickily on this secretly launches diff E/M keyb with other buttons enabled?

→ can we have v forgiving debounce to begin with (as always ↳ don't double click until eyes off)

마을을 접수하다

게임과 커뮤니티에서 마을과 주민이 가지는 의미

처음에는 엑스트라에 불과했던 마인크래프트 주민들도 몇 년에 걸쳐서 도살업자나 대장장이 같은 직업인으로 성장했다. 이 같은 직업은 주민이 거래하는 품목을 결정한다. 주민은 작물을 수확할 수도, 먹거리를 나눌 수도, 심지어는 자식을 낳을 수도 있게 됐다. 이제 밤이 찾아오거나 비가 내리면 실내로 들어간다. 마을에는 침략자로부터 주민을 지키기 위한 철 골렘까지 생겼다.

───── 마을과 약탈 업데이트는 이름에서 알 수 있듯이 번영 중인 NPC 사회를 확장하는 한편 주민들을 위험에 빠뜨렸다. 2019년 4월에 이 업데이트가 출시되면서 용광로, 베틀 등 제작 블록에 따라 주민의 직업이 결정되는 시스템이 게임이 도입되고, 다양한 건축 자재, 새로운 식물 종, 수동적인 동물 등이 추가됐다. 특히 고양이가 따로 추가되면서 정식으로 고양이를 길들일 수 있게 됐다. 약탈자와 파괴수의 형태로 곤경도 추가됐다. 약탈자는 마을을 습격해서 점령하는 우민 계열 몹이다. 포악한 파괴수는 우민 같은 머리에 발이 4개 달린 몬스터로, 작물, 주민 및 플레이어를 짓밟는다.

───── 습격에 파괴수의 등장은 달갑지 않겠지만, 이번 업데이트는 파괴수 덕분에 탄생했다. 옌스 베리엔스텐은 "마을과 약탈 업데이트를 만들기 위한 전반적인 구상은 사실 파괴수에서 비롯됐다."라며, "이런 생각을 했다. 머리는 주민인 만티코어(manticore)를 만들면 재밌지 않을까? 이 발상에서 업데이트에 대한 생각을 시작했다. 파괴수를 먼저 디자인했고, 그다음에 주민과 마을을 업데이트하기로 결정했다."라고 밝혔다.

───── 마을과 약탈에서 모장은 플레이어가 주민과의 공감대를 형성할 수 있도록 심혈을 기울였다. 부지런한 플레이어가 주민 한 무리를 방에 가둬 놓고 무한하게 거래를 돌리지 못하기를 바라면서 이 업데이트를 만들었다. 베리엔스텐은 "우리는 계속해서 플레이어와 주민 사이의 관계를 개선하기 위한 방법을 모색해 왔다."라며, "주민을 우리에 가둬서 다용도로 이용해 먹기 위해 착취하는 식민주의 방식은 줄여야 한다. 하지만 선택권도 중요하다. 우리는 어떤 방법으로만 플레이하라고 플레이어에게 강요할 수 없다."라고 덧붙였다.

───── 만티코어와 반려묘를 제외하면 개발진에게 마을과 약탈은 끔찍한 악몽과도 같은 업데이트였다. 자바 에디션과 베드락 에디션에 동시 출시해야 했기 때문이다. 베드락 에디션이 출시된 이후 몇 년간 모장이 자바 에디션에서 마인크래프트 업데이트를 먼저 개발하면, 미국에 소재한 별도의 마이크로소프트 소속 개발진이 같은 기능을 베드락 에디션에 추가했다. 이 같은 접근법은 업데이트의 규모와 두 개발진의 물리적 거리로 인하여 엄청난 출시 지연 문제를 야기했다. 2018년과 2019년 초, 업데이트를 테스트하기 위해서 소규모의 실험적인 버전이 두 에디션에 배포됐고, 2019년 4월에야 정식으로 출시됐다.

01

01 / 업데이트 발표 배경화면
마을과 약탈 업데이트는 게임에서 플레이어가 주민들과 소통할 기회를 제공하기 위해 주민들의 삶에 새로운 기능들을 광범위하게 도입했다.

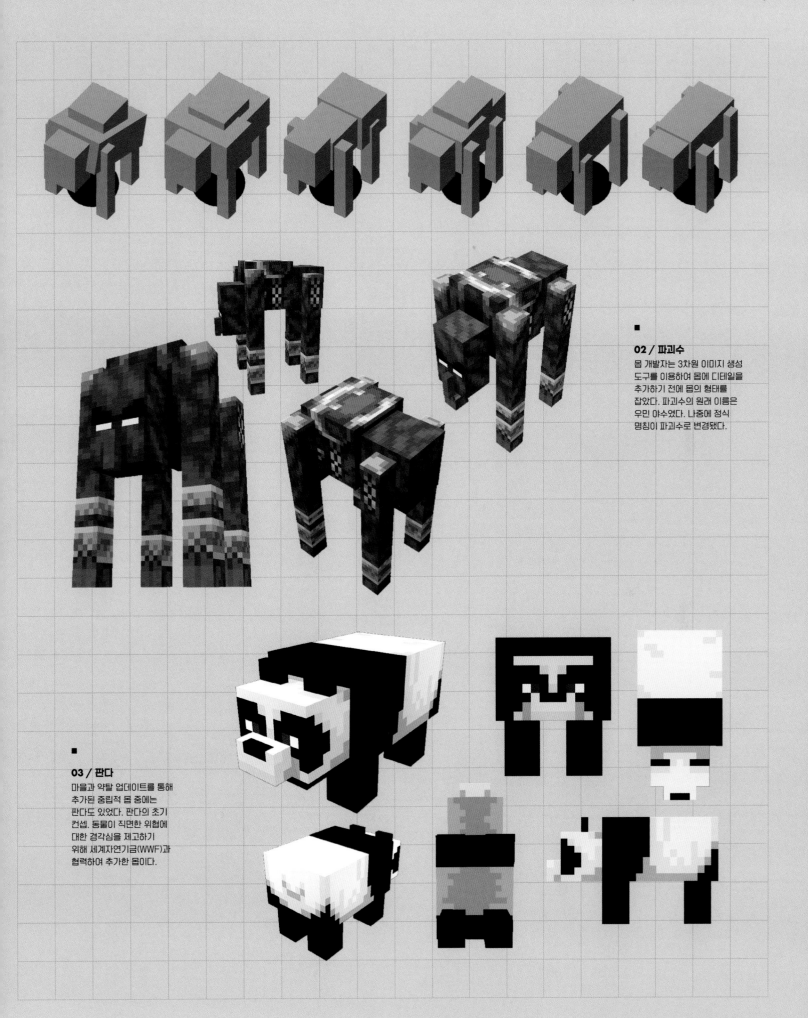

02 / 파괴수

몹 개발자는 3차원 이미지 생성
도구를 이용하여 몹에 디테일을
추가하기 전에 몹의 형태를
잡았다. 파괴수의 원래 이름은
우민 야수였다. 나중에 정식
명칭이 파괴수로 변경됐다.

03 / 판다

마을과 약탈 업데이트를 통해
추가된 중립적 몹 중에는
판다도 있었다. 판다의 초기
컨셉. 동물이 직면한 위협에
대한 경각심을 제고하기
위해 세계자연기금(WWF)과
협력하여 추가한 몹이다.

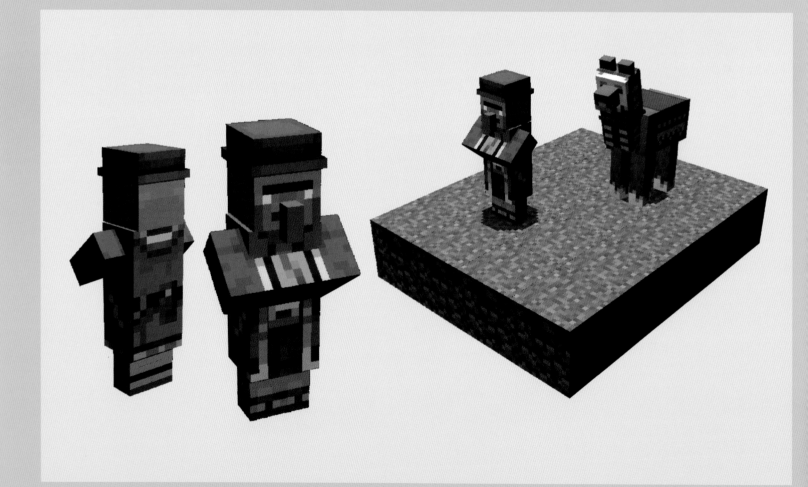

> **제13장** / 마을을 접수하다

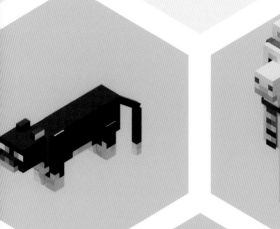

01 / 떠돌이 상인
개발 초기 떠돌이 상인의 모습. 지금보다 밝은 색상의 옷을 입고 작은 모자를 쓰고 있었다.

02 / 마을과 약탈 몹
고양이, 낙타, 판다, 약탈자, 여우 및 파괴수의 최종 렌더.

02

——— 2020년부터 2023년까지 마인크래프트 프랜차이즈 전체를 책임졌던 헬렌 치앙 전 부사장은 "이번 업데이트를 공동 작업하면서 우리가 배운 것은 지리적으로 다양한 위치에서 공동 개발하는 것이 매우 어렵다는 것이라고 생각한다."라고 밝혔다. 당시 자바 에디션은 스웨덴 스톡홀름에서 개발·관리 중이었고, 베드락 에디션 개발의 대부분은 미국 워싱턴 레드먼드에서 진행되고 있었다. 헬렌 치앙은 "마을과 약탈 업데이트를 출시한 직후, 내가 이 역할로 추진한 결정 중 하나는 게임플레이 개발 업무를 스톡홀름 스튜디오로 통합하는 것이었다."라며, "발상지가 그곳인 만큼 하나의 팀이 게임에 집중하는 것은 많은 의미가 있다."라고 밝혔다.

——— 베드락 개발 업무가 스톡홀름 스튜디오로 이전되면서 레드먼드 스튜디오에서는 마인크래프트의 테스트와 인증, 플랫폼 지원 업무를 주로 맡게 됐다. 베드락 개발 업무를 스웨덴으로 옮기는 결정은 분명 합리적이었지만, 쉬운 일이 아니었다. 스톡홀름에서 베드락 개발진을 구성하기 위해 2019년 5월에 채용된 마르쿠스 보딘(Marcus Bodin) 수석 프로듀서는 "수많은 눈이 우리를 지켜보고 있었다."라며, "우리 팀이 처음으로 내보낸 업데이트는 (2019년 12월에 출시한) 윙윙 꿀벌 업데이트였다. 우리는 '완전히 새로운 팀에서 이 일을 어떻게 해내지?' 이런 생각을 하면서 앞으로 달려갔다."라고 밝혔다.

——— 오늘날 자바 개발진과 베드락 개발진은 일심동체로 움직인다. 보딘은 "자바와 베드락 개발자는 디자이너와 아티스트와 사운드 디자이너와 QA(품질 보증)와 협력해서 두 에디션의 기능을 동일하게 만들기 위해 노력하고 있다."라고 덧붙였다. 하지만 자바와 베드락을 한결같이 만들기란 아직도 매우 어렵다. 마인크래프트에 크로스플랫폼 플레이가 도입됐고, 닌텐도 스위치처럼 새로 나온 게임기도 지원해야 하기 때문이다.

——— 2022년 여름에 자바 에디션의 게임플레이 기술 수석이 된 미카엘 "서지" 슈토이케는 "새로운 기능을 개발할 때마다 우리가 겪는 큰 고충은 몹의 인공지능"이라며, "자바와 베드락은 너무나도 다르기 때문에 행동을 동일하게 만드는 것은 불가능하다. 그래서 우리의 과제는 사람들이 알아차리지 못할 정도로 비슷하게 만드는 것이다."라고 밝혔다. 레드스톤에서도 비슷한 어려움을 겪는다. 자바 에디션을 기준으로 레드스톤과 관련된 기능을 만들어 놓으면 베드락 에디션에서는 레드스톤 기계가 오작동할 수 있다.

——— 모장처럼 큰 회사가 지닌 역량으로도 게임의 다양한 버전에 새로운 기능을 도입하는 것이 얼마나 복잡한지 마인크래프트 플레이어가 모두 알아야 할 필요는 없다고 보딘은 생각한다. 보딘은 "최대한 많은 플레이어들이 게임을 이용할 수 있게 하고 싶다."라며, "저사양 기기에 대한 지원도 최대한 많이 하고 싶지만, 품이 많이 든다. 고쳐야 할 게 매우 많다."라고 밝혔다.

마인크래프트 어스

마인크래프트 증강 현실 게임의
개발과 출시

2015년, 마이크로소프트는 초기 증강 현실(AR) 헤드셋 홀로렌즈를 홍보하기 시작했다. E3 발표에서 새로운 버전의 마인크래프트를 이용하여 기술을 시연했다. AR 버전 시연은 당시 모장 브랜드 디렉터였던 리디아 윈터스와 최고 크리에이티브 책임자였던 삭스 페르손이 했다. 리디아 윈터스의 아바타가 살고 있는 산골짜기 마을 건물이 탁자 크기로 나타나면서 페르손이 건물을 위에서 아래로 내려다봤다.

─────── 당시 사용한 마인크래프트 AR 버전은 시연용으로만 남았지만, 몇 년간 모장 내부에서는 게임을 현실 세계와 통합하려는 열의가 끓고 있었다. 2012년부터 블록 바이 블록 팀이 진행한 현실 세계 설계·건축 프로젝트와 2016년 포켓몬 고의 성공에서 영감을 얻어 회사의 임직원들은 마인크래프트의 AR 버전은 어떤 모습일지 생각을 계속했다.

─────── 마인크래프트 어스의 게임 디렉터로 채용되어 현재는 모장 오리지널 콘텐츠의 수석 디렉터가 된 토르피 프란스 올라프손(Torfi Frans Ólafsson)은 "페르손과 옌스 베리엔스텐은 스톡홀름에서 긴 산책을 하면서 '여기다 무언가를 만들 수 있으면 어떨까?' 그리고 '이 집 위에 엔더 드래곤을 띄우면 어떨까?' 같은 생각을 했다."라며, "여기서 꿈이 시작됐다."라고 밝혔다.

─────── AR 휴대폰 게임이 된 어스의 초기 버전은 홀로렌즈 시연 버전과 비슷했다. 처음에는 마인크래프트가 탁상 위에 생겨나고 야외 설정을 통해서 확장됐지만, 게임 내용은 금세 복잡해졌다. 올라프손은 "크리에이티브 요소는 (이미) 있었지만 노치가 마인크래프트 원작을 개발하던 초기에 했던 것처럼 서바이벌 요소가 필요하다는 사실을 발견했다."라고 밝혔다. 공원 등 현실 세계의 장소에서 블록과 아이템을 찾을 수 있게 만들면서 자원 수집 기능을 추가했다. 플레이어들이 살고 있는 동네를 탐험할 수 있도록 장려하기 위해서다.

─────── 플레이어들이 몹을 물리치거나 지정된 자원을 채굴하면 추가 보상을 받을 수 있는 "모험" 기능도 추가했다. 이러한 모험 기능은 당초 현실 세계에서 찾아볼 수 있는 마인크래프트 스타일 건축물을 배경으로 진행될 예정이었지만, 최종적으로는 땅에 구멍이 생긴 것 같은 장소에서 진행되는 것으로 결정됐다. 올라프손은 이 같은 결정을 내린 이유에 대해 사람들은 자연스럽게 휴대폰을 아래를 향하여 든다며, 사람들이 쉽게 찾을 수 있는 곳에 모험을 배치하는 것이 합리적이라고 밝혔다. 게다가 마인크래프트 플레이어들은 지하로 굴을 파는 것에 이미 익숙하기도 했다.

─────── 개발진은 예전부터 마인크래프트에 존재했던 몹들의 다른 버전을 추가하기도 했다. 이 같은 변종 몹은 마인크래프트 어스에 다양성을 더하는 한편, 다른 버전에서 찾을 수 있는 몹들과 비슷함을 유지하기 위해 설계했다.

02

출시 전 모습

최종 버전의 게임 모습

■ ■ ■ ■

01 / 아이템
마인크래프트 어스에
존재하는 아이템의 모습.

**02 / 마인크래프트
어스**
게임 출시를 맞아 모장에서
제작한 광고용 삽화.

03 / 게임 화면
옌스 베리엔스텐이 출시
전 버전의 메커니즘을
모델링하는 모습과 최종
게임 화면의 스크린숏.

03

01

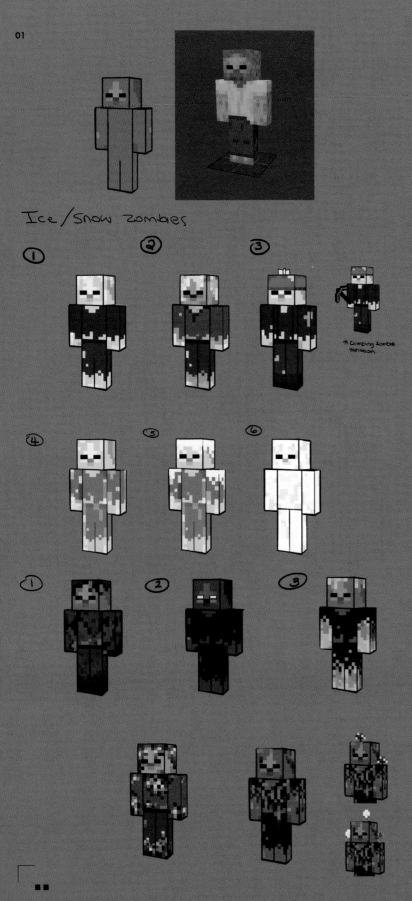

Ice/Snow zombies

① ② ③

* Climbing Zombie
Variation

④ ⑤ ⑥

① ② ③

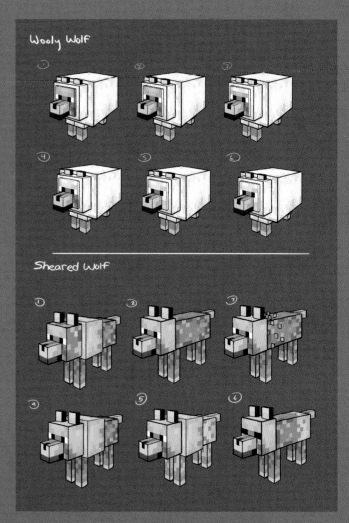

Wooly Wolf
① ② ③
④ ⑤ ⑥

Sheared Wolf
① ② ③
④ ⑤ ⑥

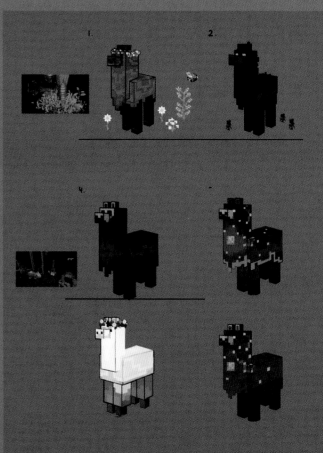

1. 2.

4.

01 / 컨셉 아트
변종 좀비, 늑대, 라마 등 마인크래프트 어스에만 등장하는
몹들의 초기 컨셉 디자인.

02 / 마인크래프트 어스 룹
버섯닭, 진흙투성이 돼지 및 꽃소의 최종 렌더. 자바 에디션에나
베드락 에디션의 순정 버전에는 존재하지 않는 몹들이
마인크래프트 어스에 있었다.

가령 돼지는 진흙투성이이거나 점박이일 수 있고, 닭은 금색, 호박색, 동색 등 다양한 신규 색상으로 등장한다. 새롭게 추가된 다양한 변종 소 가운데에는 꽃소도 있었다. 꽃소는 화사한 노란색 가죽의 소로, 지나간 자리에 꽃 흔적을 남기는 미나리아재비가 몸에 자란다.

─── 게임이 어느 정도 개발되자, 개발진은 다른 모장 임직원을 대상으로 플레이 테스트를 개시했다. 이에 대해 올라프손은 "개발 과정 중 제일 재밌는 부분이었다."라고 밝혔다. 그러면서 "사람들은 동네를 뛰어다니고 있었고 이는 게임의 사회적 요소를 테스트하기 정말 좋은 방법이었다."라고 설명했다. 개발진은 협동을 장려하는 것이 목표가 되어야 한다는 사실을 빠르게 깨달았다. 그렇지 않으면 플레이어가 귀중한 자원을 훔치기 위해 다른 플레이어와 싸울 테니 말이다.

─── 클로즈 베타 테스트는 스톡홀름, 시애틀 및 런던 등 특정 도시들 위주로 2019년 여름부터 시작됐다. 이후 같은 해 가을에는 얼리 액세스 형태로 전 세계에 게임이 출시됐다. 플레이어 수가 늘어나면서 개발진은 자원의 희귀성이 적절한지 너무 희귀하지는 않은지 조사하는 데에 집중하기 시작했다. 올라프손은 이 같은 작업을 두고 "제대로 된 불균형"이라고 표현했다. 올라프손은 "밸런스가 잘 맞춰져 있으면 재미가 없다."라며, "그러면 누구에게 어떤 일을 시킬 수 없게 되기 때문"이라고 밝혔다. 하지만 게임의 밸런스가 과도하게 틀어져도 문제. 어스 제작진은 게임 내 경제가 망가지기 시작하면서 이용할 수 있는 돌의 양을 제한하기 시작했다.

"크리에이티브 요소는 (이미) 있었지만 노치가 마인크래프트 원작을 개발하던 초기에 했던 것처럼 서바이벌 요소가 필요하다는 사실을 발견했다."
토르피 프란스 올라프손, 마인크래프트 어스 게임 디렉터

─── 불행히도 마인크래프트 어스는 게임의 야심 찬 규모 때문에 어려움을 겪는다. 지리적 위치를 기반으로 진행되는 게임 특성상 도시에 거주하는 이용자는 할 일이 넘쳐나지만, 농촌 지역에 거주하는 이용자는 게임을 같이 할 이웃이 별로 없다는 문제가 있었다. AR을 실행하기 위해서는 고가의 휴대폰이 필요했는데, 심지어 조금만 플레이를 해도 과열되는 경향이 있어서 증강 그래픽이 천천히 실행되고 몰입도는 훨씬 떨어지는 현상이 나타났다.

─── 게다가 글로벌 출시 후 몇 달도 안 돼서 신종 코로나바이러스가 대유행하면서 외출해서 다른 사람들과 플레이하는 것이 불가능해졌다. 올라프손은 "사람들이 집에서도 자원을 수집하고 모험을 플레이할 수 있도록 변경했다."라며, "하지만 제대로 회복할 수 없었다."라고 밝혔다. 마인크래프트 어스의 마지막 빌드는 2021년 1월에 출시됐다.

─── 올라프손은 "그래도 이번 게임에서 교훈을 많이 얻었다."라고 덧붙였다. 개발진은 AR과 공간 컴퓨팅 개발 외에도 마인크래프트 렐름 등 운영 중인 기타 서비스에 서버 기술을 재활용할 수 있었다. 하지만 어스는 여전히 올라프손에게 특별한 존재다. 특히 멀티플레이로 플레이할 때 AR이 만들어내는 마법 같은 순간이 있기 때문이다. 올라프손은 "다른 사람들과 같이 보면 더 이상 꿈이 아니라 현실에 가까운 무언가로 보이기 시작한다."라고 표현했다.

02
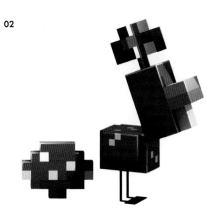

Cute Bee

Large forehead
Big eyes
Bigger Body/head relative to ~~Body~~ Limb size
Softness

마인크래프트에서 사랑받는 꿀벌

야스퍼르 부르스트라는 마인크래프트에서 인기가
많은 몹 중 하나인 꿀벌 제작에 심혈을 기울였다.
부르스트라가 스케치북에 그린 극초창기 초안과 몹을
개발하면서 제작한 3차원 컨셉을 살펴본다.

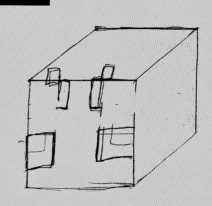

01/ 초기 스케치

"꿀벌을 크게 만드는 것은 매우
성공적이었다. 사람들에게는
예상밖의 일이었기 때문이다.
보통 꿀벌을 떠올려 보라면 작은
픽셀 뭉치만 떠올린다."

"다양한 꿀벌을 만들어 봤다.
주황색 엉덩이로도, 하얀색
엉덩이로도! 최종적으로는
노란색 몸통에 검은색 줄무늬를
넣어서 단순하게 갔다."

01

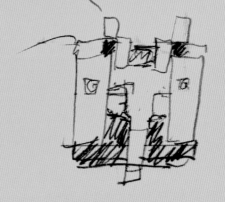

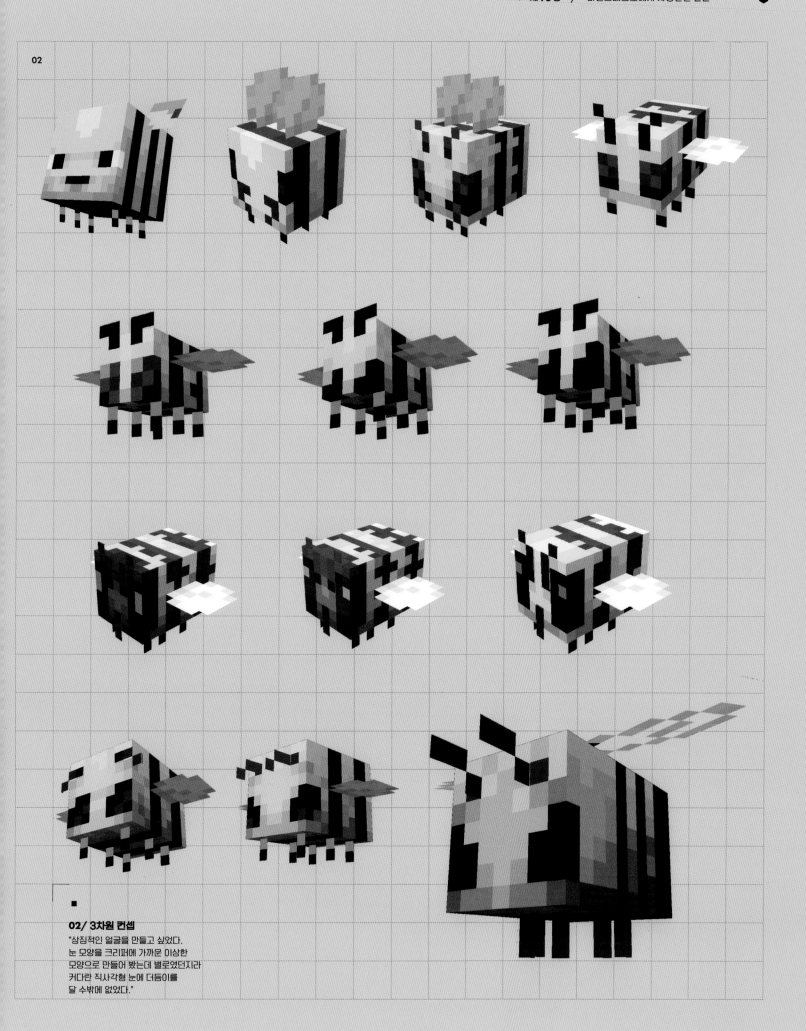

02

02/ 3차원 컨셉
"상징적인 얼굴을 만들고 싶었다.
눈 모양을 크리퍼에 가까운 이상한
모양으로 만들어 봤는데 별로였던지라
커다란 직사각형 눈에 더듬이를
달 수밖에 없었다."

제14장

- 마인크래프트 던전스
- 서바이벌 멀티플레이 서버
- 검열 없는 도서관
- 동굴과 절벽
- 마인크래프트 음악의 발전
- 몹의 진화

――――― 2020년에는 네더에 대대적인 변화가 찾아왔다. 모장은 6월부터 새로운 블록과 생물 군계들을 게임에 추가하기 시작했는데, 그중 상당수는 이상하게도… 균류였다. 야스퍼르 부르스트라의 설명처럼 이 같은 발상은 많은 마인크래프트 유저들이 "매우 향수를 느끼는" 차원을 대폭 개편하기 위함이었다. 현실에 존재하는 점균류에서 아이디어를 얻어 네더 사마귀 숲 생물 군계 등을 만들고 네더를 하나의 살아 있는 생태계로 바꿨다. 몹도 추가됐다. 금을 좋아하는 피글린은 주로 금으로 만들어진 전리품이 있는 보루 근처에서 찾을 수 있고, 스트라이더는 용암에 빠지지 않는 탈것으로 이용할 수 있다.

――――― 모장은 네더를 개편하는 작업을 마쳤음에도 불구하고, 새롭고 매우 어려운 도전 과제와 직면하게 됐다. 바로 신종 코로나바이러스감염증 대유행이다. 모장에서는 임직원을 보호하기 위한 조치를 취했고, 1년 반 동안 전면적인 비대면 근무를 시행했다.

마인크래프트 던전스

던전 크롤러 장르의 신작을 개발하고
출시하다

 강도 높은 사회적 거리 두기 조치가 시행되던 시기에 모장에서 가장 빛났던 순간은 마인크래프트 최초의 외전작 '마인크래프트 던전스'의 출시였다. 던전스는 여러 명의 플레이어가 한 팀을 이루고 전리품을 획득하기 위해 몹과 싸우는 전 연령 대상의 던전 크롤러 게임이다.

——— 던전스 게임 디렉터는 2012년 모장에 입사한 몬스 올손이 맡았다. 2009년 TIG소스에 돌로 지은 성 사진을 올렸던 바로 그 인물이다. 올손은 도중에 취소된 레고 게임 등 모장의 비밀 사이드 프로젝트를 작업하며 몇 년을 보냈다. 마인크래프트 런처와 스크롤도 작업했다. 올손은 "사내에서 마인크래프트와 관련 없는 프로젝트 몇 가지를 실험했다."라며, "그 결과, 새로운 마인크래프트 게임을 만들어 보자는 결론에 도달했다. 정말 그토록 사랑받는 게임을 만들기란 쉽지 않을 수 있지만, 무척 신나는 일이기도 하다."라고 밝혔다. 어느 날 점심, 올손과 옌스 베리엔스텐, 헨리크 페테르손 프로듀서는 롤플레잉 장르의 마인크래프트 컨셉과 관련하여 의견을 주고받았다. 초기에는 닌텐도 3DS에서 할 수 있는 게임을 만들 생각이었다. 회사에서도 이 같은 아이디어를 지지했다. 헬렌 치앙 엑스박스 게임 콘텐츠 및 스튜디오 최고 운영 책임자는 "플레이어들이 특별한 장르를 바라보는 방식을 바꿀 기회라 생각했다."라고 밝혔다.

——— 전투 위주의 마인크래프트 외전을 만드는 과정은 재미있었다. 마인크래프트 개발진이 자바 1.9 전투 업데이트에 대한 플레이어들의 열띤 반응을 처리하던 시점에 던전스 개발이 시작됐다. 올손은 "우리들은 본질적으로 같은 문제, 그러니까 마인크래프트에 존재하는 전투가 그다지 만족스럽지 않다는 문제를 두고 씨름하고 있었다."라고 밝혔다. 두 개발진은 두 게임에 적합한 기능을 추가하기 위해 서로를 도왔다.

"우리들은 본질적으로 같은 문제, 그러니까 마인크래프트에 존재하는 전투가 그다지 만족스럽지 않다는 문제를 두고 씨름하고 있었다."

몬스 올손, 모장 게임 디렉터

——— 대표적인 사례로 2016년 마인크래프트에 추가된 우민이 있다. 올슨은 "옌스는 우민들을 던전스에서 자유롭게 활용할 수 있는 세력으로 설계했다. 우리는 전투하고 스토리를 구성하기 위해 흥미로운 적이 필요했기 때문이다."라고 밝혔다. 던전스 개발진은 게임에 사용하기 위해 쇠뇌를 들고 다니는 우민을 만들었고, 이 우민은 던전스가 출시되기 전인 2019년에 마을과 약탈 업데이트를 통해서 마인크래프트에 약탈자라는 이름으로 먼저 등장했다. 엔더맨 같은 몇몇 몹은 던전스에 들이는 데에 어려움이 있었다. 마인크래프트에서는 쳐다보면 적대적으로 변하는 몹인데, 던전스처럼 위에서 아

01

■■
01 / 옆에서 바라본 컨셉
타워 컨셉을 옆에서 바라본 모습. 2021년 12월에 흐린 등반 업데이트를 통해서 추가된 임무 수행 장소다.

02 / 컨셉 아트의 변천
타워 디자인의 변화 과정을 보여 주는 컨셉 아트들. 연필로 그린 초안에서 간단한 채색을 거쳐 온전히 채색된 컨셉이 완성됐다.

182 월드 오브 마인크래프트

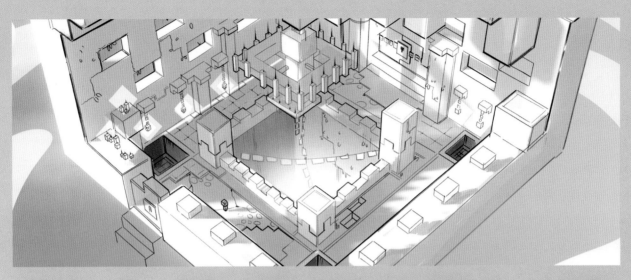

02

01

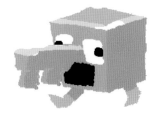

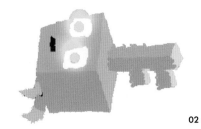

02

래를 내려다보는 3인칭 게임에서는 어떻게 처리해야 할까? 올손은 "메커니즘은 다를 수 있어도, 목표는 몹을 맞닥뜨렸을 때 동일한 기분을 느낄 수 있도록 하는 것이었다." 라고 설명했다.

─────── 마인크래프트 던전스는 전투 기반 게임인 만큼 다양한 플레이어들을 수용할 수 있었다. 한번 던전스를 경험해 보고 싶은 원작의 플레이어는 물론이고, 이전에 마인크래프트를 플레이해 본 적이 없는 RPG 장르의 팬들까지도 말이다. 마인크래프트 전투 모드 제작자 상당수도 던전스에 관심을 보였다. 왜냐하면 일반 마인크래프트의 전투보다 더욱 정교하기 때문이다. 고난도 모드팩 RLCraft를 제작한 시백시는 "무기마다 특성과 능력치가 다를 뿐만 아니라, 여러 가지 콤보가 존재하고 휘두르는 방법도 다양했다."라고 평했다.

─────── 이 게임이 출시되면서 전 세계에 있는 가족들은 고강도 사회적 거리 두기가 시행되는 동안 더 많은 시간을 함께 보낼 수 있었으며, 마인크래프트는 플레이어가 더 늘어나는 효과도 봤다. 헬렌 치앙의 딸도 던전스를 좋아한다. 팬데믹 기간 모녀는 던전스를 함께 플레이했다. 치앙은 "당시 딸은 4살이었다."라며, "던전스를 통해서 컨트롤러를 쓰는 법을 배웠다!"라고 밝혔다.

01 / DLC
마인크래프트 던전스 DLC 발표 당시 삽화. 게임이 출시된 이후 DLC 6개를 비롯하여 다양한 추가 콘텐츠가 출시됐다.

02 / 열쇠 골렘
열쇠 골렘의 초창기 컨셉 디자인 모음.

01

서바이벌 멀티플레이 서버

SMP 허밋크래프트에서 장난꾸러기와 스토리텔러가
성공을 거둔 방법

 서바이벌 멀티플레이 서버(Survival Multiplayer Servers)의 준말인 SMP
는 초대를 통해서만 접속할 수 있는 유튜버와 스트리머의 커뮤니티다.
대표적으로는 와일더크래프트(WilderCraft), 드림SMP(DreamSMP), 허
밋크래프트(Hermitcraft) 등이 있다. SMP는 오랫동안 방영되어 온 리얼
버라이어티 TV 프로그램처럼 쓰이며, 동영상은 보통 여러 시즌으로 나눠서 게시된다.
SMP 회원들은 우정과 경쟁 관계를 형성하기도 하고, 같이 건축하기도 하고, 역할극을
하기도 하며, 서로에게 장난을 치기도 한다.

──────── 코로나19 대유행 시기에 수많은 사람들이 그리워하던 바로 그 인간관계였다.
마인크래프트처럼 사회적이고 창의적이고 멀티플레이가 가능한 게임은 친구들을 만나
고 연락을 유지하기 위한 의사소통 창구가 됐다. 헬렌 치앙은 "우리 아이들이 학교에 가
지 않을 때 직접 볼 수 없는 친구들과 연결되어 있는 기분을 느끼기 위해 마인크래프트
를 이용했다."라며, "수많은 가족에게서 들어 볼 수 있는 이야기라 생각한다."라고 밝혔
다. 팬데믹 기간에 사회적 거리 두기 조치가 시행되면서 더 많은 사람들이 마인크래프트
를 시청하게 됐고, SMP에 대한 관심이 급증했다. 유서 깊은 SMP 서버 중 하나인 허밋
크래프트(Hermitcraft)는 2012년에 문을 열었는데, 팬데믹 기간에 조회수 최고 기록을
세우면서 7시즌은 허밋크래프트 사상 가장 인기 있는 시즌이 됐다.

> ## "새로운 것을 만들어내는 과정에 훨씬 더 가깝다.
> ## 누군가가 콩트를 하기 시작하면 아마도 웃긴 상황이
> ## 벌어지거나, 어떤 이유에서인지 청중이 진심으로
> ## 이해하는 상호작용이 생긴다."
>
> **시수마보이드, 허밋크래프트**

──────── 허밋크래프트보다 더 긴 역사를 자랑하는 마인크래프트 커뮤니티인 마인드
크랙(MindCrack)의 회원들도 있다. 제일 재미있는 SMP 동영상은 대본이 있는 코미디
일 것 같지만, 허밋크래프트에서는 모든 것이 즉흥적으로 이루어진다. 현재 허밋크래프
트를 운영 중인 유튜버 시수마보이드(Xisumavoid)는 이렇게 설명한다. "새로운 것을 만
들어내는 과정에 훨씬 더 가깝다. 누군가가 콩트를 하기 시작하면 아마도 웃긴 상황이
벌어지거나, 어떤 이유에서인지 청중이 진심으로 이해하는 상호작용이 생기는데, 그러
면 우리가 이다음에 무엇을 할 수 있을지 생각하기 시작한다." Grian이나 GoodTime-
sWithScar을 비롯한 몇몇 허밋크래프트 회원들은 중심적인 주제와 캐릭터가 정해져 있

01 / 스크린숏
2020년에 방영된
허밋크래프트 7시즌의
이미지. 대중으로부터
호평을 받았다.

는 이야기를 연출하려고 노력했다. 시수마보이드는 가상화폐를 풍자하기 위해서 일종
의 '부캐'로 Evil X를 만들었다.

──────── SMP에서 벌어지는 장난에는 주로 대대적인 건축 프로젝트가 수반된다. 다른
플레이어가 만들어 놓은 광산 수레 터널을 통해서 다양한 색상의 블록으로 이루어진 터
널을 정교하게 팔 수도 있고, 해를 완전히 가리기 위해서 공중에 버섯 섬을 만들기도 한
다. 만화 속에서나 벌어질 법한 사보타주를 하다 보면 본격적인 전쟁 세력이 생기기도
한다. 시수마보이드는 "5시즌에서는 새로운 허밋단이라는 의미의 NHO를 결성했다."라
며, "구 마인드크랙 서버에서 넘어온 사람들이 똘똘 뭉쳐서 '우리가 근본이다'라는 아이
디어를 가지고서 플레이를 했다."라고 밝혔다.

──────── 시수마보이드는 SMP 회원들이 서버 속 삶에서 벗어나기가 쉽지 않다고 말
한다. "서버가 플레이어의 뇌를 콘텐츠 제작 기계로 바꾼다. 그리고 긴장을 풀려고 하
거나 '자유 시간'을 가지려고 하면 생산성을 높이는 방법과 콘텐츠를 만들고 싶다는 생
각이 들기 시작한다." 시수마보이드는 그러면서도 허밋크래프트 커뮤니티의 일원이라
는 것에 자부심을 느낀다. 2022년, 허밋크래프트는 자선 단체 Gamers Outreach에 모
금하는 방송을 진행하여 42만 달러가 넘는 기부금을 모았다. 이렇게 모인 기부금은 투
병 중인 아동들을 위한 게이밍 장비를 구입하는 데에 쓰였다. 허밋크래프트 회원들이
시청자들과 쌓아 온 유대감의 증거였다. 시수마보이드는 "대기업의 후원 없이도 경이로
운 수준의 금액을 모금했다."라며, "순전히 커뮤니티가 일으킨 일이었다."라고 밝혔다.

허밋크래프트 1시즌(2012년)

허밋크래프트 7시즌(2020년)

01

검열 없는 도서관

기념하는 장소와 정치적 메시지를 전달하는 도구가 된
마인크래프트

 마인크래프트 서버 대부분은 친구들과 재미있게 놀거나 건축하는 공간으로 쓰이지만, 보다 진중한 목적으로 사용되는 서버들도 존재한다. 2020년 3월 12일, 비정부 기구 국경 없는 기자회는 검열 없는 도서관을 공개했다고 밝혔다. 검열 없는 도서관은 신고전주의 양식의 박물관을 배경으로, 언론의 자유가 제한되는 국가의 언론인들의 작품을 게임 속 책으로 전시한 마인크래프트 서버다. 전시의 주인공이 된 작가들에는 러시아에서 차단된 인터넷 언론사 grani.ru의 편집장 율리아 베레좁스카이아, 암살당한 사우디 아라비아의 언론인 자말 카슈끄지 등이 있다.

————— 이 도서관은 글로벌 마인크래프트 디자인 스튜디오 블록웍스가 건축하고 운영 중인 한편, 국경 없는 기자회가 전시할 기사를 결정한다. 작가의 작업물을 플랫폼에 전달하면 정부의 보복에 노출될 수 있는 만큼, 이는 복잡하고 손이 많이 가는 작업이다. 제임스 델라니(James Delaney) 블록웍스 설립자 및 상무이사는 "국경 없는 기자회가 누군가의 작업물을 이곳에 전시하면 플랫폼이 되고, 허락을 구해야 하며, 언론인 본인만이 아니라 언론인 가족의 안전까지도 확보되어야 한다."라고 밝혔다.

————— 블록웍스는 검열 없는 도서관을 개관한 이후 평소에 서버를 관리할 사서 자원봉사자를 커뮤니티에서 모집했다. 델라니는 "우리는 개관 후 6개월 동안 적극적으로 도서관을 모니터링하는 데에 전념했다."라며, "하지만 6개월 동안 매일 똑같은 사용자가 접속하고, 누군가가 질문을 하면 그 사용자가 대답해 준다는 사실을 발견했다. 그래서 우리는 날마다 접속하는 사용자에게 연락했고, (결국에는) 이 공간의 관리자로 임명했다."라고 밝혔다.

————— 15년이 넘는 세월 동안 플레이어들이 만들어 온 세계가 존재하기에, 델라니는 마인크래프트가 "기념과 추모의 공간"으로 기능하는 모습을 관찰하는 것에 푹 빠져 있다. 마인크래프트를 이용하여 현실 세계를 보존하는 프로젝트로 검열 없는 도서관이 유일한 것은 아니다. 델라니는 대표적인 예시로 2022년 러시아의 침공으로 애통해하는 우크라이나 지역의 플레이어들이 키예프에 소재한 지역과 랜드마크를 바탕으로 건축한 맵을 꼽았다. 델라니는 "3D 복사본이나 '백업'을 꼭 만들 필요는 없다. 왜냐하면 현실에 비해 추상화되는 것들이 너무 많기 때문이다."라며, "그 공간의 이야기와 기억들을 생동감 있게 지키는 것이 더 중요하다."라고 밝혔다.

01 / 구체적인 렌더
웅장하면서 여운을 주는 검열 없는 도서관 외부 전경 렌더링.
블록웍스가 도서관을 짓기 위해 매립한 섬에는 1,200만 개가
넘는 블록이 사용됐다.

© BLOCKWORKS

동굴과 절벽

마인크래프트 사상 가장 복잡한 업데이트에서 동굴을 다시
손보다

2019년에 개최된 마인콘 라이브 행사에서 모장은 차기 업데이트에서 개편할 지형을 정하기 위해 플레이어를 대상으로 생물 군계 투표를 진행했다. 결과는 산 생물 군계의 당선이었다. 모장은 2020년 12월에 해당 생물 군계를 업데이트하고 염소와 가루눈을 추가할 계획이었다. 하지만 모장은 마인크래프트의 동굴 시스템을 업데이트할 생각도 하고 있었다. 동굴 개편은 커뮤니티의 단골 요청 사항이었기 때문이다.

─────── 회사는 고민을 시작한 지 얼마 안 돼서 두 가지 목표를 하나의 큰 지형 생성 업데이트로 일원화하여 출시하는 것이 합리적이라는 결론에 도달했다. 업데이트 일원화의 가장 큰 장점은 생물 군계 추가를 통해서 수년간 문제시된 마인크래프트의 단조로운 지형 생성 문제를 해결할 수 있기 때문이다. 옌스 베리엔스텐은 업데이트 일원화에 대해 "자연환경을 다시 신비롭게 만들려는 시도였다."라고 표현했다. 그러나 마켓플레이스 운영진은 베드락 에디션의 플레이어와 창작자를 위해서 특별히 여러 가지 기술을 개선해 달라고 게임 개발진에게 요청했다. 훗날 동굴과 절벽이라고 이름 붙여진 이 업데이트의 필수적인 성능 개선 작업은 이 요청으로 인해서 2021년으로 연기됐다.

─────── 마르쿠스 보딘 수석 프로듀서는 "원래는 6월에 출시할 계획이었다."라며, "그런데 1월이 되고 보니 성능과 관련된 할 일이 굉장히 많다는 사실을 깨달았다."라고 밝혔다. 결국 개발진은 동굴과 절벽을 이원화하여 완성된 기능만 먼저 출시하기로 계획을 바꿨다. 2021년 6월에 출시할 1부에서는 피뢰침, 군집으로 성장하는 자수정, 발광 오징어 등 신규 블록과 몹을 선보이기로 하고, 11월에 출시할 2부에서는 새로운 지형 생성기를 도입하기로 했다.

─────── 성능 문제의 주요인은 이번 업데이트에서 세계 높이 제한을 완화하자는 결정에서 비롯됐다. 이 같은 결정은 플레이어 위아래서 엄청난 변화가 벌어진다는 것을 의미했다. 앙네스 라르손 바닐라 마인크래프트 게임 디렉터는 "모든 세계의 용량이 갑자기 불어나고, 세계의 이미 불러온 부분에서도 많은 일이 벌어지게 됐다."라며, "이는 성능에 큰 영향을 끼치기 때문에, 저사양 기기에서 게임을 계속 이용할 수 있도록 성능을 개선해야 했다."라고 밝혔다. 동굴과 절벽에서는 새롭고 복잡한 시스템 "3D 생물 군계"도 도입됐다. 이 시스템은 여러 생물 군계가 유기적으로 교차되게 만들어 준다. 이외에 종유석이 가득한 점적석 동굴, 포자 꽃이 잔뜩 피어 있고 진달래 뿌리가 주렁주렁 달린 무성한 동굴도 추가됐다.

─────── 모장은 세계를 더욱 아름답고 신비롭게 만들고 싶었지만, 모든 것을 화려하게 만들어서 각 지리적 요소의 영향력을 무디게 만드는 함정에 빠지고 싶지도 않았다. 이에 대해 앙네스 라르손은 "게임 개발은 사실 쉽게 풀리는 법이 없다. 멋진 걸 만들면 희소성을 높게 만들고 싶지 않은 유혹에 빠진다. 그래도 희소성은 중요하다."라고 설명했다.

01

..

01 / 동굴 컨셉
마리아나 살리메나
수석 컨셉 아티스트는
수정 동굴 생물 군계와
플레이어들이 좋아하는 몹
아홀로틀의 초기 디자인을
담당했다. 이들 그림처럼
다양한 모양과 스타일로
컨셉을 재구성해 보면서
최종 디자인을 결정했다.

02 / 컨셉 아트
이번 업데이트에서 새로운
생물 군계를 디자인하기
위해서는 수많은 동식물을
조사하고 개발해야
했다. 살리메나는
식물의 세부적인 컨셉을
작업했다.

LUSH CAVES

Ⓐ GLOW BERRIES

Ⓑ SPORE BLOSSOM

CLOSED

OPEN

•ATTACHED TO CEILING
•EMITS PARTICLES

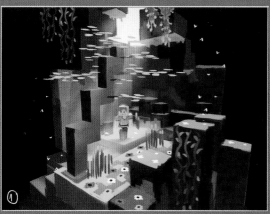

①

②

Ⓒ DRIPLEAF PLANT

Ⓓ AZALEAS

① ②

ALEX FOR SCALE

└ OVERALL ENVIRONMENT VIEW!

02

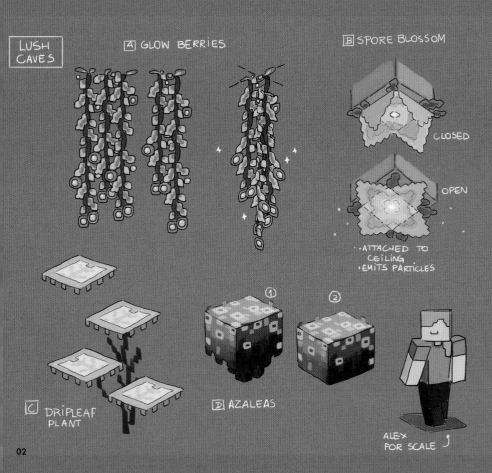

——— 모장에서는 지금까지 내놓은 마인크래프트 업데이트에서 그랬던 것처럼 이번 업데이트에서도 플레이어가 기존에 만들어 놓은 작품이 손상되지 않게 만들기 위해서 고심했다. 라르손은 "기존 세계와 어우러지게 만들 수 없다면 이 업데이트를 출시할 수 없다는 사실을 깨달았다"라며, "왜냐하면 기존 세계에서 역대급으로 끔찍한 경계선이 생길 수 있기 때문이었다"라고 밝혔다.

——— 동굴과 절벽 업데이트를 제작하면서 쉬운 일은 없었지만, 마을과 약탈 업데이트에 비해 비약적인 발전을 이뤘다. 보딘은 "그때만큼 레드먼드와 스톡홀름에 있는 사람들이 긴밀히 협업했던 적은 없었던 것 같다."라고 밝혔다. 그러면서 "성능을 개선해야 한다는 매우 명확한 한 가지 목표를 가지고 있었기 때문이었다. 게다가 자바와 베드락 개발이 동시에 진행되면서 수많은 솔루션을 재활용할 수 있었다. 그렇기에 매우 혁신적

"8, 9년 전에 마지막으로 접속했던 플레이어들이 돌아왔다."

스튜어드 덩컨, 오트크래프트 설립자

인 시간이자, 혁신적인 업데이트였다."라고 덧붙였다.

——— 많은 플레이어가 동굴과 절벽을 좋아하는 까닭은 혁신적이기도 하거니와 예전에 여행했을 때와 같은 기분을 느낄 수 있었기 때문이다. 더 웅장해지고, 덜 규칙적으로 변한 지형은 10년 전에 혼란스럽고 원시적이었던 마인크래프트 세계의 지리를 연상시킨다. 옴니아카이브의 MisterSheeple은 "수많은 사람들이 동굴과 절벽의 세대 그리고 자바 베타 1.7.3 같은 버전을 긍정적인 의미로 비교했다."라고 밝혔다. 스튜어드 덩컨 오트크래프트 설립자 역시 감동받았다. 동굴과 절벽이 출시되자 덩컨의 서버에는 복귀한 마인크래프트 유저들이 유입됐다. 덩컨은 "굉장히 많은 게 바뀌었기 때문에 게임을 다시 하러 8, 9년 전에 마지막으로 접속했던 플레이어들이 돌아왔다."라며, "게임을 처음 플레이하는 듯한 기분이 들어서 기쁘다."라고 밝혔다. 탐험과 호기심에 집중한 이번 업데이트는 플레이어에게 게임의 근본을 다시 떠올리게 만들었고, 마인크래프트의 기원을 인지한 것으로 받아들여졌다.

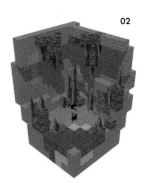

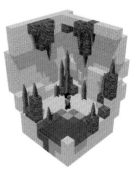

01 / 컨셉 아트
동굴과 절벽 개발 과정에서 살리메나는 세노테와 수중 동굴을 자세히 묘사한 그림을 그렸다.

02 / 렌더
점적석 동굴 개발 초기에 구상한 2가지 변종의 모습. 하나는 일반적인 버전, 하나는 모래로 구성된 버전이다.

01

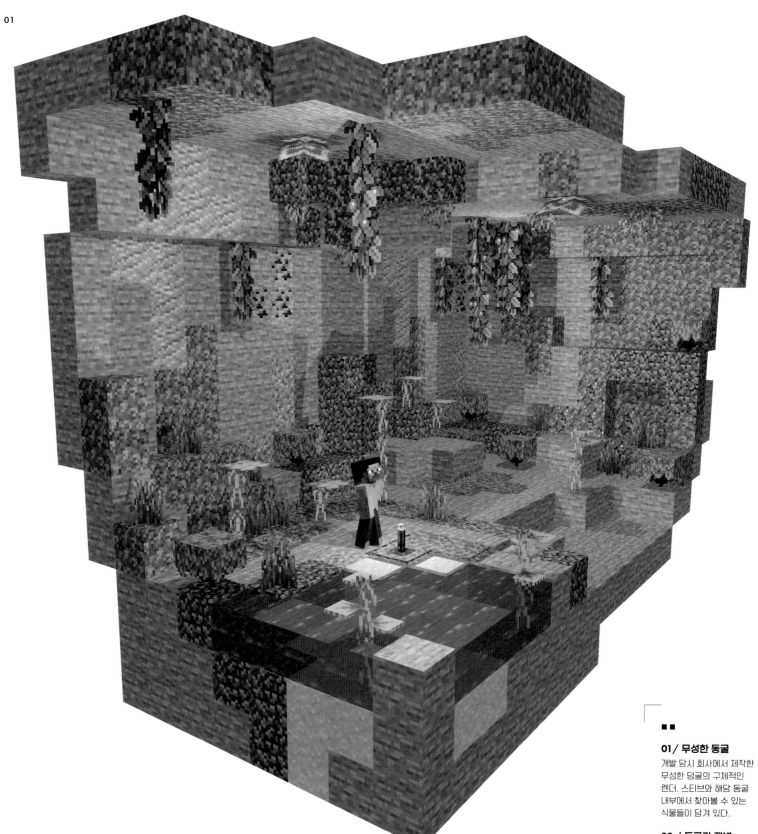

01 / 무성한 동굴
개발 당시 회사에서 제작한
무성한 덩굴의 구체적인
렌더. 스티브와 해당 동굴
내부에서 찾아볼 수 있는
식물들이 담겨 있다.

02 / 동굴과 절벽
동굴과 절벽 업데이트
발표에 사용된 삽화.

마인크래프트 음악의 발전

게임 삽입곡 그리고 삽입곡의 개발 및
업데이트 과정

마인크래프트에서 음악은 픽셀과 플레이어만큼이나 게임에서 중요한 역할을 한다. 살아 있는 게임의 역사로, 오리지널 사운드트랙에 들어 있는 음악 전부가 아직도 게임에 남아 있다. "C418"이라는 이름으로 더 유명한 다니엘 로젠펠드 작곡가는 마인크래프트의 오리지널 사운드트랙을 만들었다. 새로운 업데이트가 나오면 이에 맞춰 작곡을 했는데, 2018년에 출시된 수중 세계 업데이트를 끝으로 모장이 새로운 작곡가를 채용한 2020년까지 게임에는 어떤 음악도 추가되지 않았다.

──── 사무엘 오베리(Samuel Åberg) 모장 오디오 디렉터는 게임에 사용할 음악을 의뢰할 때 조사의 중요성을 강조한다. 오베리는 "우리는 분명히 음악을 어떻게 만들어야 하는지 설명하는 책자를 공유하고, 많은 시간을 할애해서 마인크래프트에 대한 이야기를 나눈다. 그럼에도 불구하고 오늘날까지 마인크래프트와 처음 일하는 사람들에게 해줄 수 있는 가장 좋은 조언은 예전에 다니엘 카플란이 내게 건넸던 '마인크래프트의 느낌을 배우고 이해하는 최고의 방법은 게임을 플레이하는 것이다.'라는 말이라고 생각한다 그래서 내가 게임을 해 봤던 것처럼, 우리 회사에서는 모든 작곡가들에게 게임을 플레이해 보라고 권한다. 아주 많이!"

──── 회사에서는 2020년 네더 업데이트에 들어갈 음악을 작곡하기 위해서 레나 레인(Lena Raine)을 채용했다. 레인은 인디 플랫포머 게임 《셀레스테》의 사운드트랙 작곡가로 유명한 인물이다. 레인은 로젠펠드가 작곡한 마인크래프트 삽입곡을 좋아한다. 그 이유에 대해 레인은 "로젠펠드의 음악은 플레이어의 경험에 녹아든다. 어떤 상황을 정해놓고 그에 맞춰서 작곡한 게 아니기 때문에 음악의 정서가 불쑥 튀어나와서 플레이어가 하고 있는 일에 개성을 더해 준다."라고 밝혔다. 모장에서는 단순히 새롭기만 한 것이 아니라, 마인크래프트의 분위기를 잘 드러내기 위해서 기존의 신시사이저 및 피아노 음악을 바탕으로 새로운 음악을 만들고 싶어 했다. 레인은 "회사에서는 새로운 음악에 신시사이저가 들어가더라도 기술적인 세계가 아니라 초자연적인 느낌을 곁들인 일종의 마법 같은 세계라는 것을 분명히 표현하고 싶어 했다."라고 밝혔다.

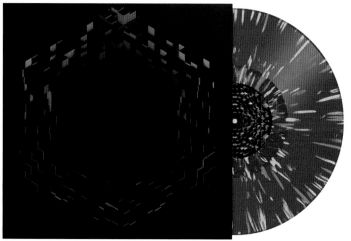

01

01/ 볼륨 알파 및 볼륨 베타
2015년과 2020년에는 마인크래프트 사운드트랙 앨범의 바이닐 에디션이 출시됐다.

──── 오디오 개발에 대한 오베리의 목표는 마인크래프트의 역사를 담는 것이다. 오베리는 "근본에 충실하고 근본을 존중하는 한편, 게임 경험을 혁신하고 발전시키는 것도 똑같이 중요하다고 생각한다."라며, "항상 존재해야 하는 음악적 요소가 있지만, 새로운 요소도 도입해야 한다."라고 밝혔다. 회사에서는 레인이 작곡하는 음악에 자신만의 흔적을 남겨도 된다고 권했다. 레인은 "처음으로 제출한 곡은 매우 잔잔하고 서글픈 곡이었는데, 자신만의 멜로딕 감성을 더 넣어 줬으면 좋겠다는 피드백을 받았다."라고 밝혔다. 실제로 "Chrysopoeia"에서는 어두운 분위기를 들을 수 있는 반면에, "Pigstep"에서는 한층 경쾌한 리듬을 들어 볼 수 있다. 오베리는 이 같은 정서를 담는 것이 마인크래프트에 들어갈 삽입곡을 작곡할 때 중요하다면서 삽입곡의 필수 요건으로는 "편안한 분위기와 향수를 불러일으키는 분위기를 담을 것. 때로는 침울하고 때로는 장난스러우면서 앞으로 펼쳐질 모험을 표현할 것."이 있다고 밝혔다.

──── 레인은 다른 마인크래프트 업데이트의 삽입곡도 작곡했다. 대표적으로 다니 오카 구미 작곡가와 공동으로 작업한 동굴과 절벽 업데이트의 오버월드 음악이 있다. 개별적이고 새롭게 만들어진 생물 군계를 위해서 레인이 음악을 작곡했던 네더와 멀어지면서, 게임을 바라보는 시각도 바뀌었다. 레인은 "Infinite Amethyst"를 특별히 아낀다. 자수정이 가득한 동굴의 컨셉 아트에서 아이디어를 얻어서 작곡한 아름다운 작품이다. "곡 전체가 계속해서 반복되는 동일한 멜로디의 형상에 기반을 두고 있다. 마치 하나의 수정이 무럭무럭 자라서 동굴 크기가 되는 것처럼 말이다."

──── 야생 업데이트가 나오고 모장은 여행과 이야기 업데이트에서 아론 체로프 작곡가와 작업했다. 이번 업데이트에서는 아름다운 벚나무 숲이 추가됐다. 체로프의 유려한 키보드 음악은 한순간에 불과한 자연의 아름다움을 전달한다. 마인크래프트의 분위기가 지닌 영향력에 대한 옌스 베리엔스텐의 생각을 따라, 게임에 넣을 음악을 작곡하면서 토브 얀손의 《무민》에서 아이디어를 얻었다.

02

"곡 전체가 계속해서
반복되는 동일한 멜로디의
형상에 기반을 두고 있다.
마치 하나의 수정이
무럭무럭 자라서 동굴 크기가
되는 것처럼 말이다."

레나 레인, 마인크래프트 사운드트랙 작곡가

03

02/ 무성한 동굴

동굴과 절벽 업데이트의 배경 화면. 무성한 동굴의 분위기를
표현했다.

03 / 사운드트랙 삽화

스포티파이, 유튜브 등 음원 사이트에서 표시되는 야생
업데이트 사운드트랙의 앨범 커버.

몹의 진화

마인크래프트 디자이너에게 몹을 만드는 과정이란
개발 예술의 일종이다

마인크래프트 개발자라면 어떤 몹을 만드느라 고생했던 기억을 하나씩 가지고 있는 모양이다. 미하엘 "서지" 슈토이케의 경우에는 낙타가 그런 몹이었다. 2023년에 1.20 여행과 이야기 업데이트에서 추가된 낙타는 몸집이 너무 큰 탓에 일부 생물 군계에서는 눈에 잘 띈다. 슈토이케는 "인간보다 큰 몹은 모두 문제가 된다. AI가 좁은 공간을 통과하려고 애를 쓰기 때문이다."라고 설명하며, "테스트할 때 최악의 조합은 정글과 큰 몹이라고 생각한다!"라고 덧붙였다.

———— 앙네스 라르손에게는 수중 세계 업데이트에서 추가한 거북이었다. 거북을 만들기가 특히 어려웠던 이유에 대해 라르손은 "거북은 수영도 할 줄 알아야 하고, 걸을 줄도 알아야 하고, 물밖으로 나올 줄도 알아야 해서 이걸 다 구현하느라 몇 주씩 걸렸다!"라고 밝혔다. 라르손은 거북이 이동하고 이사하는 과정을 두고도 씨름했지만, 거북과 사랑에 빠지기도 했다. 라르손은 "거북에 관한 책을 많이 읽고, 현실에서 거북이 이동하는 방식에서 아이디어를 많이 얻었다."라고 밝혔다. 그러면서 "마인크래프트에서도 이런 거북을 만들고 싶었다. 세심한 디테일은 대부분의 플레이어가 신경 쓰지 않을 거라 생각하지만, 신경 쓰는 순간 게임 세계에 깊이감이 더해진다. 거북이 한동안 멀리 떠난다는 사실을 알고 있으면 감회가 새로울 것이다. 물론 시간이 되면 거북은 원래 자리로 돌아오겠지만 말이다."라고 덧붙였다. 수중 세계 업데이트에서 구현된 현실적인 면모는 거북의 이동 외에도 다양하다. 연어는 폭포를 거슬러 오르고, 돌고래는 호흡하러 수면으로 올라온다.

———— 이 같은 디테일은 크리퍼와 스켈레톤, 좀비가 등장한 이후로 마인크래프트 몹 컨셉이 얼마나 발전했는지 보여 주는 대목이다. 최근 업데이트에서는 한 걸음 더 나아가 현실적인 애니메이션을 도입했다. 시백시 RLCraft 모더는 대폭 달라진 스타일의 사례로 1.20에 추가된 스니퍼를 짚었다. 시백시는 "대부분의 기존 마인크래프트 몹은 몸통이 완전히 정지 상태였던 반면, 스니퍼는 문에 달린 경첩처럼 다리를 흔들거리며 지상을 날아다닌다."라며, "스니퍼는 훨씬 부드럽게 움직인다. 스니퍼가 걸음을 걸으면 몸통도 앞으로 간다."라고 말했다. 그에 반해 야스퍼르 부르스트라 모장 아트 디렉터는 스니퍼가 전형적인 마인크래프트 몹이라고 표현했다. 부르스트라는 "스니퍼는 쉽게 그릴 수 있다. 블록과 더 큰 블록을 붙여 놓고, 더 꾸미고 싶으면 다리만 추가하면 된다."라고 밝혔다.

———— 기존의 단순한 스타일과 현대의 화려한 스타일 사이에서 균형 잡기는 엔스 베리엔스텐에게 중요한 일이다. 베리엔스텐은 2020년에 추가된 워든이 기성 마인크래프트 몹에 비해 행동적 측면에서 복잡해졌다고 시사한다. "개발진이 도구를 지속적으로 개선하면서 더욱더 복잡한 사물도 만들 수 있게 됐다. 워든에서는 이전 몹에 비해 매우 진보된 애니메이션을 찾아볼 수 있다. 그래서 나는 단순한 헤리티지에 충실하면서 새로운 도구를 받아들일 수 있는 방법에 관해 팀원과 이야기하고 있다."

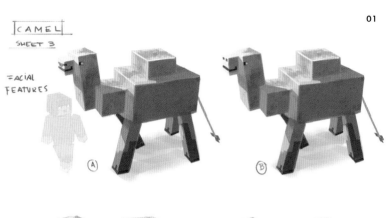
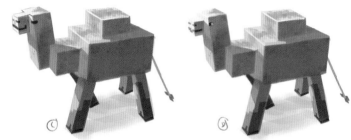
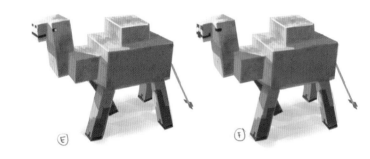

01

01/ 낙타 컨셉
낙타 몹의 3차원 디자인 컨셉. 크기와 형태 비교를 위해서 플레이어 아바타와 라마를 옆에 뒀다.

02/ 마리아나 살리메냐가 제작한 컨셉

몹을 디자인하기 위해 살리메냐가 제작한 컨셉. 사진, 엽서
등의 형태로 창의적으로 표현했다. 이처럼 구체적으로 표현한
장면들은 다른 아이디어를 내기 위해 사용됐다.

02

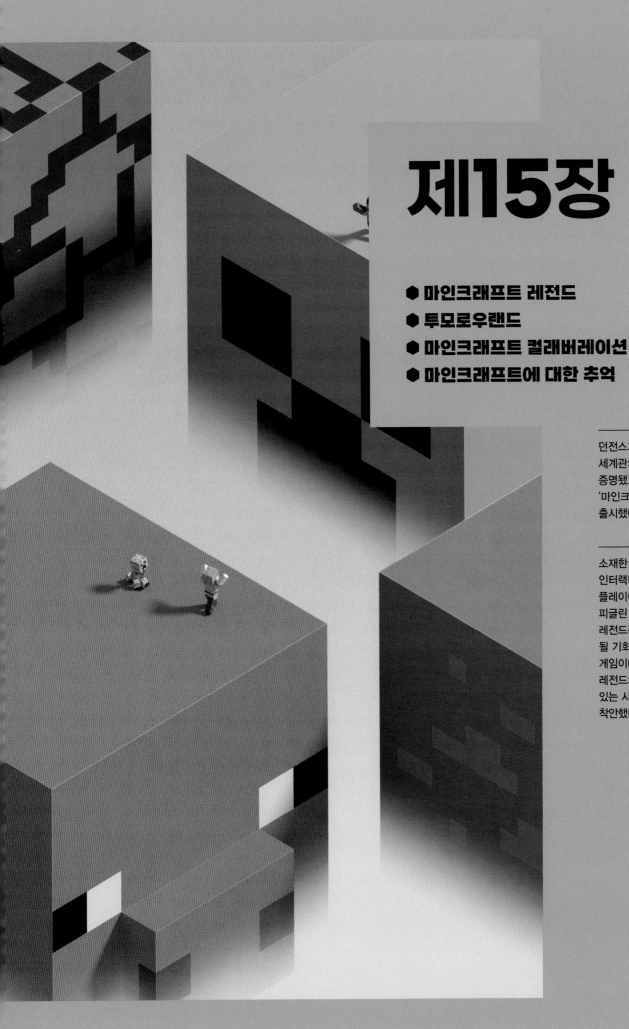

제15장

- **마인크래프트 레전드**
- **투모로우랜드**
- **마인크래프트 컬래버레이션**
- **마인크래프트에 대한 추억**

———— 2020년에 마인크래프트 던전스가 성공하면서 마인크래프트 세계관의 확장에 대한 수요의 존재가 증명됐고, 2023년 4월 13일에 모장은 '마인크래프트 레전드'라는 신작을 출시했다.

———— 레전드는 캐나다 밴쿠버에 소재한 게임 개발사 블랙버드 인터랙티브와 공동으로 개발했다. 플레이어는 점점 세를 불려 가는 피글린 군단에 대항하게 된다. 레전드는 게이머가 오버월드의 영웅이 될 기회를 선사하는 실시간 전략 게임이다. 개발진은 마인크래프트 레전드의 영웅들이 컨트롤러를 잡고 있는 사람만큼이나 다양하다는 발상에 착안했다.

마인크래프트
레전드

2023년 4월, 모장은 마인크래프트 스토리에 새로운 내용을
추가했다. 마인크래프트 레전드의 자세한 스케치, 3차원
컨셉 아트, 개발 과정에서 그린 그림들을 살펴본다.

01

01 / 로고 및 스케치
코드네임 "Badger"로 만든 로고와 최종 게임 로고, 개성이 돋보이는 크리퍼
스케치.

02 / 호스트
예지, 행동, 지식 등 3명의 호스트를 그린 컨셉 스케치와 만화체 그림

02

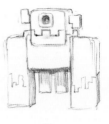

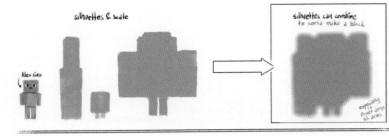
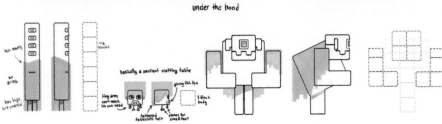

호스트들의 이름

이름은 개발진이 마인크래프트 원작의 핵심 요소라고 여겼던 세 가지에서 따왔다. 예지를 통해 무엇을 할 수 있고 무엇을 할 수 없는지 내다볼 수 있다. 지식은 비전에 걸맞게 세상을 바꾸는 방법이다. 마지막으로 실질적인 행동은 변화를 만든다. 예지, 지식 및 행동.

호스트의 성격과 특성이 외모와는 어떤 연관성이 있을까

피글린 보스를 만들 때처럼, 각 호스트의 테마는 외모를 결정하는 1순위 요소였다. 예지는 미래를 볼 수 있는 눈을 갖고 있다. 지식은 강력한 지성을 표현하기 위해서 크고 똑똑한 머리에 팔만 달았다. 그리고 행동은 플레이어들이 보기에 환경에 변화를 주고 적극적으로 행동할 수 있는 강력한 존재이지만, 행동만의 달콤하고 친근한 스타일을 지니고 있다.

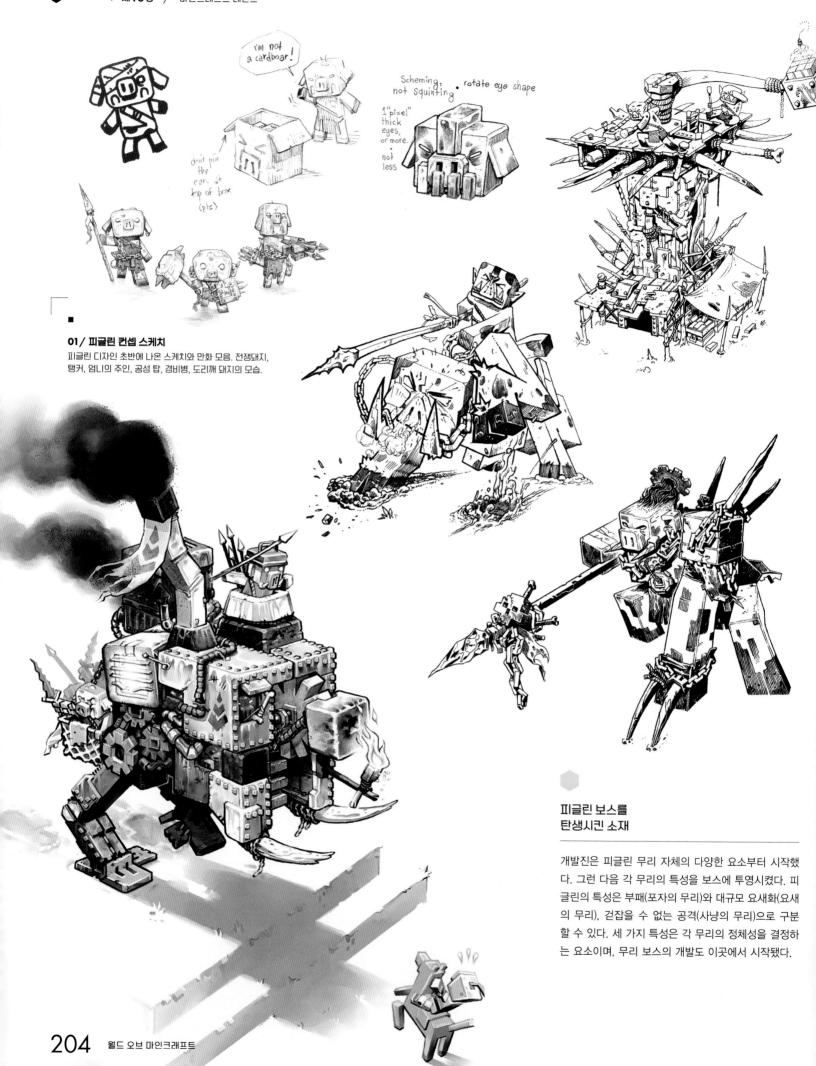

> I'm not a cardboar!

Scheming, not squinting. · rotate eye shape

1"pixel" thick eyes, or more.

· not less

dont pin the ears at top of box (plz)

01 / 피글린 컨셉 스케치
피글린 디자인 초반에 나온 스케치와 만화 모음. 전쟁돼지, 탱커, 엄니의 주인, 공성 탑, 경비병, 도리깨 돼지의 모습.

피글린 보스를 탄생시킨 소재

개발진은 피글린 무리 자체의 다양한 요소부터 시작했다. 그런 다음 각 무리의 특성을 보스에 투영시켰다. 피글린의 특성은 부패(포자의 무리)와 대규모 요새화(요새의 무리), 걷잡을 수 없는 공격(사냥의 무리)으로 구분할 수 있다. 세 가지 특성은 각 무리의 정체성을 결정하는 요소이며, 무리 보스의 개발도 이곳에서 시작됐다.

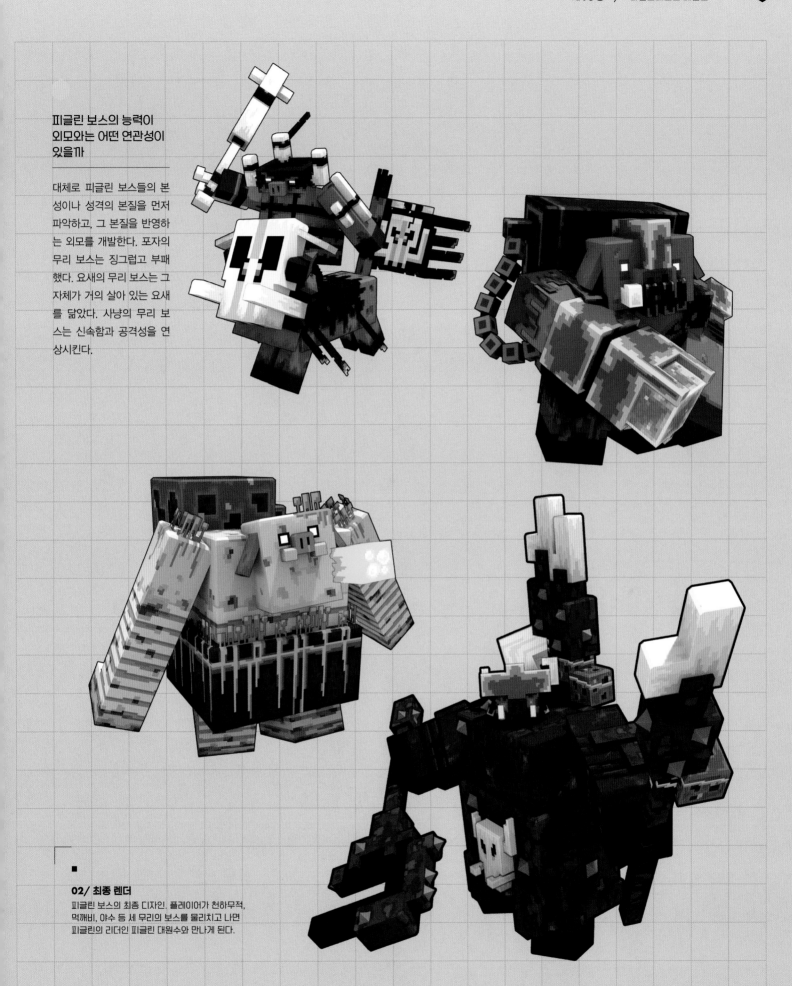

피글린 보스의 능력이 외모와는 어떤 연관성이 있을까

대체로 피글린 보스들의 본성이나 성격의 본질을 먼저 파악하고, 그 본질을 반영하는 외모를 개발한다. 포자의 무리 보스는 징그럽고 부패했다. 요새의 무리 보스는 그 자체가 거의 살아 있는 요새를 닮았다. 사냥의 무리 보스는 신속함과 공격성을 연상시킨다.

월드 오브 마인크래프트

02/ 최종 렌더

피글린 보스의 최종 디자인. 플레이어가 천하무적, 먹깨비, 야수 등 세 무리의 보스를 물리치고 나면 피글린의 리더인 피글린 대원수와 만나게 된다.

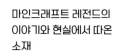

마인크래프트 레전드의 이야기와 현실에서 따온 소재

마인크래프트 레전드의 이야기를 만들기 위해서 개발진은 구전동화에서 아이디어를 얻었다. 이런 이야기는 수년 내지 수천 년에 걸쳐서 전해져 내려왔을 수도 있다. 그리고 이야기가 전해지고 (다시 전해지면서) 디테일 일부와 진실이 이야기꾼에 의해 과장되었을지도 모른다. 개발진은 캠페인을 어떻게 만들지 아이디어를 구하기 위해서 순정 마인크래프트와 다른 전략 게임은 물론이고 보드 게임도 살펴봤다.

01 / 키 비주얼
게임을 발표하기 전에 만들어진 키 비주얼 일부. 게임명과 로고가 있어야 할 자리에 "Badger"라는 코드네임이 적혀 있다. 공식적으로 마케팅 캠페인을 시작하기 전에 게임의 정식 명칭이 유출되지 않도록 사내 및 협력사에서 의사소통을 할 때에는 이 코드네임을 사용했다.

투모로우랜드

마틴 웨이스 그린필드 건축가가 설명하는 도시 서버의
12년 뒤 모습을 살펴본다.

01/ 과거의 계획과 미래의 계획

"고속도로와 고속도로의 원리를 조사하는 데에만 터무니없이 많은 시간을 썼다. 로스앤젤레스 지역에서는 고속도로가 매우 크기 때문이다."

"미국 건축공사법을 따르려는 것은 아니지만, 침실에는 반드시 창문을 만들어야 한다는 식으로 간단한 건축 규칙을 시행하고 있다."

"근시일 내에는 다운타운을 다시 만들어서 규모를 더 정확하게 할 계획이다." 작업이 언제 끝날지는 아무도 모르지 않을까?"

© GREENFIELD MINECRAFT

02

02/ 그린필드의 현재

록웰 해변 도시, 완전히
모델링 된 비행기 40대 중 한
대, 뻗어나가는 나들목, 월드
페인터 프로그램으로 제작한
마인크래프트 산.

마인크래프트 컬래버레이션

마인크래프트의 문화적 명성은 의류, 액세서리, 가정용품 전반에 걸쳐 컬래버레이션 상품을 내놓으면서 인디 비디오게임에서 누구나 아는 브랜드로 확대됐다.

01

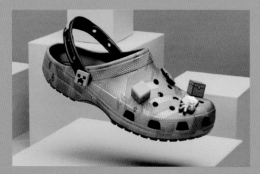

02

02/ 라코스테

2023년 라코스테와의 협력은 단지 팬들에게 새로운 의류만 제공한 것이 아니었다. 컬래버레이션을 기념하기 위해서 특별 DLC도 출시됐다. 플레이어는 마인크래프트: 베드락 에디션에서 무료로 배포되는 악어 테마의 맵을 여행하며 미니게임과 새로운 스킨을 이용할 수 있다.

01/ 푸마 및 크록스

다양한 잠재 플레이어들을 다루기 위해서 2022년 2월에 크록스와 함께 신발과 의류 컬래버레이션을 시작하고, 이어서 3월부터는 푸마와도 컬래버레이션을 진행했다. 두 브랜드는 자사에서 인기 있는 제품에 시선을 사로잡는 마인크래프트의 상징과 무늬를 적용했다.

마인크래프트 컬래버레이션

마인크래프트가 화면에서 나와 책으로 들어갔다.
교재부터 요리책, 소설, 가이드북에 이르기까지 다양한
분야의 서적으로도 마인크래프트를 만날 수 있다.

01

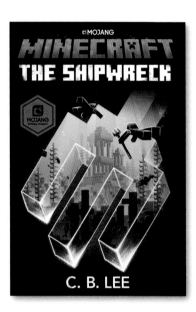

02

03

04

▪▪▪▪

01 / 소설
여러 명의 청년 작가와 판타지 작가는 살아 있는 세계로 표현한
마인크래프트 내부와 게임으로 표현한 마인크래프트 외부를
배경으로 하는 소설을 저술했다.

02 / 가이드북 및 핸드북
어떤 플레이어가 읽어도 좋은 마인크래프트 가이드북은 다양한
시리즈로 출간됐다. 게임이 발전하면서 가이드북의 개정판도
나왔다. 사진 속 책은 초판의 모습이다.

03 / 소설
마인크래프트 소설도 다양하게 출판됐다. 대표적인 시리즈로는
스톤즈워드 대하소설과 우드소드 연대기가 있다.

04 / 학습 도서
마인크래프트 에듀케이션이 학교에서도 교구로서도 큰 성공을
거두면서 교재까지 개발됐다.

05

06

05/ 요리책

마인크래프트 공식
요리책에서는 어린이와
어른 모두를 위한
마인크래프트 레시피를
소개한다.

06 / 블록 대백과

마인크래프트 블록을
다루는 백과사전

07 / 그래픽 소설

서바이벌 모드에서
벌어지는 액션과 모험은
그래픽 소설 시리즈에서
감동적인 배경 역할을
했다.

07

08

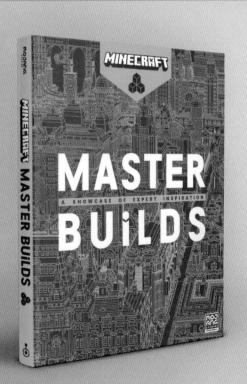

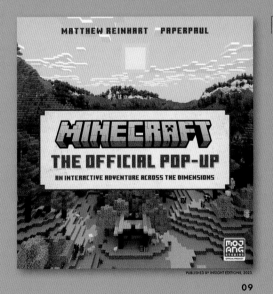

**08/ 마인크래프트
마스터 빌드**

성인을 대상으로 인상적인
건축물들을 소개하는
화보집

**09 / 마인크래프트:
공식 팝업**

마인크래프트 세계를
대화식 팝업북으로
재해석했다. 플레이어는
새로운 차원으로 게임을
탐구할 수 있다.

09

마인크래프트 컬래버레이션

마인크래프트는 비디오게임에서 벗어나 다른 형태로도 즐길 수 있다. 아동을 위한 완구와 게임은 물론이고, 성인 플레이어를 위한 수집품과 게임 액세서리도 준비되어 있다.

01

02

03

01 / 완구류
실물 완구를 가지고서 만들고 놀 수 있으며, 제작할 수도 있고 다른 몹으로 변신시킬 수도 있다.

02 / 다이아몬드 검
다이아몬드 검을 본떴다.

03 / 조명
실사용이 가능한 등기구다. 블록처럼 생겨서 게이머의 방에 어울리는 아이템이다.

04/ Xbox 컨트롤러
마인크래프트 테마의
Xbox 컨트롤러가 2017년
에 출시됐다.

마인크래프트에 대한 기억

커뮤니티 그리고 모장의 구성원들에게 마인크래프트란 어떤 의미일까? 각자의 생각을 정리해 봤다.

다이어울프20
유튜버 및 모더. 마인크래프트를 플레이하는 여러 가지 방법에 대한 생각.

누구는 복잡한 명령 블록 건축물을 만들어서 마인크래프트를 플레이한다. 누구는 크리에이티브로 마인크래프트를 플레이한다. 누구는 서바이벌로 마인크래프트를 플레이한다. 누구는 자동화를 만들어서 마인크래프트를 플레이한다. 누구는 레드스톤으로 컴퓨터를 만든다. 이처럼 마인크래프트를 플레이하는 방식은 저마다 조금씩 다르다. 모험을 떠나고 몬스터 잡기를 좋아하는 사람이 있듯이, 모더는 모드를 만들어서 마인크래프트를 플레이한다.

옌스 "젭" 베리엔스텐
모장 최고 크리에이티브 책임자. 마인크래프트가 계속되는 이유에 대한 생각.

"35명이었던 임직원은 마이크로소프트에 인수되고 나서 수백 명이 됐다. 연관된 프로젝트까지 모두 세면 마인크래프트 종사자는 1천여 명에 달한다. 그래서 인수는 아주 큰 변화다. 개인적으로도 많이 성숙해진 것 같다. 마인크래프트의 회복력에 대한 걱정이 줄어들었다. 마인크래프트가 사라지는 일은 정말 일어나기 어려우리라 생각한다."

리디아 윈터스
모장 최고 스토리텔러. 플레이어가 마인크래프트로 상상력을 표현할 수 있는 까닭에 대한 생각.

웬만한 인물이나 사물 이름 옆에 마인크래프트를 붙여서 유튜브나 구글에 검색을 하면 누군가가 만들어 놓은 결과물을 찾아볼 수 있다. 나는 이런 결과물이 정말 특별하다고 생각한다. 《반지의 제왕》에 대한 애정을 마인크래프트에서 구현한 것이기 때문이다. 기본적으로 세상에 존재하는 것이라면 무엇이든 마인크래프트에서 구현할 수 있다.

사무엘 라이언
마인크래프트 포럼 및 마인크래프트 위키 설립자. 마인크래프트 최초의 대규모 커뮤니티를 운영하며 느낀 점.

'대박이다. 이 게임은 세상에서 제일 인기 있는 게임이 될 거야.' 이런 생각은 한 번도 해 본 적이 없다. 과거의 나는 내가 무슨 일을 하는지도 모르는 바보 같은 아이였다. 그러다가 이 게임이 나왔는데, 마치 날아가는 풍선이 떠다니는 것처럼 보였다. 나는 풍선을 붙잡고 계속 날아가려고 안간힘을 썼다.

케빈 "슬로포크" 몰로니
피드 더 비스트 설립자. 마인크래프트가 자신에게 얼마나 도움을 주었는지에 대한 생각.

한 번도 게임이라고 생각해 본 적이 없다. 나는 이 게임을 어디서도 볼 수 없었던 창의적인 창구로 바라봤다. 나는 그림도 못 그리고, 색칠도 못하고, 조각도 못하고, 이런 류의 일에는 소질이 없었다. 마인크래프트 덕분에 내가 지금까지 할 수 없었던 방식으로 내 비전을 실현할 수 있었다.

양네스 라르손
바닐라 마인크래프트 게임 디렉터. 모장의 창의적인 문화에 대한 생각.

내게 있어 모장과 마인크래프트는 경쟁력이 아니다. 우리는 이 게임을 사랑하기 때문에, 우리는 이상하고 괴짜 같고 열정이 넘치기 때문에 모였다. 우리는 우리다!

매트 부티
엑스박스 게임 콘텐츠 및 스튜디오 사장. 마인크래프트가 앞으로도 단순해야 하는 이유에 대한 생각.

우리가 모두 사라지더라도 오랫동안 게임을 건강하게 유지하기 위해서 길잡이가 될 원칙을 세웠다. 우리가 고수하는 원칙 중 하나는 현실성 추가를 지양하고 복잡하게 만드는 것을 지양하고 지금처럼 계속 블록에 충실하자는 것이다. 블록은 모든 것의 열쇠다. 블록을 기초로 둘 때에 플레이어는 세상에서 제일 아름다운 레이트레이싱 유리 블록을, 세상에서 제일 아름다운 3D 그래픽을, GPU로 작동하는 구리 블록을 만들 수 있다. 얼마든지 아름답게 블록을 만들어도 된다. 하지만 블록은 블록이어야 하지 않을까?

헬렌 치앙
엑스박스 게임 콘텐츠 및 스튜디오 최고 운영 책임자. 마인크래프트가 콘텐츠 크리에이터의 수익 창출에 기여하는 방식에 대한 생각.

우리는 사람들이 학자금 대출을 상환하고, 생애 첫 집을 마련하고, 첫 번째 자동차를 구매하는 등, 마인크래프트 콘텐츠를 만드는 취미를 직업으로 바꿔서 생계를 유지하는 모습을 봐 왔다. 정말 가슴 뛰는 일이라 생각한다.

다니엘 카플란
모장 초대 사업 개발자. 과거로 돌아가서 다른 선택을 하게 된다면 무엇을 했을 지에 대한 생각.

만약 내가 과거로 돌아갈 수 있다면, 나는 마인크래프트만 만드는 회사를 만들 것 같다. '마인크래프트 주식회사' 이런 식으로 말이다. 그리고 마인크래프트를 위해 일할 사람들을 따로 채용하고, 모장이든 뭐든 새로운 컨셉만 작업하는 별도의 회사를 세울 것이다. 근본적으로 마인크래프트는 하나의 사업이었기 때문이다. 다른 것들은 모두 부차적이었고 제대로 된 방식으로 증명할 기회가 전혀 없었다.

맺음말

창의적이고, 무한하고, 조금은 비현실적으로 보이기도 하는 문화적 현상은 앞으로 어떻게 될까? 마인크래프트 세계관이 주는 많은 것들이 무척 기대되지만, 내게 가장 각별한 것은 근본이 되는 게임이다.

마인크래프트는 장기적인 현상이다. 앞으로도 남아 있을 것이고, 플레이하고 싶을 때면 언제든 플레이할 수 있으니 의무감을 느끼지 않아도 된다. 우리가 맡은 임무는 사랑받는 게임을 잘 관리하고 플레이어들에게 영감을 지속적으로 제공해서 우리만의 독특한 방식으로 플레이할 수 있게 하는 것이다. 커뮤니티 덕분에 마인크래프트는 하나의 생명체가 됐다. 그야말로 아름다운 일이다.

우리는 향후 몇 년간 마인크래프트를 발전시켜서 진정한 의미의 다음 단계로 나아가는 한편, 전 세계에서 수많은 사람들에게 기쁨을 전하고 수많은 사람들의 창의력을 자극시켜 준 마인크래프트만의 마법을 지키려고 한다. 마인크래프트 개발은 복잡함과 어려움, 재미와 즐거움 사이에서 세심히 균형을 잡는 일이다.

어떤 날에는 쳇바퀴 같은 하루와 복잡한 인생에서 벗어나 숨을 고르며 내가 몇 년 전 사랑에 빠진 게임과 일하는 아주 이상한 현실에 대해 생각해 보곤 한다. 게임 개발이 늘 쉽게 풀리는 일이 아니란 것은 분명하지만, 내게 수없이 많은 웃음도 가져다주었다. 나를 멋진 엄마로 (이제야…) 만들어 주기까지 했다. 이렇게 될 줄은 나도 몰랐는데 말이다. 마인크래프트는 내 안에 있는 창의력을 일깨웠고, 나를 반겨 주는 사람과 좋아하는 사람들을 찾아 주었다. 나는 이를 매우 감사하게 여기며, 앞으로도 그러기를 바라고 확신한다. 세계 각지에 있는 많은 사람들에게도 마인크래프트가 오래도록 지속되기를 바란다.

플레이해 주신 모든 분들께 감사드린다.

앙네스 라르손 (Agnes Larsson)

■ 색인

색인

감사의 말

저자의 말

오늘날 마인크래프트는 수백만 명의 사람들이 만든 산물이며, 이 책도 마찬가지라고 생각합니다. 가이드를 주고 피드백을 남기고 제 글을 수없이 다듬어 준 엘리 스토어스 편집자, 아름다운 레이아웃과 3D 삽화를 담당해 주신 앤드류 렁과 빌리 버겐, 각계각층의 플레이어와 연락해 주고 게임의 긴 개발 과정에 대해 독보적인 인사이트를 제공해 준 알렉스 윌트셔와 제이 카스텔로에게 감사드립니다.

레드스톤 업데이트에 관해 두서없는 질문을 할 수 있도록 스톡홀름 사무실 방문을 허락해 주신 모장 임직원 여러분, 마인크래프트의 극초창기에 회사에서 보낸 인생의 추억을 공유해 준 다니엘 카플란에게 감사드립니다.

놀라운 게임을 주제로 기꺼이 몇 시간 동안 낯선 사람과 이야기를 나눈 다양한 연령대와 배경의 플레이어, 스트리머, 모더, 디자이너, 아티스트, 음악가, e스포츠 조직위원회, 행사 참석자, 서버 운영자, 건축가, 자선 단체 종사자, 역사가 여러분께 큰 박수를 드립니다. 마지막으로 집필하는 동안 사기를 북돋아 주고 텍스처 팩에 대한 고민은 그만두고 산책이나 하러 가는 게 어떻겠냐며 주기적으로 말을 걸어 준 나의 동반자 나탈리 조엘에게도 감사의 말을 전합니다.

옮긴이의 말

이 책에는 마인크래프트 15년의 역사가 담겨 있습니다. 이 책의 저자는 단순히 게임의 발전 과정을 나열하는 것에 그치지 않고, 마인크래프트가 우리 삶의 다양한 부분에 어떤 영향을 미쳤는지도 보여 주었습니다. 저도 이 책을 번역하면서 '아, 중학교 여름방학 때 저런 일이 있었지!' 하고 게임이 변화한 과정과 제가 성장한 과정을 생생하게 떠올릴 수 있었습니다. 여러분도 이 책을 읽으면서 잔디 블록에 처음으로 올라섰던 설렘을 또다시 느끼고, 그 시절 있었던 일을 추억해 보시기 바랍니다.

이같이 기념비적인 책을 우리나라에 우리말로 선보일 수 있도록 도움 주신 영진닷컴 관계자 여러분께 감사드립니다. 제가 이 책을 번역하는 동안 따뜻한 응원과 시원한 커피를 선사해 준 여원이, 제가 초등학생일 때 수학 학원에서 지루해하던 저를 보고 마인크래프트를 소개해 준 은제에게도 감사의 말을 전합니다. 마지막으로 이 책을 읽어 주신 독자 여러분께 진심으로 감사드립니다.

Tack!
감사합니다!